高等职业教育"十四五"规划旅游大类精品教材

旅游电子商务

Lüyou Dianzi Shangwu

主编 ◎ 张明新
参编 ◎ 宋　影　张　运　蔡建飞
　　　张　飞　李舒婷

华中科技大学出版社
http://press.hust.edu.cn
中国·武汉

内 容 提 要

本书是一本旅游电子商务教材,把思政育人放在首位,将信息技术发展与爱国情怀、旅游电子商务发展与法律教育、旅游行业发展与创新创业意识深度结合,以期培养创新型、复合型专业人才。

旅游电子商务是一门研究电子商务在旅游业中应用的新兴学科。主要内容包括旅游电子商务的概念、体系、模式,旅游电子商务网络技术,旅游电子商务网站语言,网络支付,网络安全,旅游网络营销,以及旅游电子商务发展趋势等内容。通过对相关理论的学习和实践操作能力的训练,学生能够提升旅游网络运用的实践能力以及在旅游电子商务企业工作的职业技能。

本书既可作为高职院校旅游专业、酒店管理与数字化运营专业、电子商务专业、旅游英语专业的教材,也可作为自学参考书和企业培训教材。

图书在版编目(CIP)数据

旅游电子商务/张明新主编. -- 武汉:华中科技大学出版社,2024.6. -- ISBN 978-7-5772-0780-3

Ⅰ. F590.6-39

中国国家版本馆 CIP 数据核字第 2024UT5150 号

旅游电子商务
Lüyou Dianzi Shangwu

张明新　主编

策划编辑:王　乾
责任编辑:王　乾　安　欣
封面设计:原色设计
责任校对:张会军
责任监印:周治超

出版发行:华中科技大学出版社(中国·武汉)　　电话:(027)81321913
　　　　　武汉市东湖新技术开发区华工科技园　　邮编:430223
录　　排:孙雅丽
印　　刷:武汉科源印刷设计有限公司
开　　本:787mm×1092mm　1/16
印　　张:14.75
字　　数:295千字
版　　次:2024年6月第1版第1次印刷
定　　价:49.80元

本书若有印装质量问题,请向出版社营销中心调换
全国免费服务热线:400-6679-118　　竭诚为您服务
版权所有　侵权必究

总序 Introduction

伴随着我国社会和经济步入新发展阶段,我国的旅游业也进入转型升级与结构调整的重要时期。旅游业将在推动并形成以国内大循环为主体、国内国际双循环相互促进的新发展格局中发挥独特的作用。旅游业的大发展在客观上对我国高等旅游教育和人才培养提出了更高的要求,希望高等旅游教育和人才培养能在促进我国旅游业高质量发展中发挥更大更好的作用。以"职教二十条"的发布和"双高计划"的启动为标志,中国旅游职业教育发展进入新阶段。

这些新局面有力推动着我国旅游职业教育在"十四五"期间迈入发展新阶段,高素质旅游职业经理人和应用型人才的需求将十分旺盛。因此,出版一套把握时代新趋势、面向未来的高品质规划教材便成为我国旅游职业教育和人才培养的迫切需要。

基于此,在教育部高等学校旅游管理类专业教学指导委员会和全国旅游职业教育教学指导委员会的大力支持下,教育部直属的全国重点大学出版社——华中科技大学出版社汇聚了全国近百所旅游职业院校的知名教授、学科专业带头人、一线骨干"双师型"教师和"教练型"名师,以及旅游行业专家等参与本套教材的编撰工作,在成功组编出版了"高等职业教育旅游大类'十三五'规划教材"的基础上,再次联合编撰出版"高等职业教育'十四五'规划旅游大类精品教材"。本套教材从选题策划到成稿出版,从编写团队到出版团队,从主题选择到内容创新,均做出积极的创新和突破,具有以下特点。

一、以"新理念"出版并不断沉淀和改版

"高等职业教育旅游大类'十三五'规划教材"在出版后获得全国数百所高等学校的选用和良好反响。编委会在教材出版后积极收集院校的一线教学反馈,紧扣行业新变化,吸纳新知识点,对教材内容及配套教育资源不断地进行更新升级,并紧密把握我国旅游职业教育人才的最新培养目标,借鉴优质高等职业院校骨干专业建设经验,紧密围绕提高旅游专业学生人文素养、职业道德、职业技能和可持续发展能力,尽可能全面地凸显旅游行业的新动态与新热点,进而形成本套"高等职业教育'十四五'规划旅游大类精品教材",以期助力全国高等职业院校旅游专业师生在创建"双高"工作中拥有优质规划教材的支持。

二、对标"双高计划"和"金课"进行高水平建设

本套教材积极研判"双高计划"对专业课程的建设要求,对标高职院校"金课"建设,进行内容优化与编撰,以期促进广大旅游院校的教学高质量建设与特色化发展。其中《现代酒店营销实务》《酒店客房服务与管理》《调酒技艺与酒吧运营》等教材获评教育部"十三五"职业教育国家规划教材,或成为国家精品在线开放课程(高职)配套教材。

三、以"名团队"为核心组建编委会

本套教材由教育部高等学校旅游管理类专业教学指导委员会副主任、国家"万人计划"教学名师马勇教授担任总主编,由中国旅游教育界的知名专家学者、骨干"双师型"教师和业界精英人士组成编写团队,他们的教学与实践经验丰富,保证了本套教材兼备理论权威性与应用实务性。

四、全面配套教学资源,打造立体化互动教材

华中科技大学出版社为本套教材建设了内容全面的线上教材课程资源服务平台:在横向资源配套上,提供全系列教学计划书、教学课件、习题库、案例库、参考答案、教学视频等配套教学资源;在纵向资源开发上,构建了覆盖课程开发、习题管理、学生评论、班级管理等集开发、使用、管理、评价于一体的教学生态链,打造了线上线下、课内课外的新形态立体化互动教材。

本套教材的组织策划与编写出版,得到了全国旅游业内专家学者和业界精英的大力支持与积极参与,在此一并表示衷心的感谢!编撰一套高质量的教材是一项十分艰巨的任务,本套教材难免存在一些疏忽与缺失,希望广大读者批评指正,以期在教材修订再版时予以补充、完善。希望这套教材能够满足"十四五"时期旅游职业教育发展的新要求,让我们一起为现代旅游职业教育的新发展而共同努力吧!

总主编

2024 年 6 月

旅游业在经济发展中的产业地位、经济作用日益增强,对经济的拉动作用、社会就业的带动作用,以及对网络经济发展的促进作用都非常显著。

互联网和旅游业之间的不断渗透、融合,给旅游业带来了快速的变革和创新的机遇,旅游电子商务尤其是OTA(在线旅游)飞速发展,影响了游客的旅游消费行为。"事先预订""边走边订""事后分享",使得旅游电子商务尤其是OTA已经成为我国社会生活领域的重要旅游消费平台。由于这种变化,人们的旅游动机、旅游内容甚至旅游方式都发生了变化,使得旅游企业的采购、经营、管理、销售更加依赖网络技术。

基于此,本书从学生毕业后从事工作需要的岗位能力出发,重塑教学内容,培养学生的专业能力、思考能力、创新创业能力,以及诚信品质、工匠精神等。本书力求结构合理、内容完善、注重实用性,体现任务驱动、"教学做"一体,全面提高学生的旅游电子商务技能和素质,符合旅游电子商务行业发展的要求。

本书共有八个项目:认识旅游电子商务、旅游电子商务模式、旅游电子商务网络技术、旅游电子商务网站语言、旅游电子商务网络营销、旅游电子商务支付、旅游电子商务安全、旅游电子商务发展。

本书主要由马鞍山师范高等专科学校张明新主编统稿。各内容编写分工如下:项目一由宋影(马鞍山师范高等专科学校)编写;项目二由张运(马鞍山师范高等专科学校)编写;项目三由张明新、张飞(马鞍山师范高等专科学校)编写;项目四由张明新编写;项目五由张明新编写;项目六由蔡建飞(马鞍山职业技术学院)编写;项目七由张明新编写;项目八由李舒婷(马鞍山师范高等专科学校)编写。在本书的编写过程中参考了相关著作和论文,以及网络资料,不一一列举,一并向作者和资料的提供者表示真诚的感谢!

特别感谢同程旅行(同程网络科技股份有限公司)在本书编写过程中给予的支持。由于编者水平有限,书中难免有不足之处,恳请读者指正。

目录 Contents

项目一　认识旅游电子商务   1
  任务一　了解旅游电子商务   3
  任务二　旅游电子商务的运行和发展   10
  任务三　旅游电子商务的基本组成   18

项目二　旅游电子商务模式   21
  任务一　商务模式   23
  任务二　旅游电子商务模式   26

项目三　旅游电子商务网络技术   40
  任务一　了解 Internet   43
  任务二　通信技术   50
  任务三　计算机网络技术   57
  任务四　网络互联技术   71
  任务五　Web 技术及应用   79

项目四　旅游电子商务网站语言   90
  任务一　认识网页   93
  任务二　认知 HTML 语言   97
  任务三　HTML 语法   102
  任务四　常用网页制作工具   114

项目五　旅游电子商务网络营销   117
  任务一　网络营销   120
  任务二　旅游网络营销   127
  任务三　搜索引擎优化   144

项目六　旅游电子商务支付　　162
  任务一　认识传统支付　　165
  任务二　电子支付　　170
  任务三　第三方支付　　176

项目七　旅游电子商务安全　　184
  任务一　认识旅游电子商务安全　　187
  任务二　旅游电子商务安全技术　　193
  任务三　旅游电子商务交易风险防范　　207

项目八　旅游电子商务发展　　212
  任务一　旅游电子商务新技术　　214
  任务二　旅游电子商务规范化　　217

参考文献　　221

项目一
认识旅游电子商务

思维导图

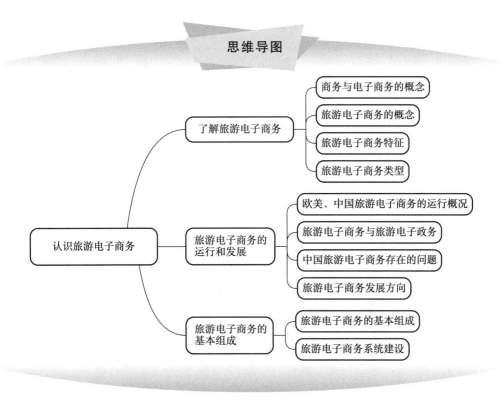

项目描述

本项目有三个任务：任务一是了解旅游电子商务，阐述了电子商务的概念，介绍了旅游电子商务的概念、内涵、特征，以及商务类型；任务二是旅游电子商务的运行和发展，阐述了旅游电子商务的运行概况及未来发展方向；任务三是旅游电子商务的基本组成，阐述了旅游电子商务的基本组成及系统建设。

知识目标

让学生了解商务活动的发展脉络;了解悠久的无形服务交易;理解世界旅游组织的旅游电子商务定义;了解知名的旅游电子商务企业;掌握旅游电子商务增值服务的内容;了解旅游电子商务的基本组成。

技能目标

学生要能在相应的旅游电子商务网站上完成行前、行中、行后的操作,能说出旅游电子政务与旅游电子商务的异同。

素养目标

通过"互联网+旅游",增强学生的互联网意识,通过了解中国旅游电子商务企业的迅速发展,增强学生的民族自豪感、自信心与家国情怀。

项目引入

2023年6月,携程发布的一组数据显示:北京、上海、青岛、天津、苏州、淄博的端午假期订单量,分别同比增长了691%、799%、232%、631%、458%、620%。以同城、携程、美团为首的老牌OTA平台持续加码,以抖音、快手、小红书为首的内容平台,则在积极布局行业,试图弯道超车,以期在旅游市场分得一块蛋糕。《2023抖音旅游行业白皮书》显示,截至2023年3月底,景点、酒店住宿、航空公司、OTA、旅行社等各类旅游企业账号数量,在抖音上平均增长20%,其中酒店住宿、商旅票务代理、旅游景点账号数量的增长较为明显,分别为61.5%、46.0%、35.5%。同时,与2022年第一季度相比,有关旅游的内容分享量增长了62%。

(资料来源:今日头条。)

点评:"互联网+"的便捷性使得旅游电子商务发展迅速,疫情过后游客的热情再次被点燃。"人人是游客,处处是风景""厚植家国情怀、尽享人间烟火、感念国泰民安"。

慎思笃行

我国古代商业的起源

中国人很早就学会了经商,商朝人善于经商。周武王灭商后,商朝的遗民许多从事商业,周人就称他们为"商人",称他们贩卖的物品为"商品"。这种叫法一直沿用到了今天。

商朝商业初具规模,已具备了商业的一些基本要素,如出现了职业商人和商业活动的交换媒介——货币,商朝人使用的货币是贝类,有海贝、骨贝、石贝、玉贝和铜贝。铜贝的出现,说明商代已经有了金属铸造的货币。商周时期,商业由官府垄断,被称为"工商食官"。春秋战国时期,官府控制商业的局面被打破,各地出现了许多商品市场和大商人。春秋时期著名的大商人有郑国的弦高、孔子的弟子子贡和范蠡;战国时期著名的商人有魏国的白圭、吕不韦。战国时期各国铸造流通的铜币种类增多,形状各异。货币的数量大、种类多,反映了商业的发达。商品交换的发展,也促进了城市的繁荣。

(资料来源:关于中国古代各朝代商业的特点,http://www.360doc.com/content/17/0322/16/22398067_639192274.shtml。)

知行合一

任务一 了解旅游电子商务

任务描述

学生要了解商务活动的概念和发展情况;掌握旅游电子商务的内涵、分类、特征;能在旅游电子商务网站上完成相应的操作。

一、商务与电子商务的概念

(一)商务的概念及商务活动的历史演变

商务是指与商品买卖和服务相关的一切事务。例如,请客户打高尔夫球、定期召开研讨会、举办特色餐会、给客户发短信祝贺生日、电话回访老客户等皆属商务活动,这些活动虽然不能直接产生交易,却能为交易的产生奠定基础。

商务活动起源于远古时代,当人们对日常活动进行分工时,商务活动就开始了。

分工产生后,每个家庭不再像以前那样既要种植粮食又要打猎和制造工具,而是专注于某一项活动,然后用相应的产品去换取其所需要之物。例如,制造工具的家庭可以和种植粮食或打猎的家庭互换物品。这一时期,物品信息靠听说、观察来获取。有些消息灵通的人士善于利用这些信息进行货物交换,后来被称为商人。在这些原始的商务活动中,无形的服务也开始被买卖了。例如,通过为商人带路换取商品等。

货币的出现终结了传统的以货易货的贸易,交易活动变得更容易、更便捷了。然而,贸易的基本原理并没有发生变化,只不过以货易货变成了以货币购买物品。社会的特定成员创造有价值的特定物品,这些物品是其他成员所需要的。所以,商务或商务活动可理解为两方及两方以上参与的有价物品或服务的协商与交换过程,它包括买卖双方为完成交易进行的各种活动。

通信工具的变革,给商务活动插上了翅膀,但贸易的基本原理还没有改变。1839年,电报刚出现的时候,人们就开始运用其进行商务活动。例如,催促发货的电报"请速发货",比任何交通工具都快,还能节省时间。随着电话、传真机、电视、移动通信设备等工具的诞生,商务活动中可应用的工具进一步扩充。在电话出现以前,电报是较先进的商务沟通工具,但其缺点是文字少、不能说明复杂的商务问题。电话出现以后,商人可通过电话说明较复杂的商务问题。但电话的缺点是只能"说",不易留下凭证,于是人们发明了传真机,通过电话线传送商务凭证,信息量比电报多得多。广播电视的出现,让人们能"听"到远方的声音,由于其视听效果显著,很快在商务应用领域普及。广播与电视这两种媒体的缺点是不能交互,观众的参与性较差。互联网的出现极大地改变了人类的生活方式和商务方式。

(二)电子商务的概念

电子商务伴随互联网的出现而诞生。电子商务是指通过互联网进行的销售商品、提供服务等经营活动。例如,通过互联网,企业可以销售笔记本电脑,为客户提供软件下载服务,进行个人计算机远程修复、远程医疗服务等。电子商务,可用 E-business 或 E-commerce 来表述,E-business 比 E-commerce 包含的内容更广泛,但大多数人更容易接受 E-commerce 这个词。将电子商务限定为在互联网上进行的商务活动,这些商务活动包括商品交易、信息服务、产品服务等。在电子商务环境下,贸易的基本原理没有变化,只是其中的一些环节实现了电子化。

二、旅游电子商务的概念

一般认为,互联网的产生促成了旅游电子商务的诞生。事实上,在20世纪六七十年代航空公司和旅游饭店集团基于增值网络和电子数据交换技术构建的计算机预订系统为旅游电子商务的发展奠定了基础。旅游电子商务的概念始于20世纪90年代,最初是瑞佛·卡兰克塔(Ravi Kalakota)提出的,后来由约翰·海格尔(John Hagel)进一步发展。尽管各国研究这一领域的文献数量可观，却很少有人对"旅游电子商务"这一概念做出充分解释。目前，学术界还没有一个完整、统一、权威的定义。

在国际上沿用较广的是世界旅游组织对旅游电子商务的定义，世界旅游组织在出版物《E-Business for Tourism》中指出，旅游电子商务就是通过先进的信息技术手段改进旅游机构内部和对外的连通性（Connectivity），即改进旅游企业之间、旅游企业与供应商之间、旅游企业与游客之间的交流与交易，改进企业内部流程，增进知识共享。

旅游电子商务的内容主要包括旅游电子交易和旅游信息服务两部分。目前，旅游信息服务是旅游电子商务的重要内容。旅游信息服务是指应用现代网络信息技术手段进行的，有商业目的地发布、传递、交流旅游信息的活动。

旅游电子商务的内涵主要有以下两个方面的内容。

其一，从技术基础角度来看，旅游电子商务采用数字化方式进行旅游信息数据交换和开展旅游商务活动。如果将"现代信息技术"看成一个集合，"旅游商务活动"看成另一个集合，"旅游电子商务"无疑是这两个集合的交集，是现代信息技术与旅游商务的结合，是旅游商务流程的信息化和电子化。旅游电子商务开始于互联网诞生之前的EDI（Electronic Data Interchange，即电子数据交换）时代，并随着互联网的普及而飞速发展。近年来，移动网络、多媒体终端、语音电子商务等技术的发展不断丰富和扩展着旅游电子商务的形式和应用领域。

其二，从应用层次来看，旅游电子商务可分为以下三个层次。

一是面向市场，以市场活动为中心，包括促成旅游交易实现的各种商业行为（网上发布旅游信息、网上公关、旅游市场调研等）和实现旅游交易的电子贸易活动（旅游企业网上洽谈、售前咨询、网上交易、网上支付、售后服务等）。

二是利用网络重组和整合旅游企业内部的经营管理活动，实现旅游企业内部电子商务，包括旅游企业建设内联网，利用饭店客户管理系统、旅行社业务管理系统、客户关系管理系统和财务管理系统等实现旅游企业内部管理的数据化。

三是旅游经济活动能基于Internet开展，需要环境的支持，包括：旅游电子商务的通行规范；旅游行业管理机构对旅游电子商务活动的引导、协调和管理；旅游电子商务的支付与安全环境等。第三个层次是第一个层次和第二个层次的支撑。只有三个层次的电子商务协同发展，才能拥有旅游电子商务发展的良性循环，最后发展到成熟阶段的旅游电子商务。旅游电子商务是旅游企业外部和内部电子商务的无缝对接，将极大提高旅游业的运转效率。

三、旅游电子商务特征

（一）聚合性

"科技助力、旅游搭台、经贸唱戏"，旅游产品是一个纷繁复杂，由多个部分组成的结构实体。旅游电子商务像一张大网,把众多的旅游供应商、旅游中介、游客联系在一起。景区、旅行社、旅游酒店,以及旅游相关行业,如租车业,可借助同一网站招徕更多的顾客。新兴的"网络旅游公司"将成为旅游行业的多面手,它将原来市场分散的利润点集中起来,提高了资源的利用率。由此可见,旅游市场的规模将因导入电子商务而扩大。

(二)有形性

旅游产品具有无形性的特点,游客在购买某一旅游产品之前,只能从别人的经历或介绍中寻找信息。随着信息技术的发展,"网络旅游公司"提供了大量的旅游信息和虚拟旅游产品,网络多媒体给旅游产品提供了展示机会。这种全新的旅游体验,使人们足不出户便可畅游天下的梦想成真,并且培养和壮大了潜在的游客群。因此,旅游电子商务的展现功能使旅游产品变得更加直观、更易被了解,旅游电子商务使无形的旅游产品慢慢变得"有形"起来。

(三)服务性

旅游业属于服务业,旅游电子商务也以服务为本。据中国互联网络信息中心(CNNIC)报告,用户选择网络服务商(ISP)的主要因素,第一位是连线速度(占43%),第二位是服务质量(占24%);用户认为一个成功网站须具备的因素,第一位是信息量大、更新及时、有吸引人的服务(占63.35%)。因此,旅游网站希望具有较高的访问量,能够产生大量的交易,就必须能提供在线交易的平台,提供不同特色、多角度、多种类、高质量的服务来吸引各种不同类型的消费者。在国外,旅游电子商务因提供大量的旅游信息、完善的在线预订服务,被广大网民和游客喜爱。

产品和价格信息较受关注,游客出游前希望获取的信息主要是核心旅游产品和价格信息,包括旅游目的地与旅游线路、景区、住宿与交通的价格信息,包括食、住、行、游、购、娱等旅游关联产业的信息和服务质量情况等。

(四)便捷性

旅游业属于服务行业,旅游电子商务通过在线方式随时为游客提供服务。在线旅游企业正是依托自身的技术优势,实现了传统旅游企业无法突破的时空界限,为游客提供全天候、跨地域的服务。在线旅游企业利用网络进行推广,利用电子媒介传递信息,进行实时订单确认与支付等,快速便捷。

作为服务领域的旅游行业,较少涉及实物运输,因此旅游电子商务不用面临复杂、费力的物流配送问题。当然,有时可能涉及一些交通票据寄递问题。无票旅行已成为旅游电子商务发展的趋势。

随着金融业的参与,游客可通过网上结算方式直接付款,免去了携款办理各种手续的麻烦。

（五）优惠性、低成本性

旅游电子商务能够节省游客信息搜寻的费用。互联网的介入大大地降低了信息的寻找成本，使游客可以直接从旅游目的地和相关企业中获得更多、更有用的旅游信息，使游客有更多的选择机会，这是众多旅游网站深受游客欢迎的原因之一。旅游电子商务提供的具有竞争力的产品价格给游客带来了优惠。同时，旅游服务公司还给游客提供在任何时间均可完成购票的服务，给游客带来了方便。

"无店铺"的经营方式，使旅游电子商务企业节约了昂贵的商业店铺租金、减少了招聘员工的数量和总支出。

（六）个性化

随着消费水平的提高和生活节奏的加快，团队式、赶时间、赶行程的旅游方式已经不能满足游客的要求，愈来愈多的游客追求舒适、自由的个性化旅游。旅游电子商务通过双向交流可以为游客提供个性化的旅游定制服务，以满足他们的需求。以自订行程、自助价格为主要特征的网络旅游逐渐成为人们旅游的主要方式。

四、旅游电子商务类型

旅游电子商务的网络信息系统中必须具备一些有交互功能的信息终端，使信息资源能够表现出来并被人们使用，同时接受用户向电子商务体系反馈的信息。按信息终端形式划分的旅游电子商务包括：网站电子商务（W-Commerce）、语音电子商务（V-Commerce）、移动电子商务（Mobile-Commerce）和多媒体电子商务（Multimedia-Commerce）。

（一）网站电子商务

用户通过与网络相连的个人电脑访问网站实现电子商务，这是目前较通用的一种形式。Internet是一个全球性媒体，它是宣传旅游产品的一个理想媒介，集合了宣传册的鲜艳色彩、多媒体技术的动态效果、实时更新的信息效率和检索查询的交互功能。维护Internet的平均成本和边际成本均较为低廉。一个网站，无论是一万人还是一千人访问，其制作和维护成本都是差不多的。目的地营销组织在运用其他手段进行营销时，预算会随着地理覆盖范围的增大而增加，而互联网与地理因素的相关性较小，在全球宣传的销售成本与在本地宣传的销售成本差别不大。互联网用户以年轻人、高收入人群为主，是有潜力的旅游市场。

1. 旅游网站类型

我国旅游网站的建设最早可以追溯到1996年。经过多年的摸索和积累，国内已经有一批具有一定实力的旅游网站，这些网站可以提供比较全面的、涉及旅游中食、住、行、游、购、娱等方面的网上资讯服务。按照不同的侧重点旅游网站可以分为以下七种类型。

(1)由旅游产品(服务)的直接供应商所建。

如北京昆仑饭店、锦江国际集团,以及5A级景区建设的网站都属于此类型。

(2)由旅游中介服务提供商所建。

旅游中介服务提供商,又称在线预订服务代理商。此类旅游网站大致可分为两类:一类由传统旅行社所建,如中旅旅行(https://www.ourtour.com)、春秋旅游(https://www.springtour.com);另一类是综合性旅游网站,如携程网、同程旅行网等,它们一般有风险投资背景,以其良好的个性服务和强大的交互功能抢占网上旅游市场份额。

(3)地方性旅游网站。

如黄山旅游集团、首旅集团等,它们以本地风光或本地旅游商务为主要内容。

(4)政府背景类网站。

如航空信息中心下属的以机票预订为主要服务内容的信天游网站,它依托于全球分销系统(Global Distribution System,GDS)。另外,中国旅游集团是央企。

(5)旅游信息网站。

旅游信息网站为消费者提供大量丰富的、专业性旅游信息资源,有时也提供少量的旅游预订中介服务,如马蜂窝、猫途鹰(Triptdvisor的中文网站)。

(6)ICP门户网站。

在ICP门户网站中,几乎所有的网站都不同程度地涉及了旅游内容,如新浪网生活空间的旅游频道,以及搜狐和网易的旅游栏目等,显示出网上旅游的巨大生命力和市场空间。

(7)其他机构或个人自建的旅游网站。

2.旅游网站的服务功能

从服务功能看,旅游网站的服务功能可以概括为以下五类。

(1)旅游信息的汇集、传播、检索和导航。

这些信息内容一般都涉及景点、酒店、交通旅游线路等方面的介绍;旅游常识、旅游注意事项、旅游新闻、货币兑换,以及旅游目的地天气、环境、人文等信息及游客观感等。

(2)旅游产品(服务)的在线销售、在线预订服务。

网站提供旅游及与其相关的产品(服务)的各种优惠、折扣,航空、酒店、游船、汽车租赁服务的预订和销售等。

(3)个性化定制服务。

从网上预订车船票、预订酒店、查阅电子地图到完全依靠网站的指导在陌生的环境中观光、购物。这种以自订行程、自助价格为主要特征的网络旅游成为旅游的主要方式。提供个性化定制服务已成为旅游网站,特别是在线预订服务网站必备的功能。

知识活页

(4)客服服务。

客服服务是一种以客户满意为导向的服务。客服基本可分为人工客服和电子客服。其中,人工客服又可细分为文字客服、视频客服和语音客服三类。文字客服是指主要以打字聊天形式进行的客户服务;视频客服是指主要以语音视频形式进行的客户服务;语音客服是指主要以移动电话形式进行的客服服务。

客户服务在商业实践中一般分为三类,即售前服务、售中服务、售后服务。售前服务一般是指在销售产品之前为客户提供的一系列服务,如市场调查、产品设计、提供使用说明书、提供咨询服务等。售中服务是指在产品交易过程中向客户提供的服务,如解决客户购买过程中遇到的支付问题等。售后服务是指凡与销售产品有连带关系的服务,如旅游体验后的反馈等。

(5)代理人服务。

通过对酒店、旅行社、景区、民航等多种旅游产品的代理,代理人可以与客户实时洽谈业务,管理产品。代理人从其撮合成功的每项交易中收取一定的费用。

知识活页

(二)语音电子商务

语音电子商务,指人们可以利用声音识别和语音合成软件,通过任何固定或移动电话来获取信息和进行交易。这种方式速度快,而且还能使电话客户享受Internet的低价服务。对旅游企业或服务网站而言,语音电子商务将使电话中心实现自动化,降低成本,提高客户服务质量。

语音电子商务的一种模式是由企业建立单一的应用程序和数据库,用以作为现有的交互式语音应答系统的延伸,这种应用程序和数据库可以通过网站传送至浏览器,传送到采用无线应用协议(WAP)的小屏幕装置,也可以利用声音识别及合成技术,由语音来传送。语音电子商务的另一种模式是利用VoiceXML(语音浏览的标记语言)进行网上冲浪。

(三)移动电子商务

移动电子商务,是指利用移动通信网和Internet的有机结合来进行的一种电子商务活动。网站电子商务以个人电脑为主要界面,是"有线的电子商务";移动电子商务,是通过手机、PDA(个人数字助理)这些可以装在口袋里的终端来完成商务活动的,其功能将集金融交易、安全服务、购物、招投标、拍卖、娱乐和信息等多种服务功能于一体。随着移动通信、数据通信和Internet技术的发展,三者的融合越来越紧密。

游客是移动的,移动电子商务在旅游业将会得到广泛的应用。基于"位置"服务,即事先将个人的数据输入移动电话或是移动个人数字助理中,当游客位于某一位置时,附近哪里有电影院,将放映什么电影;哪里有书店,有什么书;哪里有菜肴;与机场的距离等均一目了然。这些完全是由移动性带来的,固定的Internet服务不能做到。

（四）多媒体电子商务

多媒体电子商务一般由网络中心、呼叫处理中心、营运中心和多媒体终端组成。多媒体电子商务将遍布全城的多媒体终端通过高速数据通道与网络信息中心、呼叫处理中心相连,通过具备声音、图像、文字功能的电子触摸屏计算机、票据打印机、POS机、电话机,以及网络通信模块等,向范围广泛的用户群提供动态的、24小时不间断的多种信息。客户可以通过POS机实现基于现有金融网络的电子交易。多媒体电子商务还可以提供交易后的票据打印,还可以与自动售货机、大型广告显示屏等相连。

一般情况下,火车站、飞机场、酒店大厅、大型商场(购物中心)、重要的景区景点、旅游咨询中心等场所均配置了多媒体触摸屏电脑系统。同时,多媒体电子商务还可以根据不同场合和咨询对象的需求来组织和定制应用系统。多媒体电子商务以多媒体的信息传递方式,通过图像与声音等简单而人性化的界面,生动地向游客提供范围广泛的旅游公共信息和商业信息,包括城市旅游景区介绍、旅游设施和服务查询、电子地图、交通查询、天气预报等。有些多媒体电子商务终端还具有出售机票、车票、门票的功能,客户可通过信用卡、储值卡、IC卡、借记卡等进行支付,并得到打印的票据。

任务二　旅游电子商务的运行和发展

任务描述

学生要了解欧美地区和我国旅游电子商务的运行情况;掌握旅游电子商务的发展方向;熟悉国外知名旅游电子商务网站;会使用旅游电子政务网站。

一、欧美地区和我国旅游电子商务的运行概况

美国是旅游电子商务的先行者,其旅游电子商务在世界上一直居于领先地位。美国微软旗下一家名为Expedia(探险)的部门,于1996年推出了自己的网站(https://www.expedia.com),主要提供机票、酒店服务和出租车业务的网上订购,并在酒店服务和景区点评等业务中占有绝对的市场地位,是当时较大的在线旅行门户网站。Booking集团的前身Priceline在1998年推出了其"Name your own price"的自我定价模

式。2006年，美国的在线旅游业务交易额达788亿美元，较2005年增加了21.4%以上。2007年，美国在线旅游交易额为940亿美元。2012年，美国仍然是全球较大的B2C电子商务市场，美国B2C电子商务销售额占全球市场约31.5%的份额。2012年，美国旅游电子商务销售额突破千亿美元，达到1030亿美元，同比增长9%。其中，航空旅行约占总支出的三分之二，同比增长10%；就页面浏览量而言，2012年排名靠前的网站分别是Expedia、Priceline和Orbitz，市场份额分别为31.6%、17.3%和12.9%，Fareportal Media Group、Travelocity和Kayak分别位列第四位至第六位，市场份额分别为9.2%、7.6%和6.9%，此外还有Tripadvisor等。美国不仅形成了规模较大且相对成熟的旅游电子商务市场，而且市场已经进入了稳健发展的增长期。

欧洲也是旅游电子商务发展较为成熟的地区之一。多年来，欧洲旅游电子商务发展呈快速增长之势，如欧洲Sabre旗下的Travelocity，于1996年创建了自己的网站，为自助旅行客户提供产品和服务。2000年，欧洲旅游电子商务市场的销售额为29亿美元。2007年，欧洲在线旅游销售额激增至372亿美元，同比增长24%。2008年，欧洲有1.6亿多人借助网络准备自己的旅游行程，约有0.9亿人曾通过旅游网站购买了至少一次的旅游服务。当时，与欧盟政治经济一体化战略相一致，欧洲旅游电子商务在发展过程中也表现出了以旅游电子商务为基础的旅游企业之间合并经营的趋势。比如，当时英国较大的旅游信息门户网站(https://www.lastminute.com)与法国较大的酒店集团Accor Careers(雅高)通过全球酒店分销系统联盟了世界范围内90多个国家3200家左右的酒店，成为欧洲较大的酒店分销商。

我国旅游电子商务起步较晚，大概经历了以下五个阶段。

第一阶段为萌芽阶段(1997—1998年)。我国旅游电子商务网站的建设可以追溯到1997年。1997年，由国旅总社参与投资的华夏旅游网的创办是中国旅游电子商务预订网站兴起的标志。此后，各类旅游预订网站如雨后春笋般纷纷建立，行业规模逐渐扩大。

第二阶段为起步阶段(1999—2002年)。1999年，携程旅行网(简称携程)成立。可以说，携程的成立是这一阶段的重要标志。携程是一家吸纳海外风险投资的旅行服务公司，当时被称为"没有门店的旅行社"，它将信息技术、现代管理理念与传统旅游业相结合，打造了具有极强竞争力的服务价值链，形成了全新的服务和业务模式。这种全新的模式和理念，拓展了旅游电子商务的发展模式，适应了旅游业的发展需要，对旅游业的发展起到了巨大的推动作用。

第三阶段为发展阶段(2003—2004年)。以2003年携程在美国纳斯达克成功上市为标志，当时也是互联网全面复苏的时期。在这个阶段，中国旅游电子商务市场还处于探索和摸索阶段，携程上市加速了我国旅游电子商务服务水平的提升。另外，2003

年,淘宝首次推出支付宝服务。

第四阶段为完善阶段(2005—2008年)。2005年,支付宝推出"全额赔付"支付,为解决网上支付这一瓶颈问题,提供了良好的解决方案,更重要的是为消费者建立了网上支付的信心。这一阶段,我国旅游电子商务开启了在线交易的新纪元。

第五阶段为探索阶段(2009年至今)。2009年,千橡互动以1850万美元收购艺龙5283202股流通股,占艺龙总流通股本的23.7%。千橡互动收购艺龙这一事件表明,在中国旅游电子商务市场日益发展的前提下,Web 2.0应用在逐渐探索与旅游业结合的有效模式,未来在盈利模式方面需要形成具有中国特色的突破点。

总的来看,我国旅游电子商务网站的功能越来越多样化,网站越来越具有综合性。

二、旅游电子商务与旅游电子政务

旅游电子商务与旅游电子政务各有侧重又相互关联,共同构成了旅游业信息化的主要内容。旅游电子商务旨在利用现代化信息技术手段宣传旅游目的地、旅游企业和旅游产品,加强旅游市场主体间的信息交流与沟通,整合旅游信息资源,提高市场运行效率,提高旅游服务水平。旅游电子政务旨在建立旅游经营管理业务网络,建立一个旅游系统内部信息上传下达的渠道和功能完善的经营管理平台,实现各项旅游经营管理的自动化。旅游电子政务的主要功能包括:旅游行业数据统计,即旅游行业统计数据的收集、上报、汇总、发布、查询、分析;旅游行业管理,如出国游实时监控、旅游企业年检管理,以及旅游质量监督管理和安全管理等;旅游信息管理,如行业动态监测,以及假日旅游预报、预警等。

旅游管理的网络化和电子化把旅游管理部门从烦琐的工作中解脱出来,实现以更少的人力更方便地监督并管理旅游企业,规范和治理旅游市场,提高效率。旅游电子商务与旅游电子政务之间的关联主要有以下三个方面:一是市场管理需要,即旅游电子政务应当包括对旅游电子商务活动的引导、规范和管理,发展中的旅游电子商务实践为旅游电子政务提出了新的要求;二是业务的互利,即旅游电子商务的电子化使市场信息更为便利、透明,为旅游管理部门对旅游市场信息的提取、统计提供了方便,旅游电子商务的发展促进了信息技术在旅游企业中的普及,为旅游电子政务创造了技术基础环境;三是平台的共用,如一些政府性的旅游网,是旅游电子政务平台,也是沟通旅游管理机构和旅游企业的业务管理网,在这里,旅游管理机构可发布政策法规及公告,游客可了解旅游信息并预订旅游产品,同时管理机构还可以处理旅游投诉等涉及旅游管理部门、旅游企业和游客三方的事务。总之,旅游电子商务和旅游电子政务的协同发展,正推动着旅游业这一信息密集型和信息依托型产业全面进入信息化时代。

三、中国旅游电子商务存在的问题

知识活页

（一）旅游企业不够重视

大多数旅行社包括一些知名旅行社都认为，目前大多数消费者依然凭借传统的方式选择旅游公司，忽视了应用旅游电子商务系统带来的潜在收益。从成本角度考虑，建设旅游电子商务网站需要较大支出以购买相关软硬件设备、引进人才，但是相应的回报却难以保障。从实施角度来看，旅游电子商务是新生事物，旅游公司没有相关经验和人才，不清楚如何着手开展旅游电子商务。

（二）旅游网站信息匮乏

很多旅游企业即便建设了网站，网站上也只是进行一些诸如景点、旅游路线、旅游知识等的介绍性描述，还没有充分利用电子商务在商家与顾客之间架起"直通桥"，也不能提供全面的、专业的、实用的一整套的旅游服务，不能尽显网上旅游的无限魅力。有些旅游企业的旅游网站功能非常简单，具体表现在网站功能简单、内容更新不及时、搜索功能较差、网络广告形式单一、虚拟社区没有发挥应有的作用、不能及时回复用户的留言等。

（三）旅游企业复合型人才缺乏

目前，旅游网站信息构建需要的硬件和软件都已经比较成熟。旅游网站的建设、运营和管理涉及多方面知识，从业人员不但要具备较高的网络技术、电子商务知识，还应具备旅游、市场营销及管理等方面的知识。事实上，现在缺乏既熟悉电子商务又精通旅游业务的复合型人才。正是由于人才的缺乏，旅游公司的电子商务不能顺利开展和发展壮大。

（四）用户对网络安全缺乏信心

网上交易的阻力之一就是网络安全问题。电脑病毒和非法闯入等均会对电子商务网络系统造成威胁（主要是小型网站）。用户不愿意进行网上支付是因为担心网络安全没有保证。除此之外，就是网上交易需要进行一系列的用户认证程序，用户大量的隐私被暴露在网上，这使得越来越重视隐私权的用户不愿意进行网上交易。目前，仍存在"网上交易，网下支付"的交易模式。

（五）信用和质量有待加强

尽管电子商务发展迅速，但其服务质量还有待提升，如旅游公司景点描述与现实不符，旅游团队夸大宣传，纪念品以次充好等。如何保证旅游公司在网络上的宣传属实，如何保证旅游公司本身的信用，将成为进一步开拓旅游网络市场面临的主要问题。

四、旅游电子商务发展方向

（一）增值服务成为制胜关键

1. 按旅游性质划分

增值服务是指根据用户需要，为用户提供的超出常规服务的服务，就服务业来说，主要指特色的、个性化的服务。旅游企业可以通过创新性的增值服务来吸引并留住用户。随着用户需求的日益多样化和市场环境的不断成熟，网络要获得长远、健康的发展，就必须踏上增值服务的轨道。

良好的增值服务既可以培育利润增长点，又可以改善企业运营效率，填补服务领域的市场空白，从而为企业带来更多的收益。

提供增值服务的前提是先要对目标市场进行科学细分，这样才能有各种独具特色的个性化服务内容被设计、开发出来。

网络初期，旅游企业主要以提供大量信息和功能化产品为主，时至今日，为用户提供全方位的个性化服务占据了主导地位。按性质可以把旅游增值划分为信息增值、旅游产品增值、旅游纪念品增值、社交增值、技术服务增值及其他。

（1）信息增值。

信息增值是在信息运动过程中出现的信息在量上、质上和价值上的递增变化，是对信息的价值进行充分挖掘并采取措施增加信息价值含量的信息服务。Internet开始是资讯媒体，现在还应该坚持这一优势，同时旅游电子商务也要利用这一优势。例如，旅游电子商务网站要充分挖掘、梳理外交部和文旅部等政府部门关于旅游目的地的风险信息，并在其网站上发布，让游客知晓；再如，重视游客的评价。挖掘信息要围绕游客的需要进行，只有这样游客才会感兴趣。旅游企业不能仅停留在提供价格、产品介绍之类的信息上。

（2）旅游产品增值。

旅游产品增值是指围绕旅游产品的买卖进行的增值服务，个人定制旅游体现了这一趋势。现在的旅游已从千篇一律的标准化向个性化转变，旅游的价值取向已渐渐从"看一看"转变为"人格、审美取向和兴趣认同"，即转化为游客心理上的需要。伴随着这一转变，游客也发生了相应的变化，即产生了旅游消费者、旅游体验者和旅游爱好者三种。旅游体验者和旅游爱好者更喜欢个性化旅游，这是出于对人格和兴趣的认同而进行的旅游，需要的不是标准化的旅游产品，而是定制化的旅游产品。用户可以根据自己的需求，自由组合打包产品。游客在自由行过程中除了需要交通、住宿，还需要多种场景下的细分服务，如签证、租车、门票、玩乐、保险等。旅游电子商务企业要给予游客更多的自由、优惠和便利，帮助游客从碎片化信息和多重预订流程中解脱出来，回归旅行本质，享受旅游乐趣。

(3)旅游纪念品增值。

旅游纪念品要能体现增值服务和个性化,游客购物多是基于"喜欢而非需要""冲动而非理性"进行的。试想游客购买回来的旅游商品有多少是出于需要购买的,大多是出于"喜欢、好玩、造型独特"产生的冲动购买。

(4)社交增值。

通过社交互动让游客自己创造内容,包括产品信息、活动信息等,并使游客将自己创造的内容分享到社区、微信好友、微博、豆瓣、QQ空间等。

(5)技术服务增值。

技术服务增值,如加快连线速度、合理规划网站版面和栏目设计,以及加强网页间流转的顺畅性等。

(6)其他。

其他,如旅游金融、网站之间的相互推介等。目前,医疗、拍卖、团购这些形式的旅游电子商务平台还可进一步开发。

2.按旅游进程划分

旅游服务是一个广义的概念,它不仅指游客到达旅游目的地后,旅游企业依托旅游资源、旅游设施向游客提供产品和服务,满足游客需求的一系列活动,也包括为决策阶段的游客提供信息和咨询、为游客提供便利的购买方式,以及对旅程结束的游客进行意见征询和再联络等活动。旅游电子商务为游客的旅游服务过程提供了一系列便利条件和技术支持,使旅游服务向增值化方向发展。

(1)行前服务阶段。

传统旅游服务由于信息传递手段的有限性,使处于不同地点的旅游企业和游客在沟通上受到限制。通过旅游电子商务,旅游企业可以向游客提供以信息服务为主的咨询和销售。旅游企业将信息发布在旅游网站上,游客通过主动搜寻和阅读信息,获得行前服务。旅游服务商通过计算机预订系统(CRS)、全球分销系统(GDS),以及互联网或内部网查询车次、航班、房价,并迅速、准确地向游客提供信息和专业建议。一方面,信息技术能使旅游企业与游客充分沟通,为旅游企业向游客提供个性化服务、一对一服务、细致地了解游客需求和设计产品提供了条件,如低于心理期望价格时的提醒服务等。另一方面,旅游企业通过互联网实现远程服务和网络销售,为游客带来了便利,免去传统旅游在寻找旅游产品过程中的体力消耗、货比三家(价格)、时间消耗(往返于旅行社和居住地之间)等烦恼。

(2)实地旅游服务阶段。

传统旅游服务提供的是标准化、程序化的服务。然而,随着旅游业的发展和游客心理需求的变化,千篇一律的规范化服务已不能完全满足游客的需求。在这种情况下,电子商务、信息技术的应用为实现个性化的增值服务提供了条件。游客的个性化特征是一组信息,旅游企业需要把这些信息记录、存储下来,以备调用。旅游企业客户数据库和客户关系管理软件可以帮助企业在提供旅游服务时,通过查询游客的生活习惯、兴趣偏好,有针对性地提供个性化服务,满足游客的独特需求。信息技术中的准确定位使"边走边订"更加精准。

(3)旅游活动结束后阶段。

通过旅游电子商务可以强化商家与顾客的交流和再营销。旅游企业网站开辟的BBS和攻略,为企业与游客的交流奠定了基础,使企业可以及时收集游客的意见和建议,并使游客对旅游服务过程中遇到的不满找到合理的交流和释放窗口,以达成相互理解,减少负面效应。BBS还是旅游企业与游客之间互相交流的"虚拟社区",其既可增进游客与旅游企业的感情,又可通过游客之间的相互帮助,减少旅游企业的服务成本和服务困难。通过网站、电子邮件等,旅游企业还可以以极低的成本与曾经接待过的游客时常保持联系,寄送新产品和提供信息服务,以及发送调查问卷等,实现游客的维系和再营销的目的。

目前,国内网站的增值服务能力总体欠佳。增值服务仅限于价格,如折扣产品、会员卡消费积分、特约商户会员卡打折等。网站提供增值服务能力的大小取决于网站的加盟企业数量、地域分布,以及合作企业分布的广泛程度。附加交易信息的提供,尤其是多种多样的友情链接亦为网站的增值服务之一。但是,目前友情链接内容与增值服务的相关度较低。国内旅游网站在改进顾客服务质量和缩短交货时间两种增值服务上表现并不理想。国内大多数旅游网站还只是简单地把网络视为介绍企业、景点和旅游线路的工具,没有认识到可以将企业的核心业务流程、客户关系管理等都延伸到互联网上,使产品和服务更贴近用户需求,以体现网络的巨大价值,特别是在线预订方面和个性化定制方面。2023年第一季度,携程集团净营业收入同比增长124%,其中住宿预订、交通票务、旅游度假收入同比分别增长140%、150%和211%。散客市场对在线旅游服务的需求较大。网上旅游业务的开展应主要针对散客的需求推出旅游个性化定制服务,以此打开并巩固旅游电子商务的市场份额。把服务对象定位于个性张扬的自主型旅游人群,要求旅游电子商务必须与旅游资源接轨,开展个性化服务。通过客户关系管理搜寻并获取个性化的客户资料和有价值的市场信息,并据此设计出各具特色的旅游产品和服务,或者让游客自己设计旅游线路和旅游行程,旅游企业根据游客需求提供量体裁衣式的订单服务,以牢牢抓住目标市场,进一步扩大市场份额。

如国外的定制服务,当客户没有找到满意的解决方案时,可委托服务器监视和跟踪,当有符合标准的信息出现时,服务器可通过电子邮件的方式及时提醒客户,这样有利于企业树立良好的声誉和品牌形象。

简单地说,旅游电子商务就是"网络+旅游",网站单单具有技术和信息优势,无法保证其能在网络旅游市场中成为最后的赢家,只有提供更多的增值服务,才是制胜的关键。

（二）专业旅游电子商务

当今社会是个分工日益细化的社会,专业不仅表现在技术上,也表现在市场布局上。随着大批专业市场的形成,企业打造出了品牌,赢得了口碑,形成了人流量,带动了销售,这就是专业市场带来的好处。

市场细分不明确是目前国内旅游网站面临的主要问题。大多数旅游网站发布的信息和旅游产品"老少皆宜"。网络访问者多种多样,访问者的兴趣爱好、经济能力,以及职业和年龄都不一样,因此访问者的旅游需求也就有所不同。如果不顾不同层次访问者的需求,将很难引起访问者的旅游欲望,旅游网站的供给与访问者的个性化需求便难以实现有效对接。

大型综合旅游网站、旅行社类网站、酒店及预订类网站、航空公司及机票预订类网站、景区及地方性旅游网站、其他类网站,以及基于其他网络的旅游电子商务要占据旅游市场,都要有针对性地满足游客的个性化需求。如,出境批发的众信旅游抓住了出境批发这一细分市场;八爪鱼专门给旅行社提供资源;马蜂窝专注攻略。

专业旅游网站需要有强大的专业资源做后盾,同时品牌、资本和支付方式也是重要方面,不可一蹴而就,得渐进解决。在网络站点设计风格、网络报价、网络预订处理、网络客源分析、网络客人接待、客人资料保存整理等方面,都有大量工作要做。因此,旅游网站需要将以往"大而全"的模式转向专业细分的行业商务门户,将增值内容和商务平台紧密集成,充分发挥互联网在信息服务方面的优势,使旅游电子商务真正进入"以用户需求为中心"的阶段。同时,网络工作者还应该拓宽视野,针对客源情况提供不同版本的网上资料,如英文版、日文版、法文版等,积极接纳全球的访问者。

（三）线上线下结合

以1999年10月携程旅行网正式上线为标志,OTA(Online Travel Agency)即在线旅游,距今已在中国走过二十多个年头。截至2019年,传统旅行社的市场份额已被在线旅游大幅蚕食,毛利率已从20世纪90年代的30%降至不足10%。但与之相对,OTA的线上渗透率从未超过15%。换言之,更多的交易依然是在线下完成的,OTA暂时无法彻底颠覆线下旅游市场。

从2016年下半年开始,随着互联网整体红利见顶,"新零售"被高频提及,OTA这些宣称要颠覆传统旅行社的公司,也开始布局线下。从"标品"领域到"非标品"领域,开始布局线下实体,携程采取加盟模式,途牛采取自营模式,形成了线上与线下的结合。

知识活页

任务三 旅游电子商务的基本组成

📎 任务描述

学生要了解旅游电子商务系统的建设；学会识别旅游电子商务组成和传统旅游组成；实地调研某旅游企业的内联网。

一、旅游电子商务的基本组成

旅游电子商务的基本组成主要有网络、用户（个人、旅游企业）、认证中心、物流配送、网上银行等。

（一）网络

网络主要包括互联网（Internet）、内联网（Intranet）、外联网（Extranet）。互联网（Internet）是电子商务的基础，是商务、业务信息传送的载体；内联网（Intranet）是企业内部商务活动的场所；外联网（Extranet）是企业与企业，以及企业与个人进行商务活动的纽带。

（二）用户

用户指参与旅游电子商务活动的个人或企业。个人用户指游客或潜在游客；企业用户指旅游企业。个人用户一般使用互联网进行旅游信息浏览、网上旅游产品购物、网上娱乐、网上学习等活动。企业用户一般利用互联网发布旅游企业信息、旅游产品信息、接收订单等，同时也可以进行网上旅游企业的管理与运作。

（三）认证中心

认证中心（CA认证中心）是指给个人、企业和政府机构等签发数字证书——"网上身份证"，来确认电子商务活动中各自的身份，并通过加解密方法实现网上安全的信息交换与安全交易。认证中心是受法律承认的权威机构，负责发放和管理数字证书。

（四）物流配送

在旅游电子商务中，信息流、资金流的处理都可以通过计算机和网络通信设备实现。但大多数商品和服务是无法通过网络传输的。只有少数商品和服务可以直接通过网络传输的方式进行配送，如各种电子出版物、信息咨询服务、有价信息软件等。

所以,物流与信息流、资金流相比较为特殊。物流配送是指,物流企业通过一系列机械化、自动化工具,准确、及时地将商品从生产者手中送到消费者手中。

旅游行业主要是信息密集和知识密集型行业,涉及物流配送较少。所以,在旅游行业开展电子商务相比其他行业具有不可比拟的优势。

(五)网上银行

网上银行指利用网络手段为消费者提供金融服务的银行。网络银行具有和传统银行一样的职能,且网络银行能够提供24小时的实时服务和跨地域服务。

旅游电子商务取得的巨大发展,离不开信息、服务与资金。信息是整个交易能否流转的关键;优质的服务是电子商务得以实现的保证;资金在电子商务交易消费过程中具有不可替代的作用。

二、旅游电子商务系统建设

旅游电子商务系统建设主要包括以下六方面。

(一)电子商务系统基础层

电子商务系统基础层指电子商务系统的运行环境,包括计算机软件、硬件和网络平台。

(二)电子商务系统服务层

电子商务系统服务层直接为应用系统提供服务,优化应用功能,是应用层的必要补充。

这一层实现了标准的网上商务活动、系统优化、系统管理,以及系统及应用集成服务。如,建立标准的商品目录及价目表、开发电子支付工具、保证商业信息安全传送、认证买卖双方的合法性、控制流量等。

(三)电子商务系统应用层

应用层对应的应用系统是电子商务系统的核心,是开发过程中需要编写的主要内容,其目的是实现企业运营管理的网络化。

应用层主要实现系统的核心商务逻辑,如企业宣传、网上银行、网上购物、虚拟电子市场等具体应用模块。电子商务应用系统主要包括电子商务网站、数据库系统、支付系统、安全系统等。

(四)电子商务系统社会环境层

社会环境层包含关于电子商务的公共政策、法律法规、安全问题,以及技术标准规范等。

（五）电子商务系统表达层与客户端

表达层的作用是为应用层提供客户端支持，将商务应用层的各种逻辑处理结果以不同的形式提交给客户端，并负责完成电子商务系统与其服务客户之间的交互。客户端是客户接受电子商务系统服务的终点，它可以是个人计算机、手机等终端设备。

（六）内部系统接口与外部系统接口

内部系统指企业内部信息系统，负责企业内部的生产和管理，包括企业资源计划系统（Enterprise Resource Planning，ERP）、客户关系管理系统（Customer Relationship Management，CRM）、人力资源管理系统（Human Resource Management，HRM）、内部数据库系统等信息资源。

外部系统主要指与电子商务系统发生数据交换的企业外的其他信息系统，包括银行支付网关、认证中心、配送机构以及其他企业的信息系统。

项目小结

教学互动

线下旅行社走过了光辉的时刻，但是随着"互联网＋"和通信技术的发展，催生了旅游业的新领域，旅游从线下实体商铺转移到线上，拓宽了旅游发展的新思路，旅游电子商务应运而生，且发展迅速，极大地丰富了旅游活动。

能力训练

在线答题

进入携程旅行网和同程旅游网等网站，实际体会旅游电子商务网站的服务功能，同时进入中华人民共和国文化和旅游部（https://www.mct.gov.cn）和安徽省文化和旅游厅（https://ct.ah.gov.cn）等网站了解旅游电子商务政务。

项目二
旅游电子商务模式

思维导图

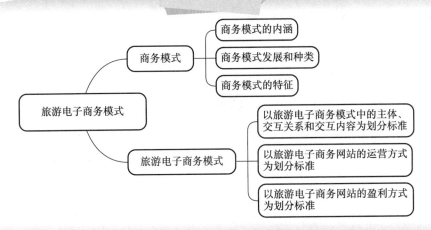

项目描述

本项目有两个任务:任务一是商务模式,阐述了商务模式的内涵、种类和特征;任务二是旅游电子商务模式,介绍了B2C、B2B、C2C和C2B四种常见的旅游电子商务模式。本项目为学生正确理解旅游电子商务"距离太遥远"建立感性认知。

知识目标

让学生了解商务模式的三种观点;理解商务模式的内涵;掌握B2C、B2B、C2C和C2B四种常见的旅游电子商务模式。

技能目标

学生要体验不同旅游电子商务网站的异同,能说出旅游电子商务网站的服务特色。

素养目标

最早的商务模式是店铺模式,商铺最早要追溯到原始社会。学生通过对商铺历史的了解可以增强民族自豪感、自信心;了解"三农"乡村旅游平台,提高"三农"服务意识。

项目引入

小红书最开始的开发目的是打造一个以用户为主导的购物社区平台,用户可以在小红书上自由分享海外购物经验和心得。2013年10月1日施行的《中华人民共和国旅游法》规定,旅行社组织、接待游客,不得指定具体购物场所,不得安排另行付费旅游项目。这一法律的施行,促使消费者回归市场,小红书的粉丝量和日活跃用户量连连增长,许多原本不愿与其合作的旅行社也开始有了合作的打算。

小红书逐渐由海外购物分享平台演变为涵盖美食、旅行、影视、学习、育儿、健身等多方面的生活方式分享平台。B2K2C(B表示品牌方;K表示媒介方;C表示消费者)闭环实现了从关键消费领袖(KOC)到品牌再到小红书平台共赢的局面。当消费者通过KOC发布的图文、短视频等形式分享和讨论某个新品牌的产品时,即可通过小红书商城找到品牌店铺并下单购买。对品牌而言,KOC的推荐增加了品牌的曝光度,提高了消费者购买品牌的决策效率。对KOC而言,这种方式既增加了原创内容,也多了一个流量变现的渠道。对小红书而言,品牌商的加入大大增加了用户的留存率,还能防止个人创作者的流失。越来越多品牌的加入,也让小红书加速商业化布局,探寻新的流量变现路径。

(资料来源:中原新闻网。)

点评:小红书内容建设形式丰富,主要是图文、短视频和直播,是典型的内容电商,主打"标记我的生活"。

📎 **慎思笃行**

商铺的历史变迁

商铺最早要追溯到原始社会,那时没有货币,人们采用的是以物换物的交易方式。当某一种物质略多,其他物质欠缺的时候,交换的需求就产生了,而交换需要场地支撑,于是就有了商铺。

春秋战国时期,商铺还没有固定位置,部分有远见的商人会在人流量较大的区域摆摊设点。

唐代,都城长安(今西安)是当时东西方文化、商贸交流的中心,长安东西两市,商贾云集,店肆无数,商业繁荣。当时的城市一般是坊、市分区的,即住宅区与商业区分开,商业区白天定时开市和闭市。宋代,随着商品经济的发展和城市人口的增加,彻底打破了坊、市的界限,商店可以随处开设。有些城市商业区域扩大到城外,叫草市,农村中还有定期开放的小市,由此推动了商品经济的繁荣。

明清时期,商业市镇兴起,区域性的商人群体实力雄厚,形成徽商、晋商、闽商等多个大商帮。

(资料来源:搜狐网。)

知行合一

任务一 商务模式

📎 **任务描述**

学生要了解商务模式的发展、特征和种类;熟悉商务模式的内涵;实际体验"店铺模式"。

一、商务模式的内涵

商务模式(Business Model)的概念由 Gardner(1960)提出,其本质是各经济主体间的交易关系,体现了组织价值创造的方式与逻辑。直到20世纪90年代,商务模式才开始被广泛应用和传播。目前,虽然这一名词出现的频率较高,但关于它的定义仍然没有一个权威的说法。商务模式的英文为"Business Model",中文有多种译法,如商业模式、经营模式、业务模式、商业模型等。

"做生意或赚钱的方式"(The way of doing business)是商务模式的笼统解释,它并不能全面、细致地阐明商务模式的实质。众多定义从不同角度对商务模式做出了具体界定。从内容来看,商务模式可被分为价值实现论、企业运作秩序论(或运作逻辑论)以及"投入—产出"关联论三种观点。

价值实现论认为,商务模式是企业创造价值、获取价值的工具或途径。Zott和Amit(2000)提出,商务模式是企业创新的焦点和企业为自己、供应商、合作伙伴、客户创造价值的决定性因素。Shafer、Smith和Linder(2005)将商务模式界定为一个公司在价值网络里创造和获取价值的核心逻辑和战略选择。也有咨询公司认为,商务模式是描述公司在市场上创造价值的方式,包括产品、服务、形象、分销等的组合,还包括组织结构和运作架构。

企业运作秩序论(或运作逻辑论),对商务模式的理解侧重于企业运作规则和秩序。Afuah(2003)认为,商务模式是企业在给定的行业中,为了创造卓越的客户价值并将自己推到获取价值的位置上,考虑运用其资源执行什么样的活动、如何执行这些活动,以及什么时候执行这些活动的集合。Chaharbaghi、Fendt和Willis(2003)提出,商务模式是管理思想和实践的代名词,有助于经营活动以独特的方式运作。国内学者黄培和陈俊芳(2003)指出,商业模式是企业开展经营活动获取利润的标准模式。

"投入—产出"关联论是指,将商务模式作为企业从投入到产出之间的联系。价值实现论实际上是这种观点的延伸。Chesbrough和Rosenbloom(2002)指出,商务模式是企业技术投入和价值创造之间的桥梁。Carliner(2004)把商务模式视为企业投入和产出之间的一种创造工具或者联系。

通过对商务模式概念进行回顾,我们可以明确两方面内容。一是,价值的创造和获取始终是商务模式较为关注的焦点,因此如何创造和获取价值,以及为谁创造价值成为商务模式的核心。商务模式概念呈现综合性特征,它通过价值创造与价值实现两个系统的有机结合,形成价值创造与价值实现在企业内部的平衡。可以说,价值就是商务模式的实质,商务模式是围绕价值的创造和实现展开的,其目的在于构建企业的价值并创造规则。二是,商务模式是以组合体的方式呈现的,即商务模式绝非单一要素,而是众多要素的有机结合。

可见,本质上,商务模式是企业创造、实现价值所必需的众多要素的有机结合。价值、目标客户、利益相关者、资源、客户关系、企业战略、技术、收入和成本等都是商务模式的构成要素。企业可以通过改变要素之间相互作用的方式或者要素的重要性,实现商务模式的创新。

商务模式是一种企业满足消费者需求的系统,这个系统组织管理企业的各种资源(又称输入变量,包括资金、原材料、人力资源、作业方式、销售方式、信息、品牌和知识产权、企业所处的环境、创新力等),使企业形成能够提供给消费者的,且消费者无法自制的产品和服务(输出变量)。

二、商务模式发展和种类

有一个好的商务模式,成功就有了一半的保障。商务模式就是公司赚钱的途径或方式。简言之,饮料公司通过卖饮料来赚钱;快递公司通过送快递来赚钱;网络公司通过点击率来赚钱;通信公司通过收话费来赚钱;超市通过平台和仓储来赚钱等。

一般来说,服务业的商业模式要比制造业和零售业的商业模式更为复杂。较古老也是较基本的商业模式是"店铺模式(Shopkeeper Model)"。具体来说,就是在具有潜在消费者的地方开设店铺并展示其产品或服务。

(一)"饵与钩"模式

随着时代的进步,商业模式也变得越来越精巧。"饵与钩"(Bait and Hook)模式也被称为"剃刀与刀片"(Razor and Blades)模式,或是"搭售"(Tied Products)模式,出现在20世纪早期。在这种模式里,基本产品的出售价格极低,通常处于亏损状态,而与之相关的消耗品或是服务的价格却十分昂贵。比如说,剃须刀(饵)和刀片(钩)、手机(饵)和通话时间(钩)、打印机(饵)和墨盒(钩)、相机(饵)和胶卷(钩)等。

(二)其他模式

20世纪50年代,新的商业模式由麦当劳(McDonald's)和丰田汽车(Toyota)创造;20世纪60年代,沃尔玛(Wal-Mart)和混合式超市(Hypemarkets,超市和仓储式销售合二为一的超级商场)创造了新的模式;20世纪70年代,新的商业模式出现在FedEx快递和Toys"R"Us玩具商店的经营里;20世纪80年代,新的商业模式出现在Blockbuster、Intel和Dell;20世纪90年代,新的商业模式出现在西南航空(Southwest Airlines)、EBay、Amazon和星巴克咖啡(Starbucks)。

大多数的商业模式都依赖技术。互联网上的创业者们发明了许多新的商业模式,这些商业模式大多依赖新兴的技术,我们称这些商业模式为电子商务模式。利用技术,企业可以以较小的代价,接触到更多的消费者。

电子商务模式的分类方法有很多,主要有按参与主体、盈利方式、直接间接销售方式、批发零售销售等进行划分。较常见的是根据电子商务的参与主体(比如,顾客、商品供应者、网络服务商、政府等)进行划分,一般根据它们参与商务的性质分为C(Consumer)、B(Business)、G(Government),由此形成了各种商业模式。

随着科学技术的不断发展,商业模式也有了多样化趋势,互联网的免费模式就是其中的典型代表。此外,新兴商业模式也在不断涌现。

每一次商业模式的革新都能给公司带来一定的竞争优势。但是,随着时间的改变,公司必须不断地重新思考它的商业设计,确立新的商业模式。随着消费者的价值取向从一个公司转移到另一个公司,公司必须不断改变它们的商业模式,以避免顾客流失。一个公司的成败取决于它的商业设计是否能够满足消费者的需求。

知识活页

三、商务模式的特征

(一)整体性

商务模式是一个整体的、系统的概念。如,收入模式(广告收入、注册费、服务费)、向客户提供的价值(在价格上竞争、在质量上竞争)、组织架构(自成体系的业务单元、整合的网络能力)等,这些都是商业模式的重要组成部分,但并非全部内容。

(二)内在性

商业模式的组成部分之间必须有内在联系,这个内在联系把各组成部分有机地关联起来,使它们互相支持、共同作用,形成良性循环。

任务二 旅游电子商务模式

任务描述

学生要了解旅游电子商务网站的划分标准;掌握B2C、B2B、C2C和C2B四种常见的旅游电子商务模式;在互联网上体验不同的旅游电子商务模式。

一、以旅游电子商务模式中的主体、交互关系和交互内容为划分标准

第一,主体。旅游电子商务的主体一般是企业(Business,B)、消费者(Consumer,C)和政府(Government,G)。

第二,交互关系。交互关系是企业、消费者、政府之间的关系。理论上有九种交互关系,如表2-1所示。

表2-1 企业、消费者、政府之间的交互关系

交易主体	交易对象		
	企业(B)	消费者(C)	政府(G)
企业(B)	B2B	B2C	B2G
消费者(C)	C2B	C2C	C2G
政府(G)	G2B	G2C	G2G

第三,交互内容。交互关系总是伴随着一定的交互内容,主要有商务信息、商品交易和服务交易。

一般来说,旅游电子商务虽有九种商务模式,但常见的模式只有四种,即B2C、B2B、C2C和C2B。

(一) B2C 旅游电子商务模式

B2C旅游电子商务模式是旅游企业向消费者提供电子商务的模式,也是国内较早产生的电子商务模式。B2C就是通常说的商业零售,即企业直接向消费者销售其产品或服务。这种形式的电子商务模式一般以网络零售业为主,主要借助互联网开展在线销售活动。通过互联网为消费者提供一个新的购物环境,即网上购物环境。游客可以在网上选购商品,下订单,完成支付。这种模式节省了游客和企业的时间和空间,大大提高了交易效率,特别是对于工作忙碌的上班族来说,这种模式可以为其节省宝贵的休息时间。

交易时,游客先通过网络获取旅游目的地信息,然后自主设计旅游活动日程表,以及预订酒店、车票、船票、机票等,或报名参加旅行团。对旅游业这样一个游客高度分散的行业来说,B2C旅游电子商务模式方便游客远程搜寻、预订旅游产品,解决了距离带来的信息不对称问题。通过旅游电子商务网站订房、订票,是当今世界应用较为广泛的电子商务形式之一。

典型的B2C旅游网站有携程网、去哪儿网和途牛旅游网等。

(二) B2B 旅游电子商务模式

B2B是企业对企业的电子商务,即企业与企业之间通过互联网进行产品、服务及信息交易或交换。在这种模式下,进行电子商务交易的供需双方都是企业,它们通过互联网或者各种商务网络平台,完成商务交易。

1. B2B交易形式

在旅游电子商务中,B2B交易形式主要包括以下四种。

一是,旅游企业之间的产品代理,如旅行社代订机票、客房;旅游代理商代售旅游批发商的旅游线路产品等。

二是,组团社之间相互拼团,即当两家或多家组团旅行社经营同一条旅游线路,并且出团时间相近,每家旅行社报名的游客都较少时,旅行社在征得游客同意后可将客源合并,交给其中一家旅行社操作,以实现规模运作,降低成本。

三是,地接社批量订购当地旅游酒店、景区门票。

四是,客源地组团社与目的地地接社之间的委托、支付等。

旅游业是一个由众多子行业构成、需要各子行业协调配合的综合性产业,各类旅游企业之间存在复杂的代理、交易、合作关系,B2B旅游电子商务模式有很大的发展空间。

2. 旅游企业间的电子商务

旅游企业间的电子商务主要有以下两种。

一是,非特定企业间的电子商务。此种旅游电子商务在开放的网络中为每笔交易寻找较佳的合作伙伴。一些专业旅游网站的同业交易平台就提供了各类旅游企业之间查询、报价、询价直至交易的虚拟市场空间。

二是,特定企业间的电子商务。此种旅游电子商务是指,在过去一直有交易关系或者今后要继续进行交易的旅游企业间,为了共同的经济利益,共同设计、开发或全面进行市场存量管理,企业与交易伙伴间建立信息数据共享、信息交换和单证传输机制的电子商务模式。如,航空公司的计算机预订系统(CRS)就是一个旅游业的机票分销系统,它连接航空公司与机票代理商(如航空售票处、旅行社、酒店等)。机票代理商的服务器与航空公司的服务器在线实时链接,当航空公司的机票有优惠和折扣时,信息会实时反馈到代理商的数据库中。机票代理商每售出一张机票,航空公司数据库中的机票存量就会发生变化。B2B电子商务的实现大大提高了旅游企业间的信息共享和对接运作效率,进而提高了整个旅游业的运作效率。

3. 旅游商务B2B平台

旅游商务B2B平台指的是促进旅游电子商务活动的第三方企业平台。一般情况下,旅游商务B2B平台以注册会员的方式进行电子商务活动。目前,国内的B2B主要有旅交汇、八爪鱼在线旅游等。这些平台利用现代化互联网的网络通信功能,实现供应商和经销商的无缝连接,解决了原本存在的信息不通、交易受阻等问题,不仅能更好地服务游客,还在旅游行业内建立了新的桥梁,极大地促进了旅游行业的繁荣。

以携程网和芒果网为例,它们的B2B业务主要体现在携程网和各大旅行社、航空公司间的业务往来;B2C的业务主要是为消费者提供旅游信息,预订机票、酒店,以及规划旅游线路等。如今,B2B、B2C业务已被大型综合旅游电子商务网站包揽,中小型旅游电子商务网站很难有较大突破。

(三) C2C旅游电子商务模式

C2C旅游电子商务模式源于交换旅游,是一种由游客友情赞助或共享自己的房屋给其他游客居住的互助旅游形式。有了互联网的助力,交换旅游已从朋友圈发展到和远方的陌生人互享旅游资源的程度。

C2C旅游电子商务模式,即游客通过Internet可以成为卖家向其他游客(买家)出售自己的旅游产品或旅游线路规划;或可以成为买家,通过网上调查、查询相关信息,选择自己需要的旅游产品、旅游服务或旅游信息,并可以直接与卖家联系,中间不经过旅游代理商,在网上进行交易并在网上支付费用。这种互动的商品交易模式节省了买卖双方的时间和空间,大大提高了交易效率,节省了不必要的开支。

（四）C2B旅游电子商务模式

C2B旅游电子商务模式是指，通过网络聚合分散且数量庞大的游客形成的一个强大的采购集团，以此来改变B2C模式中游客的弱势地位，使游客能够以大批发商的购买价格购买产品或服务。C2B模式在在线旅游中的应用主要有旅游产品网络团购和旅游产品个性化定制两种。另外，以分享旅游攻略为主的在线旅游社区是C2B模式的另一种新兴形式。

1. 旅游产品网络团购

旅游产品网络团购作为一种新的消费模式，让互不相识的游客，借助互联网的"以网聚人的力量"来聚集资金，加大游客与商家的谈判能力，以求得最优的价格。随着网络团购潮流的到来，旅游电子商务也追上了潮流。在线旅游产品围绕食、住、行、游、购、娱旅游六要素，开展了形形色色的网络团购活动。

例如，游客计划到苏州旅游，出行前，他可以在百度里搜索苏州的酒店团购信息、苏州著名景点的折扣门票、周边旅游线路规划、餐饮美食，甚至是休闲娱乐的团购信息等。提前订购满意的、价廉物美的旅游产品或服务，并在网上支付。这样，游客既能享受参团的优惠价格，又能享受自由的、深度的城市旅游。在线旅游团购的参与者主要集中在白领和在校大学生，他们对旅游的热情很高，喜欢深度的自助游，同时又对价格比较敏感，在线旅游产品团购能满足他们的需求。游客还可在旅游企业微信公众号里进行门票团购。

2. 旅游产品个性化定制

旅游产品个性化定制能满足不同层次游客的需求。提供优质的个性化旅游产品定制服务，将成为中小型在线旅游企业赖以生存的核心竞争力。参与个性化旅游产品定制的游客有两类：一类是对旅游有特殊偏好的旅游爱好者；另一类是商务游客、精英人士，以及以家庭为单位的中高端游客。

目前，家庭度假、公司奖励、商务会议、行业展览成为私人定制旅游需求中较为常见的主题。旅游公司在为特殊游客设计精品旅游产品的同时，还在线为游客提供菜单式自助服务，即游客想玩什么就可以在网站上定制什么。如，携程提供当地团队游、一日游，以及导游服务、接送机服务、目的地交通服务等各类服务，以满足游客"半定制"旅游产品的需求。途牛等不少旅游网都已经开通了"个性定制"频道，每逢假期，订单量大幅攀升。

3. 在线旅游社区

很多游客在计划出游时并没有规划明确的旅游目的地。旅游目的地的选择会受到各种信息的影响，比如关于某地的攻略或朋友的推荐等。在线旅游社区能将用户连接起来，让用户在"去哪里玩，吃什么东西，在哪里住"等方面都参考旅游攻略或游记里的建议。在线旅游社区的核心在于游客的旅游分享,以及游客对旅游服务的反馈评价等。中小型旅游企业可以用好在线旅游社区平台,摒弃传统的或不受欢迎的旅游产品或服务,通过热门游记攻略实时更新自己的旅游产品或服务。

猫途鹰是Tripadvisor的中文官方网站,它的定位是做中国最大的、信息最全的、用户最多的在线旅游社区,为中国游客提供最及时、最可信的全球化旅游信息。与Tripadvisor一样,猫途鹰的核心服务是酒店点评。游客在选定目的地后,可以上猫途鹰查询详细的旅游攻略,例如入住哪家酒店,如何在有限的时间内游览整个城市等。

马蜂窝旅游社交媒体网站是国内旅游攻略社区的代表,它提供了一个相互协作、共同分享的旅游出行平台,为游客提供合适的旅游攻略。马蜂窝通过旅游攻略,为游客提供一站式服务。可以说,旅游攻略是由卖方市场向买方市场转变的关键性产品,具有战略意义。在线旅游社区的发展意味着中国人的出行方式正从旅游向旅行过渡,标志着个性化旅游需求时代的到来。

旅游产品网络团购和个性化定制都在充分利用互联网,让游客成为旅行的真正主人。以分享旅游攻略为主的在线旅游社区的发展,进一步提升了游客的主动性,引导商家提供个性化旅游服务。C2B旅游电子商务模式既能满足广大普通游客追求用平民价格享受品质旅游服务的要求,又能满足中高端游客追求个性化、精品旅游细节和高质量服务的需求。C2B旅游电子商务模式会成为中小型在线旅游企业提供特色旅游产品或服务的依据,也会成为中小型旅游企业赖以生存的核心竞争力。

典型的C2B旅游电子商务模式有Priceline独创的"Name your own price system"(自我定价系统),以及马蜂窝、穷游网等。

二、以旅游电子商务网站的运营方式为划分标准

(一)携程运营模式

携程是一家综合性的在线旅行服务公司,1999年在上海成立。携程最初以机票和酒店预订业务为主。成立以来,携程凭借其对消费者心理需求的准确把握和业务的创新发展,于2003年在美国纳斯达克上市,并在当时成为纳斯达克三年来开盘当日涨幅最高的企业。

1. 优势

(1)规模经营。

携程的核心优势是规模经营。一般情况下,互联网具有明显的规模效应,行业领先者具有绝对优势。携程作为我国较大的旅游企业,市场发展得比较完善。另外,携程拥有较大的服务中心,在世界大部分地区都与当地酒店进行了合作,航线密集、种类多样。

(2)客户资源。

量大质优的客户资源作为携程的持久优势,成为其经营模式的一个强有力保障。中国旅游研究院发布的《全国智慧旅游发展报告 2023》显示,截至2023年6月,我国在线旅行预订用户规模达4.54亿,占网民总数的42.1%。

(3)品牌优势。

目前,携程是国内领先的在线旅游企业,市场份额较大。无论游客是否最终在携程交易,提到网上选购旅游产品时,携程都在游客的考虑范围之内。携程在线旅游产品综合提供商的形象深入人心,成为携程抵御竞争对手的一道屏障。在众多相同模式的网站中,携程具有无法复制和替代的核心竞争优势。携程预订业务以"酒店+机票"为主,以度假产品和商旅管理为辅,稳居市场前列。

2. 劣势

(1)投资和垄断风险。

2010年前后,在线旅游行业竞争愈演愈烈,特别是2014年持续了一年的价格战,造成了携程高营收、低利润的艰难局面。该时期,携程将更多的精力放在了资本市场上。在行业高速发展的背景下,产品业务的创新使携程在短期内获得了盈利。同时,携程将资本运作和投资布局纳入长期发展战略之中。2014年,携程入股同程旅游、途牛网、天海邮轮、华远国旅等;2015年,携程分别收购艺龙37.6%的股权和去哪儿45%的股份;2016年,携程承诺以自有资金30亿元参与认购东航非公开发行的A股股票,并投资了印度的在线旅游平台 MakeMyTrip。

在对优秀企业的战略投资方面,携程始终保持着开放、共赢又不失谨慎的态度,可以短期缓解竞争态势,同时带来巨额的资金。长期来看,业务收入和资本收入并重的盈利模式除给企业带来股份收益等具体的资本收入,还通过资源整合、业务范围拓展、市场开拓、资本联姻等带来更多的收益。同时,面对社会的质疑,携程需要做好投资后的管理,防止投资企业经营不善带来的损失,以及涉嫌行业垄断的道德和法律风险。

(2)经营模式风险。

携程是典型的OTA(在线旅游)代理商,OTA是目前在线旅游业主要的经营模式。OTA除通过向客户提供服务的方式来盈利,还有以下五种常见的盈利方式。

一是,搜索比价盈利模式。搜索比价盈利模式已成为在线旅游企业经营的重要模式之一。这种经营模式是通过开发一个垂直搜索引擎,对上游供应商(酒店、航空公司、票务代理等)在网络平台上发布的信息进行实时抓取并收集整理,对同一水平的产品进行价格和质量排名,帮助消费者选择性价比较高或较符合其心意的产品。

二是,搜索引擎盈利模式。搜索引擎盈利模式具有巨大的广告价值,主要是因为经济发展从注意力经济向搜索力经济转变。百度能够通过搜索引擎来赚钱,主要是因为搜索引擎能够给企业带来可观的收入。如,企业缴纳一定的费用,就可以使得用户通过搜索引擎搜索到企业的相关信息,如果缴纳费用较多,就可以保证企业排在网页的前列,这是根据竞价的结果来确定的。搜索引擎经营模式还有许多待开发的空间,如各网站可以建立门户网站搜索同盟,整合各自的资源,共同为用户提供产品或服务的信息。如此,一方面在线旅游企业开拓了自己的盈利业务,另一方面也给用户提供了更好的服务。

三是,传统企业网络化经营模式。传统企业网络化经营模式主要是由实力比较强大的、传统的旅游服务企业(酒店、景区、航空公司、旅行社等)自主建设的在线旅游服务网站,如中青旅遨游网、七天酒店、中国国际航空公司、中国南方航空等。这些企业绕过了中间商,减少了交易的中间环节,以在线的方式建立与客户的直接联系,在向客户传递价值的同时使销售额和利润最大化。传统企业网络化经营模式的主要盈利来源为旅游产品销售等。

四是,信息平台式经营模式。信息平台式经营模式是指,企业通过在线旅游网站免费提供大量游客所需的旅游各个环节的信息和攻略,以及在论坛、贴吧和各大社区积聚人气、提升口碑之后,通过广告服务向广告公司或其他旅游提供商收取广告费的经营模式。国内采用信息平台式经营模式的网站有马蜂窝、穷游网等;国外采用信息平台式经营模式的网站有Tripadvisor等。

五是,在线旅游平台经营模式。在线旅游平台经营模式是企业提供的一个在线旅游网站,该企业在这个网站不参与任何交易,只是通过向旅游产品提供商收取租金的形式为其提供"摊位",使其可以在该"摊位"上发布旅游产品信息。在在线旅游平台上,旅游产品的买方与卖方可以自由选择并进行交易。飞猪作为阿里巴巴旗下企业,主要运用在线旅游服务平台(Online Travel Platform,OTP)模式,帮助许多产业链的上游企业建立了直营店铺,降低了它们的运营费用。

(3)缺少新的产品和服务点。

如今,携程已经开始部署全球化战略,谋求新的利润增长点。目前,国内OTA同质化严重,一旦出现新的、投资规模大的企业,携程现有的市场份额很容易就会被对手蚕食。

(4)缺少流量入口。

携程通过大量的市场营销迎来了年轻的客户,但是这部分客户往往对品牌忠诚度不高,很容易转投其他企业,而携程的主要竞争对手飞猪、美团、同程艺龙却没有这样的烦恼。飞猪利用淘宝和支付宝的首页超级流量入口可以较为轻松地俘获低频次用户的喜爱;美团更是互联网企业用户使用频率较高的公司之一,其以"高频打低频"的高水平运营已经让携程在住宿方面失去了不少市场份额;同程艺龙自从获得了腾讯的投资,在微信端获得流量入口以来,其用户活跃度已经居于行业前列。尽管短时间内携程的经营不会受到威胁,但从长期来看,一旦竞争对手选择更强有力的经营方式,携程很容易就会失去低频用户。

3. 主要客源群体

携程作为一家综合性在线旅行服务公司,其目标客户非常广泛。按客户需求细分,携程的客户主要分为三大类,即大众客户、商务出行客户和休闲度假客户。携程以中高收入的白领为目标客户,在把握白领消费需求,以及研究白领消费特点、消费习惯的基础上,为白领提供合适他们的旅游产品和服务。同时,中高收入消费群体大部分为商旅人士和散客,季节性不强,可有效减少传统旅行社业务量波动性大的风险。

商旅管理是携程重要的业务,其目标客户为企业或集团公司,携程致力于提高商旅水平和综合能力。携程以成熟的业界资源为基础,通过整合酒店、航空公司等,利用电话呼叫和互联网服务技术,向企业客户提供不同种类的商旅套餐组合,提高企业人员的出行效率。

(二)同程艺龙运营模式

2002年,同程团队成立;2003年,同程正式推出了B2B旅游交易平台;2006年,同程旅游业务从B2B转型为B2C。2018年3月,同程艺龙由同程集团旗下同程网络与艺龙旅行网合并而成。2018年11月,同程艺龙成功在香港联交所主板挂牌上市,是中国在线旅行的创新者和领先者。

同程艺龙致力于打造在线旅行一站式平台,业务涵盖交通票务(如机票、火车票、汽车票、船票等)预订、在线住宿预订、景点门票预订,以及多个出行场景的增值服务。截至2023年12月,同程艺龙的用户规模超过2亿,是中国两大出行平台之一。

2020年4月,同程艺龙推出了全新的服务品牌"同程旅行",启用了新的品牌标识和品牌口号"再出发,就同程",希望用更年轻的方式服务更多的用户。

1. 优势

一是,主打年轻化。随着年轻群体成为旅行消费主力,2020年同程艺龙便开启新一轮品牌升级,启用"紫色飞艇,造梦大鱼"的品牌视觉形象,并发布"再出发,就同程"的品牌口号。同程艺龙希望用更年轻的方式服务新一代用户,进一步提高用户的参与度。2021年,同程艺龙打造的创新型旅行产品"旅行盲盒"引爆全网,其通过抓住年轻人对"不确定性"和"未知的惊喜"的喜爱,吸引了诸多网友参与。

二是,深耕微信生态,同程艺龙依托微信小程序实现流量转化,流量大且稳定,优势显著。

三是,下沉市场成为同程艺龙较重要的市场。围绕下沉市场,同程艺龙对其产品和服务进行了一系列改造。在消费习惯上,下沉市场和一线城市不同,一线城市用户在选择酒店时习惯在线预订,下沉市场习惯走进酒店直接预订,这催生了同程艺龙的酒店扫码住项目,即用户到酒店通过扫码领取优惠券,成为同程艺龙的付费用户。在下沉市场,同程艺龙观察到很多用户去酒店是为了打牌或者玩电竞,这是在一线城市很难接触和想象的。在供应链方面,同程艺龙发现,下沉市场单体酒店的在线化、信息化程度较低,走访过的一些酒店还存在手动记账等情况。

四是,同程艺龙转型为"智能出行管家"(Intelligent Travel Assistant,ITA)。艺龙旅行网与同程网络合并发展初期,逐渐实现了科技导向和ITA发展模式。2020年,同程艺龙从B端订单履约角度出发,将住宿订单履约中的九成予以处理,将酒店与技术相连,实现完全自动化订单服务;在交通票务方面,这一比例已突破90%;在用户端,同程艺龙已实现80%的在线问题由机器人回答。科技手段大幅提高了企业的运行管理水平,有效控制了成本。

2. 劣势

一是,技术创新。截至2024年4月,天眼查数据显示,以"携程"为关键词有2940个专利结果,以"同程"为关键词显示有613个专利结果,以"艺龙"为关键词显示有425个专利结果。

二是,缺乏高端市场。同程艺龙市场主要分布在三四线城市,消费者消费能力有限,发展高端定制游受到一定的限制。旅游消费与其他消费的主要区别是频次低。高端市场被行业领头羊携程占据且用户黏性较高。同程艺龙想要开展高端市场业务,要与产业链上下游的高端企业达成战略合作,而这部分企业往往与携程有着良好的合作关系,同程艺龙想要开拓高端市场有一定的难度。

三是,同质化现象严重。同程艺龙的业务范围包括住宿、交通、旅游线路、景点,以及其他业务板块,和其他OTA企业差异化不大,在发展中很难避开重合的业务区。

四是,同程旅行App引流占比较低,不利于自身App的发展,需要在品牌化、市场占有率、产品与服务满足用户需求方面进行改善和创新。

3. 主要客源群体

伴随着非一线城市消费的崛起,以三到四线城市和县镇为代表的下沉市场正经历"价值再发现"过程。正是因为同程艺龙抓住了非一线城市市场,所以新冠疫情对同程艺龙造成的冲击较小,并且使同程艺龙保持盈利,这在众多旅游公司中是独树一帜的。

数据显示,截至2020年9月底,同程艺龙的注册总用户中来自我国非一线城市的比例已经突破86.1%。在2020年7—9月,仅借助微信平台,同程艺龙新增付费用户中,约67.2%的用户来自三线及以下城市,与2019年同期相比,增幅为63.3%。同程艺龙的CFO曾公开表示,同程艺龙的微信渠道付费用户中来自三线及以下城市的占比能够达到六成及以上。

（三）马蜂窝运营模式

最初，马蜂窝创始人出于分享旅行攻略、经历等目的创建了该网站。2006年1月，"蚂蜂窝"网站上线运营；2010年3月，正式公司化运营；2018年2月，"蚂蜂窝旅行网"正式更名为"马蜂窝旅游网"。马蜂窝的定位为自由行服务平台，目的是成为旅行者的全球旅游消费指南。马蜂窝的产品及服务有三大部分，即目的地旅行攻略、社区、旅行商店及酒店预订。

马蜂窝的特色在于，其以用户产生内容的方式不断提供高质量主题丰富的旅游攻略，激发和引导用户的自由行。马蜂窝在经营优势、劣势和主要客源群体方面有不同表现。

1. 优势

（1）高质量的游客自创旅游攻略。

高质量的游客自创旅游攻略是马蜂窝进入市场的保障，马蜂窝提供了覆盖国内大部分地区和城市的旅行攻略、资讯，国内板块内容全面且丰富，这部分内容给马蜂窝带来了大量的国内自由行用户。在用户生成内容（User Generated Content，UGC）中，马蜂窝侧重对单品的点评，如对景点、餐厅、酒店等进行点评，这是马蜂窝的亮点之一。

（2）旅行商店板块。

马蜂窝的旅行商店板块包含自由行、跟团游、当地游、国内机票、签证、全球Wi-Fi、邮轮七大主要类别，这些产品基本上都是由商家提供的，产品页面也明确标注了提供服务的商家。在酒店预订服务中，马蜂窝的预订方式除了合作平台代售外，还出现了自有平台马蜂窝优选。用户可以选择其合作平台跳转进行预订，还可以通过马蜂窝优选来预订房间，但通过该平台预订需要二次确认。

（3）移动客户端。

马蜂窝的移动客户端除有实现即时翻译的旅行翻译官软件，还有为B端，即为入驻马蜂窝的旅游商家开发的运营管理App，用于数据监测、产品管理、订单管理等，有利于马蜂窝为合作商家提供服务。

2. 劣势

（1）优质内容产出不稳定。

"内容＋交易"是马蜂窝的核心，UGC是根基，只有真实的、优质的内容才能留住老用户、吸引新用户。如何持续产出优质内容，对马蜂窝来说是很大的挑战。

（2）社区真实的活跃度有限。

细致入微地观察马蜂窝社区首页的推荐内容，根据发帖时间可以判断社区的活跃度，低频率和低活跃度很容易让用户兴趣衰减甚至逐渐淡忘。

(3)长图文攻略文化已不合时宜。

长图文攻略文化是马蜂窝社群的一部分"基因"。但马蜂窝不得不面对这样一个事实,即大众更乐于观看短内容、短视频。

(4)变现困难。

以内容为基础的平台大多面临着有流量却很难变现的尴尬问题。那么,如何充分发挥内容和用户优势,将流量变现,是马蜂窝需要进一步探索的问题。

3. 主要客源群体

自2010年马蜂窝公司化运营以来,经大量游客自主分享,马蜂窝社区的内容不断丰富和完善,每月帮助上亿游客,成为年轻一代用得较多的旅行App之一。马蜂窝的主要用户是"80后""90后",他们是当前国内消费能力较高的群体。

三、以旅游电子商务网站的盈利方式为划分标准

(一)携程

携程是中国在线旅游代理商的代表和标杆。携程的盈利结构主要由网站、上游旅游企业(目的地酒店、航空票务代理商、合作旅行社)和网民市场构成。酒店和机票预订是携程网站的主营业务,同时携程还将酒店与机票预订整合成自助游和商务游产品。对于商旅客户,携程还提供差旅费用管理咨询等服务。在与其他旅行社合作过程中,携程还推出了一些组团线路。此外,携程还建立了目的地指南频道和社区频道,有效的信息沟通和良好的环境营造成为盈利中不可或缺的因素。

携程一直以来都扮演着分销商的角色,其本质是以互联网为工具的中介机构。携程的收入主要来自以下九个方面。

1. 酒店预订代理费

酒店预订代理费是携程主要的盈利来源。客户在携程预订房间,成交之后,携程以第三方的身份从目的地酒店的盈利中获取酒店预订代理费用。

2. 机票预订代理费

机票预订代理费是从顾客的订票费中获取的,等于顾客订票费与航空公司出票价格的差价。

3. 信息咨询、商旅管理服务费

信息咨询、商旅管理服务为商旅出行和个人用户自由行提供信息咨询服务。同时,携程还向国内外大型企业提供全方位的旅行、会议服务,从而获得服务费用。

4. 度假预订服务费

度假预订服务费即携程凭借其庞大的酒店、航空公司联盟、信息等资源为游客制订一整套旅游计划而收取的费用。

5. 在线广告收费

携程具有超高的知名度及品牌优势，受到广告商的青睐。携程的广告收入逐年递增，其通过在App端和网页端提供开屏广告、排名、流量入口等实现营收。

6. 联盟商家提成

携程与各地商家达成相关合作，用户持携程信用卡在联盟商家购物可以享受相应的折扣，此时携程可以按一定比例分享商家的利润。

7. 礼品卡

礼品卡是携程推出的预付卡产品，持卡客户可预订预付费类酒店、惠选酒店、机票、旅游度假产品、火车票、团购商品等。

8. 携程自营

携程自营是携程自己的产品，以在线度假产品为主，从线下和线上双向切入。

9. "超值旅行家"高级会员服务

"超值旅行家"是携程为客户打造的高级会员服务。携程通过提供高品质的客户服务，让客户的旅行变得更省钱、更省心，全方位提升客户的旅行体验感。目前，"超值旅行家"分年卡和季卡，覆盖机票、火车票、景点门票、酒店、专属会员活动等特权，均以客户旅行优惠折扣升级为主要目标。

携程的主要利润来源为机票和酒店预订带来的佣金收入，这类业务操作简单、易模仿，对价格和质量的控制要求较高，携程的非预订业务收入占比较少。这意味着，携程未来的盈利模式必须由虚向实转化，利用募集的资金对上游供应商进行投资或并购，在巩固核心业务的同时，依托品牌形象和客户资源进行地面经营，增加新的盈利来源。

（二）去哪儿

正如去哪儿总裁说的那样，"去哪儿主要靠客户点击来获取广告费用"。去哪儿的基本商业模式是按流量收费（Cost Per Click，CPC），即搜索者一旦通过链接到达航空公司的B2C直销网站，那么航空公司需要为每个这样的访问付费。这一模式与携程有很大的不同，去哪儿完全消除了携程主导的抽取佣金的盈利模式，而是通过客户的广告支出来获得收益。

为了提升客户体验感，留住客户，2011年，去哪儿凭借一站式交易解决方案TTS（Total Solution）系统，把业务版图从机票、酒店预订拓展至度假、景区门票等品类。这样，一方面简化了预订流程，提升了客户体验感；另一方面又可以在此基础上引进担保机制更好地防止欺骗客户行为的发生。

航空公司除了为来自旅游搜索引擎的有效点击付费以提高自身直销B2C网站的访问量，还可以在旅游搜索引擎中投放一些在线产品促销广告。去哪儿会给客户提供适合的广告方案,包括确定目标人群、投放位置等详细信息,并会提供周报告、月报告辅助分析,还会鼓励客户安装第三方跟踪软件,来检验投入的回报。

去哪儿之所以有如此快的发展速度,原因在于其充分了解并迎合了旅游业上下游的需求,即消费者需要便宜的机票、便宜的酒店和更高的价格透明度,旅游产品供应商需要找到更有效的分销渠道。

(三) 同程艺龙

截至2020年,同程艺龙的主要盈利模式有代理模式、广告模式、保险金融模式、康养旅居模式。代理模式,通过代理景点门票、酒店等获利;广告模式,通过在客户端投放广告,以及向消费者推荐产品等获利;保险金融模式,通过贷款分期游和卖保险等获利;康养旅居模式,专门为老年群体提供养生、养老等资源,为消费者营造一种全新的生活状态。

在竞争对手纷纷选择以大城市客户为核心,全力投入机票和火车票代理竞争时,同程艺龙将产品和服务通过汽车票渗透到三四线城市,并积极整合区域资源。下沉市场为同程艺龙在"红海"中开辟了更为广阔的"蓝海"。

截至2020年9月底,同程艺龙实现营收19.15亿元,其中住宿预订服务占35.8%,交通预订服务占55.1%,其他服务占9.1%。可以看出,交通预订服务收入占同程艺龙总收入的一半以上,住宿预订服务收入占其总收入的三分之一以上。总体来看,携程艺龙的客户结构,以及商务、休闲等客户比例均衡。

在交通预订服务方面,除了飞机、高铁,同程艺龙还深耕汽车领域。中国道路客运市场前景广阔,虽然受民航、高铁、城际交通等快速发展的影响,公路旅客运输量已经连续五年(2015—2020年)负增长,但整体运输量依然较大。

发展至今,携程已经形成了自己的品牌形象及规模化效应,但携程的"身躯"过于庞大,在各种服务细节上还存在瑕疵。

网站的盈利模式是维持旅游公司运营的核心动力,携程的佣金模式已经暴露出短板。如,顾客在携程预订酒店并完成支付后,酒店需要按照当初签订的佣金比例付钱给携程,这种"高佣金"的盈利模式让众多追求降低成本的经济型酒店苦不堪言,纷纷摒弃携程这类中介机构,利用自己的网站开展网上预订业务。并且,随着电子机票的发展,航空公司也逐渐弥补了其在配送环节上的短板。

去哪儿作为在线旅游的后起之秀,牢牢抓住了大众消费需求,通过比价为消费者筛选出低价产品。与携程相比,去哪儿采用的是"点击盈利"方式,如消费者通过网站进入相关酒店网页进行预订操作,即最终的预订产品并不是由去哪儿提供的。另外,去哪儿还通过对搜索产品进行严格把关,来保障产品质量。

随着时代的发展,主打年轻化的同程艺龙、主打跟团游的途牛,以及美团等的加入都将对在线旅游产生影响。另外,航空公司自建直销的趋势、连锁酒店客户忠诚计划的普及,以及移动终端的新渠道围攻,都左右着旅游电子商务未来的发展。

表面看来,携程、马蜂窝和同程艺龙是不同的经营模式,无冲突可言。携程以酒店、机票为业务切入点,是线上线下相结合的、注重服务质量并直接收取佣金的OTA模式,是中国旅游产品分销模式的开创者。马蜂窝是典型的C2B模式,主打旅游攻略与社区。同程艺龙主打年轻化。

虽然三者在商业模式上各有差异,但已经有了"交锋",且"冲突"不断。对马蜂窝来说,庞大的流量需要变现,社交与电商的结合不可避免地会分流一部分旅游产品与服务。对携程来说,保持集中是至关重要的,因为只有掌握了大部分的业内资源,才能巩固佣金模式的地位,从而保持网站的长久发展。同程艺龙主打年轻化,也会分流一部分年轻化市场。值得注意的是,预订业务的高度可模仿性将会吸引更多的中小型旅游网站前来分羹。

携程以收取佣金为主,马蜂窝以"内容+交易"为核心,同程艺龙主打年轻化产品和服务。虽然三者在商业模式上各有差异,但是一些业务还是会不可避免地发生冲突。

此外,还可以从营销方式上划分,但不管怎么划分,模式本身没有对错,凡是符合时代特征,能够满足客户需求的模式就是好模式。

教学互动

📝 项目小结

电子商务已经成为全球旅游业的发展趋势,不同的发展路径,形成了不同的商务模式。商务模式决定着企业的价值创造,合理的商务模式会丰富消费者的线上体验感,使体验变得更为便捷、高效。正是如此,旅游业才能成为国民经济的战略性支柱产业和人民群众满意的现代服务业。

在线答题

📝 能力训练

动手体验南航、穷游网、租租车的运营模式,比较各自不同的风格和运营模式。

项目三
旅游电子商务网络技术

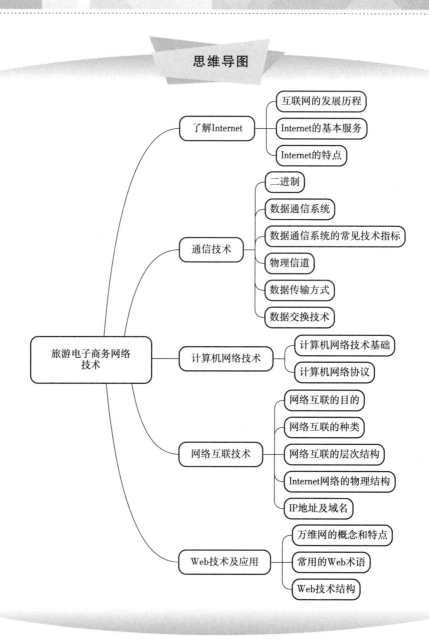

项目描述

本项目有五个任务:任务一是了解 Internet,阐述 Internet 的内涵;任务二是通信技术,介绍了物理信道、数据传输方式和数据交换技术;任务三是计算机网络技术,阐述了计算机网络的发展,以及通信子网和资源子网、网络协议的概念;任务四是网络互联技术,介绍了网络互联的目的、种类、层次结构等;任务五是 Web 技术及应用,介绍了万维网的概念和特点。

知识目标

让学生了解 Internet 的发展,理解互联网、因特网、万维网的概念,掌握数据通信系统的技术指标;了解基带、频带、宽带的含义;掌握二进制加法和乘法;了解 TCP/IP 协议;掌握 IP 地址和域名;理解 C/S、B/S。

技能目标

学生要体验互联网的 E-mail 服务,认识双绞线和光纤,能进行比特、字节、兆之间的换算,能指出简单的网络拓扑结构,学会申请域名,体验超文本技术。

素养目标

学生要树立科技强国信念,要有维护国家网络安全的责任感;要践行网络诚信、树立计算机思维、网络思维,树立刻苦钻研、不畏艰险、报效祖国的人生观和价值观。

项目引入

第52次《中国互联网络发展状况统计报告》显示,我国数字基础设施建设进一步加快,资源应用不断丰富。

互联网基础资源：截至2023年6月，我国IPv4地址数量为39207万个，IPv6地址数量为68055万个，IPv6活跃用户数达7.67亿；我国移动电话基站总数达1129万个，互联网宽带接入端口数量达11.1亿个，光缆线路总长度达6196万千米。

域名：截至2023年6月，我国域名总数为3024万个。其中，".com"域名数量为822万个，占我国域名总数的27.2%；".中国"域名数量为18万个，占我国域名总数的0.6%；新通用顶级域名（New gTLD）数量为271万个，占我国域名总数的9.0%。

网站：截至2023年6月，我国网站数量为383万个，".cn"下网站数量为225万个。

国际出口带宽：截至2022年12月，我国国际出口带宽为18469972 Mbps。

固定宽带接入情况：截至2023年6月，三家基础电信企业的固定互联网宽带接入用户总数达6.14亿。其中，100 Mbps及以上接入速率的固定互联网宽带接入用户达5.79亿，占总用户数的94.2%；1000 Mbps及以上接入速率的固定互联网宽带接入用户达1.28亿，占总用户数的20.8%。

（资料来源：中国互联网络信息中心，https://www.cnnic.net.cn。）

点评：中国互联网络发展情况喜人，网络通信能力极大提升、网络基础设施全球领先、网络强国建设信心满满、互联网应用加速推进。

慎思笃行

大国重器——中国超算

截至2020年，科技部批准建立的国家超级计算中心共有八所，分别是国家超级计算天津中心、国家超级计算广州中心、国家超级计算深圳中心、国家超级计算长沙中心、国家超级计算济南中心、国家超级计算无锡中心、国家超级计算郑州中心、国家超级计算昆山中心。

在八个国家级超级计算中心里，一台台"中国血统"的超级计算机日夜不停地工作，以每秒数千万亿乃至数亿亿次的速度处理着全国各地发来的运算指令。从"天宫一号"回家路线的计算，到雾霾高精度预警预报，从C919大飞机研制，到石油钻井位置确定，从基因测序到新药筛选，从破解密码到宇宙演化模拟，超算的应用无所不在。"上算天、下算地、中算人"，无论是国家安全、科技发展，还是造福民生，都离不开超算的支撑。超算，可谓名副其实的"大国重器"。

世界第一台超级计算机CDC6600，于1963年在美国问世，运算速度为每秒300万次，这在当时已是高速。十二年后诞生的"克雷一号"，把超算带进了亿次时代。1992年，英特尔的Paragon率先突破万亿次大关。2008年，IBM的"走鹃"开启了千万亿次的大门……

超算的竞争很残酷，衡量标准"简单粗暴"——速度。自1993年起，全球超级计算机500强榜单由国际组织"TOP500"编制，榜单每半年更新一次，每次更新总能引起全世界的关注，甚至被写入美国国情咨文里。

2010年，"天河一号"横空出世，居全球超级计算机TOP500排行榜榜首。2013年起，"天河二号"问世。"中国军团"崛起速度之快，令人瞩目。

2016年6月，使用中国自主芯片制造的"神威·太湖之光"取代"天河二号"登上全球超级计算机TOP500排行榜，位列榜首。这台100%使用"中国芯"的新晋王者，持续计算速度几乎是"天河二号"的3倍。

如果说"天河"夺冠，尚因用了英特尔处理器而令某些人颇有微词，那么每一个部件均由中国研发、在中国本土制造的"神威"则用漂亮的成绩，向世界证明了中国制造的品质。

（资料来源：根据网络资料整理所得。）

知行合一

任务一　了解Internet

📎任务描述

学生要了解世界Internet和中国Internet的发展；理解Internet的内涵；实际体验Internet和E-mail服务。

一、互联网的发展历程

（一）世界互联网发展

互联网，即Internet，中文译名为因特网、国际互联网等，是一个把分布于世界各地不同结构的计算机网络用各种传输介质互相连接起来的网络。因此，有人称互联网为"网络的网络"。互联网上每时每刻都会有计算机的接入或退出。

互联网始于1969年美国的阿帕网。这种将计算机网络互相连接在一起的方式称为"网络互联",在此基础上发展出覆盖全世界的全球性互联网络称为"互联网",即互相连接一起的网络。互联网不等同于万维网,万维网只是一个基于超文本相互连接而成的全球性系统,是互联网所能提供的服务之一。

20世纪60年代末期,出于军事发展的需要,美国开始研究计算机系统的安全性和可靠性。为了保证数据通信安全,采用可变换的通信线路,即万一某一条线路遭到攻击和损坏,信息可沿另一条线路传输,使整个网络能正常运行。1969年9月,美国国防部高级计划研究局(Advanced Research Projects Agency,ARPA)启动了ARPA网络(ARPANET),对上述设想进行实验。最初只有四个接口信息处理器(Interface Message Processer,IMP),这四个接口信息处理器分别在加利福尼亚大学洛杉矶分校、加州大学圣巴巴拉分校、斯坦福大学和犹他州立大学,由这四个学院派研究人员来完成这项实验。实验采用包交换技术(Packet Switching Technology)。包交换技术的关键是将需要传送的信息分割成较短的信息单位,每段信息加上必要的呼叫控制信号和差错控制信息,按一定的格式排列,这称为"报文分组",也叫"包"。在网络中,"包"作为整体进行交换,各个包之间不发生任何联系,可以断点续传,也可以经由不同的路径传送。"包"到达目的地后,再将它们按原来的顺序组装起来,从而实现分组交换通信。ARPANET是Internet的雏形。Internet采用TCP/IP协议,TCP/IP协议是一种无连接的端到端的通信协议,简单实用。原则上,任何计算机只要遵守TCP/IP协议都能接入Internet。

20世纪80年代初期,ARPANET派生了两个网络:一个是纯军用网络MALNET;另一个是以六个超级计算机中心为基础,依靠TCP/IP协议建立的美国国家科学基金会(National Science Foundation,NSF)发起的NSFNET。NSFNET上的成员可以互相通信,它主要为科研及教育机构服务。1990年,ARPANET解体,NSFNET完全取代ARPANET成为Internet。

1992年,国际互联网协会成立,这是一个用户自发形成的组织,以制定互联网相关标准和推广互联网的普及为目标。国际互联网协会把Internet定义为"组织松散的、独立国际合作的互联网络,通过自主遵守协议和过程,支持主机对主机的通信"。

短短几年,Internet从一个应用于科研、教育领域的计算机网络系统演变为全面商业化的全球信息网,其发展速度之快、应用范围之广是前所未有的。

(二)中国互联网发展

1987年9月,北京计算机应用技术研究所钱天白教授发出一封"跨越长城,走向世界"(Across the Great Wall,we can reach every corner in the world)的电子邮件(粗略估算,发送这封邮件的费用将近50元人民币)。该邮件经意大利到达德国的卡尔斯鲁厄理工学院,跨越了半个地球,这短短的一行字开启了中国使用互联网的序幕,成为中国探索互联网这一全新领域的开山之作。

1989年,中国开始建设互联网——国家级四大骨干网络互联网。同年8月,中国科学院承担了国家计委立项的"中关村教育与科研示范网络"(NCFC)——中国科技网(CSTNET)前身的建设。

1991年,在中美高能物理年会上,美方提出把中国纳入互联网络的合作计划。

1994年,一条64 K的国际专线从中科院计算机网络中心通过美国Sprint公司连入Internet,实现了中国与Internet的全功能连接。从此,中国迈入了互联网世界的大门,被国际上正式承认为拥有全功能Internet的第77个国家,标志着我国国际互联网络的诞生。中国科技网成为中国较早的国际互联网络。

目前,规模和影响大的部级互联网单位有四个,即中国科技网(CSTNET)、中国公用计算机互联网(CHINANET)、中国教育和科研计算机网(CERNET)、中国金桥信息网(CHINAGBN)。

中国科技网(CSTNET),是在中国国家计算机网NCFC和中国科学院院网CASNET的基础上建设发展并覆盖全国的计算机网络,是我国较早建设并获得国家承认的且具有国际出口能力的中国四大互联网络之一。CSRNET现有多条国际出口信道连接Internet。中国科技网为非营利、公益性网络,主要为科技界、科技管理部门、政府部门和高新技术企业服务。中国科技网的服务主要包括网络通信、域名注册、信息资源和超级计算等项目。中国科技网的网络中心还受国务院的委托,管理中国互联网络信息中心(CNNIC),负责提供中国顶级域".cn"的注册服务。

中国科技界较早使用Internet,是从国内一些科研单位,通过拨号到欧洲的一些国家,进行联机数据库检索开始的。不久,中国科技界利用这些国家与Internet的连接进行E-mail通信。实现E-mail通信的单位有北京计算机技术及应用研究所、中国科学院高能物理研究所等,承担转发E-mail的单位主要在欧洲,如德国的卡尔斯鲁厄理工学院、德国的GMD、瑞士的CERN,以及挪威、法国等的相关机构。但由于国际长途通信费用昂贵、通信速率低、通信质量差,使用的人很少。1990年开始,北京计算机技术及应用研究所、中国科学院高能物理研究所等54家科研单位,以欧洲国家的计算机作为网关,与Internet进行转接,E-mail停留在国外的机器上,使得中国科技用户能与Internet用户进行E-mail通信,但费用还是十分昂贵(大约每Kb人民币5元)。1993年,中国科学院高能物理研究所为了支持国外科学家使用北京正负电子对撞机做高能物理实验,开通了一条64 KBps国际数据信道,连接中科院高能物理研究所和美国斯坦福直线性加速器中心(SLAC),虽还不能提供完全的Internet功能,但经SLAC机器的转接,可以实现与Internet通信。有了64 KBps的专线信道,通信能力高出数十倍。极大地促进了Internet在中国的应用。1994年底,NCFC连接中科院中关村地区30个研究所和北大、清华两校,并开通了国际Internet的64 KBps专线连接,同时还架设了中国最高域名(.cn)服务器。这时中国才算真正加入了国际Internet行列。

中国教育和科研计算机网(CERNET),1994年开始建设,由教育部管理,是覆盖全国的、由国内科技人员自行设计和建设的国家级大型计算机网络。CERNET是一个全国性的教育科研基础设施,也是我国第一个覆盖全国的互联网。CERNET是一个公益性网络,为全国的大、中、小学的师生服务。

中国公用计算机互联网(CHINANET),是指由中国邮电电信总局负责建设、运营和管理,面向公众提供计算机国际联网服务,并承担普遍服务义务的互联网络。CHINANET是基于Internet网络技术的中国公用Internet网,是中国具有经营权的Internet国际信息出口的互联单位,也是CNNIC重要的成员之一。CHINANET不同于CSTNET和CERNET,它是面向社会的、开放的、服务于公众的、大规模的网络基础设施和信息资源的集合,它的基本建设就是要保证可靠的内联外通,即保证大范围的国内用户之间的高质量互通,也保证国内用户与国际Internet的高质量互通。此外,CHINANET还无偿提供高速专线电路,实现与中国教育和科研计算机网(CERNET)、中国金桥信息网(CHINAGBN)、中国科技网(CSTNET)三大网络的互联,使国内四大互联网的用户实现了互联互通。

中国互联网原本是一张网,中国电信几乎垄断着全国的、新兴的宽带互联网。2002年,国内电信业重组,南北电信分拆。北方10省(区、市)划归中国网通,南方21省(区、市)重组为新的中国电信。

中国金桥信息网(CHINAGBN),1996年正式开通国际互联网,由电子工业部管理,是面向企业的网络基础设施,是中国可商业运营的公用互联网。CHINAGBN实行"天地一网",即天上卫星网和地面光纤网互联互通,互为备用,可覆盖全国各省(区、市),成为宽带综合业务信息网,在全国范围提供商业性的经营服务。另外,中国金桥信息网还提供多种增值服务,如国际国内的漫游服务、IP电话服务等。

互联网、因特网、万维网在生活中经常被使用,三者的关系是互联网包含因特网,因特网包含万维网,凡是由能彼此通信的设备组成的网络就叫互联网。所以,即使仅有两台机器,不论用何种技术使其实现彼此通信,也叫互联网。互联网的写法是"internet",因特网是互联网的一种,通常因特网也被称为互联网(写法为"Internet")。因特网可不是仅由两台机器组成的互联网,它是由上千万台设备组成的互联网。

因特网使用TCP/IP协议让不同的设备可以实现彼此通信。但使用TCP/IP协议的网络并不一定是因特网,一个局域网也可以使用TCP/IP协议。判断自己接入的是否是因特网有两步:一是看自己的电脑是否安装了TCP/IP协议;二是看自己是否拥有一个公网地址(公网地址就是所有私网地址以外的地址)。

因特网是基于TCP/IP协议实现的,TCP/IP协议由很多协议组成,不同类型的协议又被放在不同的"层"。其中,位于应用层的协议就有很多,比如 FTP、HTTP、SMTP。只要应用层使用的是 HTTP 协议,就称为万维网(World Wide Web,WWW)。之所以在浏览器里输入网址时能看见网页,就是因为您的个人浏览器和百度网的服务器之间使用的是 HTTP 协议。通常"internet"泛指互联网,而"Internet"特指因特网(互联网)。

知识活页

二、Internet 的基本服务

(一) E-mail

电子邮件(E-mail)是指发送者和指定的接收者利用计算机通信网络发送信息的一种非交互式的通信方式。这些信息包括文本、数据、声音、图像、视频等。如,QQ邮箱、126邮箱等的应用。

(二) WWW 服务

WWW(World Wide Web,WWW)的含义是"环球信息网",俗称"万维网"或3W、Web,这是一个基于超文本(Hyper Text)方式的信息查询工具。是 Internet 上集文本、声音、图像、视频等多媒体信息于一身的全球信息资源网络,是 Internet 的重要组成部分。浏览器是用户通向 WWW 的桥梁和获取 WWW 信息的窗口。通过浏览器,用户可以在浩瀚的 Internet"海洋"中漫游,搜索和浏览自己感兴趣的信息。

(三) 远程登录

Telnet 允许用户在一台联网的计算机上登录到一个远程分时系统中,然后像使用自己的计算机一样使用该远程系统。

要使用远程登录服务,必须在本地计算机上启动一个客户应用程序,指定远程计算机的名字,并通过 Internet 与之建立连接。一旦连接成功,本地计算机就像通常的终端一样,直接访问远程计算机系统的资源。远程登录软件允许用户直接与远程计算机交互,通过键盘或鼠标操作,客户应用程序将有关的信息发送给远程计算机,再由服务器将输出结果返回给用户。用户退出远程登录后,用户的键盘、显示屏等的控制权又会回到本地计算机上。一般用户可以通过 Windows 的 Telnet 客户程序进行远程登录,步骤如下。

第一步,启用 Telnet 服务。点击"控制面板"—"程序"—"启用或关闭 Windows 功能"—"Telnet 客户端"。启用 Telnet 服务的具体点击步骤如图 3-1 所示。

第二步,测试 Telnet 服务。通过 CMD 指令打开命令提示符——"Telnet 主页"。输入命令"telnet 域名 端口"。命令提示符如图 3-2 所示。

图 3-1　启用 Telnet 服务的点击步骤

图 3-2　命令提示符

（四）文件传输

FTP 文件传输服务允许 Internet 上的用户将一台计算机上的文件传输到另一台计算机上，几乎所有类型的文件，包括文本文件、二进制可执行文件、声音文件、图像文件、数据压缩文件等，都可以用 FTP 传送。

（五）Usenet 网络新闻组

新闻组（Usent 或 News Goups）和 WWW、电子邮件、远程登录、文件传送同为互联网提供的重要服务内容。在国外，新闻组账号和上网账号、E-mail 账号并称为三大账号，可见其使用程度的广泛。

新闻组，简单地说就是一个基于网络的计算机组合，这些计算机称为新闻服务器，不同的用户通过一些软件可连接到新闻服务器上，阅读其他人的消息并可以参与讨论。新闻组是一个完全交互式的超级电子论坛，是任何一个网络用户都能使用的相互交流的工具。

Usenet 是一个由众多兴趣一致的用户组织起来的各种专题讨论组的集合，通常也称为全球性的电子公告板（BBS）。Usenet 用于发布公告、新闻、评论，以及各种文章供网上用户使用和讨论。

Usenet 的每个新闻都由一个区分类型的标记引导，每个新闻组围绕一个主题，如 .comp 引导计算机方面的内容；.news 引导 Usenet 本身的新闻与信息；.sci 引导科学技术相关内容;.soc 引导社会问题;.tal 引导讨论交流内容;.misc 引导其他内容等。

新闻组是一个遍及全世界的、巨大的电子布告栏系统。它由个人向新闻服务器投递的新闻邮件组成。在某个新闻服务器上发布的信息会被送到与该新闻服务器相连接的其他服务器上,每篇文章都可能漫游到世界各地。这是新闻组的优势,也是网络提供的其他服务项目无法比拟的。可以把 Usent 看成一个有组织的电子邮件系统,不过在这里传送的电子邮件不是发送给某一个特定用户的,而是发送给全世界的新闻组服务器的。在新闻组这个布告栏上,任何人都可以"贴"布告,也可以下载其中的布告。Usenet 用户写的新闻被发送到新闻组后,任何访问该新闻组的人都有可能看到这个新闻。

新闻组服务器是新闻组的心脏,它负责接收世界各地的用户发来的文章,然后转发给其他用户。用户要进入新闻组,先要连接到该新闻组的服务器,新闻组服务器由公司、群组或个人负责维护,它可以管理成千上万个新闻组,每个新闻组都有一个特殊的主题。新闻组不限制其使用用户,任何人都可以加入新闻组,也可以向新闻组投递新闻或阅读其中的新闻。

新闻组虽和电子邮件列表相似,都是关于某一主题的讨论组,但两者的运行方式是不同的。电子邮件列表是利用电子邮件的群发功能把用户订阅的信息直接投寄到信箱;新闻组使用专门的协议,允许用户到新闻组上访问并阅读的内容。

Usenet 不同于 Internet 上的交互式操作方式,在 Usenet 服务器上存储的各种信息,会被周期性地转发给其他 Usenet 服务器,最终传遍世界各地。Usenet 的基本通信方式是电子邮件,但它不采用点对点的通信方式,而是采用多对多的传递方式。

新闻组与 WWW 服务不同,WWW 服务是免费的,任何能上网的用户都能浏览网页,而大多数的新闻组是内部服务,即一个公司、一个学校的局域网内有一个服务器。一般情况下,新闻组是根据本地情况设置讨论区的,并且只对内部机器开放,从外面是无法连接的。

奔腾新闻组是国内较大的新闻组服务器,有 20000 多个讨论组,是可以和国外新闻组服务器转信的一个新闻组。微软的新闻组以讨论计算机技术为主,内容比较单调。

登录新闻组只需通过常用的 OUTLOOK EXPRESS 即可。登录步骤如下。

一是打开 OUTLOOK EXPRESS;二是依次点击"工具"—"账户"—"新闻"—"添加"—"新闻";三是在弹出的对话框中填入您的昵称(国外新闻组最好用英文昵称);四是在"电子邮件地址"栏中填入您的电子邮件地址(最好是真实的);五是开始登录后,会出现一堆组名,你可以选中感兴趣的组,点击右边的"订阅"按钮。这样就完成设置了。

（六）BBS

BBS（Bulletin Board System，BBS），也称电子公告板系统。在计算机网络中，BBS是为用户提供的一个参与讨论、交流信息、张贴文章、发布消息的网络信息系统。BBS实际上是一种网站。

中国的Internet是从高校和科研机构发展起来的，大多数高校都组建了校园网。因此，学生、教师也就理所当然地成为BBS的使用群体。发展至今，国内著名的BBS站点有水木清华、北大未名等。它们都能提供社会综合信息服务，且大多数是免费的。

三、Internet的特点

（一）开放

互联网是开放的计算机网络。只要计算机支持TCP/IP协议就可以连接到互联网，实现信息等资源的共享。

（二）平等

在互联网上是"不分等级"的，即登录设备都是平等的。Internet是一个集各种信息资源于一体的超级资源网。凡是Internet的用户，都可以通过各种工具访问信息资源，查询信息库、数据库，以获取自己需要的信息和资料。

（三）全球

互联网从一开始商业化运作，就表现出了无国界性，信息流动是自由的、无限制的。因此，互联网从一诞生就是具有全球性的产物。当然，全球化的同时并不排除本地化，如互联网上的主流语言是英语，但中国人更习惯使用汉语。

（四）虚拟

互联网的一个重要特点是它通过对信息的数字化处理，使信息流动代替传统实物流动，使互联网具有许多现实中的功能。

任务二 通信技术

任务描述

学生要理解二进制；了解数据通信系统的常见技术指标；理解物理信

道、数据传输方式和交换通信网;实地认知双绞线、电缆。

一、二进制

德国数学家莱布尼茨,是世界上第一个提出二进制记数法的人。用二进制记数,要用0和1两个数字。如,二进制数据11011,逢2进1。两个二进制位可以表示00、01、10、11四种状态;三个二进制数可表示八种状态,以此类推。

(一)加法

二进制加法有四种情况:0+0=0;0+1=1;1+0=1;1+1=10(0进位为1)。具体案例如下。

```
  1001          1110          1111
+ 0101        + 1011        + 1111
  ----          ----          ----
  1110         11001         11110
```

(二)乘法

二进制乘法有四种情况:0×0=0;1×0=0;0×1=0;1×1=1。具体案例如下。

```
     1001
  ×  1010
     ----
     0000
    1001
   0000
  1001
  -------
  1011010
```

(三)二进制转换为十进制

二进制转换为十进制的方法是"按权展开求和"。具体步骤是先将二进制的数写成加权系数展开式,而后根据十进制的加法规则进行求和。具体案例如下。

$$(1011)_2 = 1 \times 2^3 + 0 \times 2^2 + 1 \times 2^1 + 1 \times 2^0 = (11)_{10}$$

规律:把二进制看作十进制,个位上的数字乘以2的0次方,十位上的数字乘以2的1次方……依次递增,而十分位的数字乘以2的-1次方,百分位上数字乘以2的-2次方……依次递减。

(四)ASCII码

ASCII码就是被普遍采用的一个英文字符信息编码方案,它用8位二进制数表示各种字母和符号,如表3-1所示。

表3-1 ASCII码

二进制	意义	二进制	意义
01000001	A	01000010	B
01100001	a	01100010	b
00110001	1	00100001	!
00101000	(	00101001	)
00111110	>	00111111	?

"位"(bit,又名"比特"或"比特位",代号为b)是一位二进制数,即0或1,为最小的存储单位,规定八个二进制位为一个字节单位(Byte,又名"字节",代号为B)。八位二进制数最小为00000000,最大为11111111。

字节是最基本的信息储存单位(如在硬盘或内存中存储信息)和传输容量的一种计量单位,一个字节可以储存一个英文字母或符号编码,两个字节可以储存一个汉字编码。

常用单位之间的换算关系如下所示。

```
1 Byte=8 bit(1 B=8 b)
1 KB(Kilobyte,千字节)=1024 B
1 MB(Megabyte,兆字节)=1024 KB
1 GB(Gigabyte,吉字节,又称"千兆)=1024 MB
1 TB(Terabyte,太字节)=1024 GB
```

(五)汉字编码

1981年5月实施的《信息交换用汉字编码字符集 基本集》(GB 2312-80),为6763个常用汉字规定了编码,每个汉字占16位。在Windows 95、Windows 98、Windows 2000、Windows XP简体中文版操作系统中,使用的是《汉字内码扩展规范》,简称GBK,每个汉字占16位,共收录了21886个汉字和图形符号,其中汉字(包括部首和构件)21003个,图形符号883个。在Linux简体中文版操作系统中,使用的是UTF(Unicode Transformation Format)—8编码,大多数汉字占24位,能表示7万多个汉字。汉字在不同编码下占位不同(2—4个字节)。

二、数据通信系统

数据通信是一种通过计算机、其他数据装置,以及通信线路,完成数据编码信号传输、转接、存储和处理的通信技术。数据通信系统是以计算机为中心,用通信线路连接分布于各地的设备,实施数据通信的系统。

三、数据通信系统的常见技术指标

(一) 传输速率

传输速率,每秒能够传输数据代码的二进制位数。一般以比特率(可写为 b/s 或 bps)为单位。

(二) 带宽

带宽(Bandwidth),信道能传输信号的频率,信号的带宽指该信号所包含的各种不同频率成分所占据的频率范围(Hz),由信道的物理特性决定。

带宽(在模拟信号系统又叫频宽),也可理解为在固定的时间内可传输的资料数量,即在传输管道中可以传递数据的能力。在数字设备中,带宽就是传输速率,指单位时间内网络中的某信道所能通过的"最高数据率",即每秒处理多少比特,这种意义下带宽的单位就是传输速率的单位 bit/s 或 b/s。高带宽意味着系统的高处理能力,以 bps 表示,指每秒钟传输的二进制位数。数据传输速率反映了终端设备之间的信息处理能力,它是一段时间的平均值,如综合业务数字网(ISDN)的信道带宽为 64 Kbps。在模拟设备中,频宽通常以每秒传送周期或赫兹(Hz)来表示,如模拟语音电话的信号带宽为 3400 Hz。

与传输速度有关的 b,表示比特(bit),指二进制数据中的一个 1 或 0。一般数据及网络通信的传输速率都是以"bps"或"bit/s"为单位。

与容量有关的 B,表示字节(Byte),在计算机系统中,1 字节等于 8 位二进制数据(即 1 B=8 bit)。例如,U 盘的存储空间有 32 G,就是有 32 GB。

在书写单位时一定要注意 B 字母的大小写和含义。MByte 含义是"兆字节",Mbit 的含义是"兆比特"。

通常,国际标准使用 bps 表示各种设备的传输速率,即"b"是位,"ps"是每秒,"bps"就是每秒多少位。1 M 带宽的意思是 1 Mbps,是"兆比特每秒"(Mbps),不是"兆字节每秒"(MBps)。

日常网络下载软件一般使用"KB/s"或者"B/s"等,因为文件大小的单位一般是字节(B)。例如,下载 200 M 的视频,花了 5 秒,下载速度就是 40 M/s。

受用户计算机性能、网络设备质量、资源使用情况、网络高峰期、网站服务能力、线路衰耗、信号衰减等多种因素的影响,实际速率一般只能达到 80%。因此,10 M(即 10 Mbps)的宽带理论速率是 1280 KB/s(10×1024 Kbps×80%),实际速率大约为 1000 KB/s。

（三）误码率

误码率为可靠性指标。误码率公式如下所示。

$$误码率 = 传输中的误码 / 所传输的总码数 \times 100\%$$

（四）信道延迟

信道延迟指从进入信道到传输到目的节点消耗的时间。

四、物理信道

通信信道（Channels of Communication）是数据传输的通路，在计算机网络中信道分为物理信道和逻辑信道。物理信道指用于传输数据信号的物理通路，它由传输介质与有关通信设备组成；逻辑信道指在物理信道的基础上，发送与接收数据信号的双方通过中间节点实现的逻辑通路。

根据信道中传输的信号类型来分，物理信道可分为模拟信道和数字信道。模拟信道传输模拟信号；数字信道传输二进制脉冲信号。

（一）模拟信道

模拟信道能够传输取值连续的模拟信号，各种传输介质一般都能传输模拟信号。利用模拟信道也可以传输计算机数据，但要使用调制解调器（Modem），以使原始的数据与信道匹配。此时，该模拟信道就成为数字信道。目前，这种应用十分广泛。

（二）数字信道

数字信道能传输取值离散的数字信号。实际上，各种传输介质一般都传输模拟信号，只有加上某些设备后，才能构成数字信道。由于计算机内部，以及它的输入和输出都使用这种信号，若能直接传输离散的数字信号就非常方便了。但是，这种数字信道的工程实现和技术较复杂、成本较高，只在计算机局域网内的数据通信中大量采用。

数字信道不能直接传输模拟信号，模拟信道也不能直接传输数字信号。不同的数据必须转换为相应的信号才能进行传输。模拟数据一般采用模拟信号（Analog Signal），如用一系列连续变化的电磁波（如无线电与电视广播中的电磁波）或电压信号（如电话传输中的音频电压信号）来表示；数字数据则采用数字信号（Digital Signal），如用一系列断续变化的电压脉冲（可用恒定的正电压表示二进制数1；用恒定的负电压表示二进制数0）或光脉冲来表示。当模拟信号采用连续变化的电磁波来表示时，电磁波本身既是信号载体，也是传输介质；当模拟信号采用连续变化的信号电压来表示时，它一般通过传统的模拟信号传输线路（如电话网、有线电视网）来传输。当数字信号采用断续变化的电压或光脉冲来表示时，一般需要先用双绞线、电缆或光纤介质将通信双方连接起来，这样才能将信号从一个节点传到另一个节点。

五、数据传输方式

（一）基带传输（Base Band）

通信按调制方式可分为基带传输和频带传输。

调制，指为了传送信息（如电报、电话、无线电广播或电视）而对周期性或断续变化的载波或信号的某种特征（如振幅、频率或相位）所作的变更。

一般来说，信号源的信息（也称信源）含有直流分量和频率较低的频率分量，称为基带信号。基带信号往往不能作为传输信号，因此必须把基带信号转变为一个相对基带频率而言频率非常高的信号以适合信道传输。这个信号叫已调信号，而基带信号叫调制信号。

调制的种类有很多，分类方法也不一致。如，按调制信号的形式可分为模拟调制和数字调制；按被调信号的种类可分为脉冲调制、正弦波调制和强度调制等。

相对模拟信号调制，数字调制有很多优点，如抗噪声能力强，且噪声不积累；便于使用现代数字信号处理技术对数字信息进行处理，可以将来自不同信源的信号（声音、数据和图像）融合在一起进行传输；易于加密，安全性好等。

将信源（信息源，也称发射端）发出的、没有经过调制（进行频谱搬移和变换）的原始电信号固有的频带（频率带宽），称为基本频带，简称基带。基本频带的特点是频率较低，信号频谱从零频附近开始，具有低通形式。根据原始电信号的特征，基带信号可分为数字基带信号和模拟基带信号（相应地，信源也分为数字信源和模拟信源），其由信源决定。基带传输是一种简单的、基本的传输方式。

基带信号在信道中传输损耗大，不宜直接传输。在近距离范围内，基带信号的功率衰减不大，因此在传输距离较近时，计算机网络大多采用基带传输方式，如从计算机到监视器、打印机等外设的信号就是基带传输的。大多数的局域网使用基带传输，如以太网、IBM 的令牌环网。常见的网络设计标准 10 Base-T（Base 表示基带传输；T 代表双绞线）使用的就是基带信号。

在基带传输中，整个信道只传输一种信号，通信信道利用率低；基带传输不需要调制、解调，设备花费少，适用于较小范围内的数据传输。

（二）频带传输

频带传输是先将基带信号变换（调制）成便于在模拟信道中传输的、具有较高频率范围的模拟信号（称频带信号），再将这种频带信号在模拟信道中传输。

在采用频带传输方式时要求收发两端都安装调制解调器，完成基带信号与频带信号的转换。频带传输不仅解决了数字信号可利用电话系统传输的问题，而且可以实现多路复用，以提高传输信道的利用率。

计算机网络的远距离通信通常采用的是频带传输。主要用于网络电视和有线电视的视频广播。

一般地,低频频率为 30 kHz 至 300 kHz,高频频率为 3 MHz 至 30 MHz。

频率低于 100 kHz 的电磁波会被地表吸收,不能形成有效传输。频率高于 100 kHz 的电磁波可以在空气中传播,并经大气层外缘的电离层反射,形成远距离传输。另外,无线电频谱资源紧张,低频频段经常被占用,高频频段资源相对来说比较丰富,更容易实现大带宽。

在工程实现上,低频不适合基带有线传播,高频可无线传播。

(三) 宽带传输

借助频带传输,可以将链路容量分解成两个或更多的信道,每个信道可以携带不同的信号,这就是宽带传输。宽带传输中的所有信道都可以同时发送信号。如,广电有线电视网络(CATV)、综合业务数字网(ISDN)等。

(四) 数字数据传输

数字数据传输是采用数字信道来传输数据信号的传输方式。与采用模拟信道的传输方式相比,数字数据传输方式的优越性有以下三方面。一是数字数据传输方式传输质量高,一般数字信道传输的正常误码率在 10^{-6} 以下,在模拟信道上较难达到;二是数字数据传输方式信道利用率高,一条脉冲编码调制,相当于多条模拟话路的数据传输能力;三是,数字数据传输方式不需要模拟信道传输用的调制解调器,数字信道传输用的数据电路终接设备(DCE),只是一种功能简单的基带传输装置,称为数据服务单元(DSU),或者直接是一个数据复用器及相应的接口单元。

值得注意的是,数字数据传输方式通常需要单独构成一个数字数据网(Digital Data Network,DDN),而因初始投资较高采用模拟信道传输时,完全可以利用已有的模拟电话网,只需要在所用信道的两端各增设调制解调器即可。同时,在 DDN 内部,要求全网的时钟系统保持同步,否则在实现电路的转接和分支时就会有一定的困难,在这一点上数字数据传输不如模拟信道传输灵活。

六、数据交换技术

在数据通信系统中,当终端与计算机之间,或者计算机与计算机之间不是通过直通专线连接,而是要经过通信网的接续过程来建立连接时。那么,两端系统之间的传输通路就是通过通信网络中若干节点转接而成的"交换线路"。

在一种任意拓扑的数据通信网络中,通过网络节点的某种转接方式来实现从任一端系统到另一端系统之间接通的数据通路的技术,称为数据交换技术。

通信网络一般可按拓扑结构分成广播通信网和交换通信网两种类型。

（一）广播通信网

广播通信网没有中央节点，所有网络节点共享传输介质，通信信号是广播式的，由发送节点直接传送到接收节点，无须其他节点进行中间交换。

（二）交换通信网

交换通信网由若干交换节点按任意方式相互连接而成，通信网必须能为所有进网的数据流提供从源节点到宿节点的通路。

1. 电路交换

电路交换即通信双方在通信时，使用一条实际的通信线路，并且在通信过程中始终占用这条线路，不允许其他通信共享该线路，直到通信中断。如，普通电话网就采用这种技术。

2. 分组交换

分组交换与电路交换不同，在分组交换中，一个报文先被划分成许多固定长度的数据块，称为数据包。每个数据包都有接收地址和发送地址的标识，具有分组交换功能的节点在接收到这些数据包后，先将其存储下来，再根据线路的情况选择适当的路由进行转发。分组交换极大地提高了通信线路的利用率，虽然不是实时通信，但较小的数据在传输延时不会太长。目前，分组交换技术被广泛应用于数据通信中。分组交换流程图如图3-3所示。

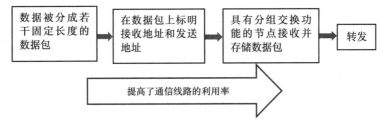

图3-3 分组交换流程图

任务三 计算机网络技术

 任务描述

学生要了解计算机网络的发展和计算机网络；熟悉国际标准化的计算机网络；理解通信子网和资源子网、网络协议；掌握总线型和环型的布局方式；能够动手搜集TCP/IP协议。

一、计算机网络技术基础

(一) 计算机网络发展

1. 以单机为中心的通信系统

以单机为中心的通信系统称为第一代计算机网络。这样的系统中除了一台中心计算机,其余终端都不具备自主处理功能。这里的单机指一个系统中只有一台主机,也称面向终端的计算机网络。

20世纪50年代,美国航空公司与IBM公司联合研制的预订机票系统,由一台主机和2000多个终端组成,是一个典型的面向终端的计算机网络。

2. 多个计算机互联的计算机网络

20世纪60年代,多机互联的计算机网络出现,这种网络利用通信线路使分散在各地的计算机实现互联。主机之间没有主从关系,网络中的多个用户可以共享计算机网络中的软件、硬件资源,这种计算机网络也称共享系统资源的计算机网络。

多机互联计算机网络的典型代表是20世纪60年代美国国防部高级研究计划署的网络ARPANET(Advanced Research Project Agency Network)。以单机为中心的通信系统的特点是网络上的用户只能共享一台主机中的软件、硬件资源。多个计算机互联的计算机网络上的用户可以共享整个资源子网上所有的软件、硬件资源。ARPANET对计算机网络技术的发展做出了突出的贡献,主要表现在三方面:一是,采用资源子网与通信子网组成的两级网络结构;二是,采用报文分组交换方式;三是,采用层次结构的网络协议。

3. 国际标准化的计算机网络

国际标准化的计算机网络属于第三代计算机网络,其具有统一的网络体系结构,遵循国际标准化协议。标准化的目的是使不同计算机及计算机网络方便地互联起来。

计算机网络发展过程如图3-4所示。

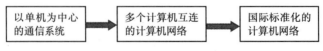

图3-4 计算机网络发展过程

20世纪70年代,人们认识到第二代计算机网络存在明显不足,主要表现在两方面:一是,各个厂商各自开发自己的产品,产品之间不能通用;二是,各个厂商各自制定自己的标准,不同的标准之间转换非常困难。这显然阻碍了计算机网络的普及和发展。分层模型如图3-5所示。

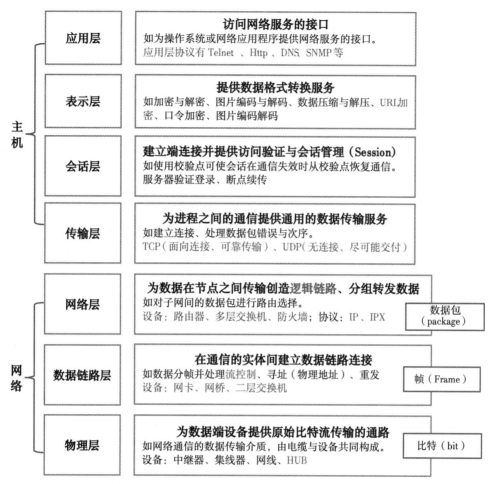

图 3-5 分层模型

1977年,国际标准化组织ISO公布的开放系统互联参考模型(OSI-RM),成为世界上网络体系的公共标准。遵循此标准,计算机网络可以很容易地实现网络互联。但是,基于TCP/IP模型的互联网已抢先在全球相当大的范围成功运行了,加之彼时几乎找不到能生产出符合OSI标准商用产品的厂家。因此,现今规模最大的、覆盖全球的互联网并未使用OSI标准,TCP/IP标准成为国际互联网的实际标准。

(二)计算机网络的基本概念

计算机网络,是指将地理位置不同的、具有独立功能的多台计算机,以及其外部设备,通过通信线路连接起来,在网络操作系统、网络管理软件及网络通信协议的管理和协调下,实现资源共享和信息传递的计算机系统。

简单地说,计算机网络就是通过电缆、电话线或无线通信将两台以上的计算机互联起来的集合。

一般计算机网络包括通信子网和资源子网。计算机网络构成如图3-6所示。

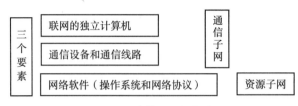

图 3-6　计算机网络构成

(三) 网络的功能

1. 数据通信

数据通信是计算机网络的主要功能之一。数据通信是依照一定的通信协议,利用数据传输技术在两个终端之间传递数据信息的一种通信方式和通信业务。它可实现计算机和计算机、计算机和终端、终端与终端之间快速、可靠地相互传递数据、程序或文件。网络数据通信是继电报、电话业务之后的第三种通信业务。

2. 资源共享

资源共享是人们建立计算机网络的主要目的之一。计算机资源包括硬件资源、软件资源和数据资源。硬件资源的共享可以提高设备的利用率,由于受经济和其他因素的制约,硬件资源并非所有用户都有的。所以,使用计算机网络不仅可以使用自身的硬件资源,而且可共享网络上的资源,避免设备的重复投资。例如:利用计算机网络建立网络打印机;软件资源和数据资源的共享可以充分利用已有的信息资源,减少软件开发过程中的劳动,避免大型数据库的重复建设等。

3. 提高计算机的可靠性和可用性

在单机使用的情况下,任何一个系统都可能发生故障,这样就会给用户带来不便,而当计算机联网后,各计算机可以通过网络互为后备,即一旦某台计算机发生故障时,别处的计算机可代为处理,还可以在网络的一些节点上设置一定的备用设备。

4. 分布处理

对于大型的任务或课题,如果都集中在一台计算机上,负荷太重,这时可以将任务分散到不同的计算机分别完成,或由网络中比较空闲的计算机分担负荷,各个计算机互联成网络有利于共同协作进行重大科研课题的开展和研究。

(四) 计算机网络的分类

1. 按地域范围划分

(1) 局域网。

局域网(Local Area Network,LAN)是较常见、应用较广的一种网络。局域网随着整个计算机网络技术的发展而得到充分的应用和普及,几乎每个单位都有自己的局域网,甚至有的家庭都有自己的小型局域网。局域网在计算机数量配置上没有太多限制,少的可以只有两台,多的可以有几百台。一般来说,在企业局域网中,工作站的数量在几十到两百台次左右。在网络涉及的地理距离上,局域网可以覆盖十千米以内。局域网一般位于一个建筑物或一个单位内,不存在寻址问题,不包括网络层的应用。

这种网络的特点是连接范围窄、用户数量少、配置容易、连接速率高。截至2023年,局域网速率是10G以太网。IEEE(电气和电子工程师协会)的802标准委员会定义了多种主要的LAN网:以太网(Ethernet)、令牌环网(Token Ring)、光纤分布式数据接口网(Fiber Distributed Data Interface, FDDI)、异步传输模式网(Asynchronous Transfer Mode Network, ATM Network),以及无线局域网(Wireless Local Area Network, WLAN)。

(2)城域网。

城域网(Metropolitan Area Network, MAN)是指在一个城市范围内建立的计算机通信网。这种网络的连接距离一般在10—100千米,它采用的是IEEE802.6(电气和电子工程师协会)标准(局域网、城域网技术标准)。MAN与LAN相比扩展的距离更长,连接的计算机数量更多,在地理范围上可以说是LAN网络的延伸。在一个大型城市或都市地区,一个MAN网络通常连接着多个LAN网。如连接政府机构的LAN、连接医院的LAN、连接电信的LAN、连接公司企业的LAN等。随着光纤连接的引入,使MAN中高速的LAN互联成为可能。

城域网多采用ATM技术做骨干网。ATM是一个用于传输数据、语音、视频,以及多媒体应用程序的网络。ATM包括一个接口和一个协议,该协议能够在一个常规的传输信道上,在比特率不变及变化的通信量之间进行切换。ATM包括硬件、软件,以及与ATM协议标准一致的介质。ATM提供一个可伸缩的主干基础设施,是能够适应不同规模、速度,以及寻址技术的网络。ATM的缺点是成本较高,所以多在政府城域网中应用,如邮政、银行、医院等。

(3)广域网。

广域网(Wide Area Network, WAN)也称远程网,其覆盖的范围比城域网(MAN)更广,它一般是在不同城市之间的LAN或者MAN,地理范围可从几百千米到几千千米。因为距离较远,信息衰减比较严重,所以这种网络一般是专线,通过IMP(接口信息处理)协议和线路连接起来,构成网状结构,解决寻径问题。如,CSTNET和CHINANET等。

2. 按网络拓扑结构划分

网络拓扑结构是网络节点和通信线路的连接形状和方法。

网络拓扑结构指通信子网的结构,主要有总线型拓扑、环型拓扑、星型拓扑、树型拓扑、网状拓扑、蜂窝拓扑。其中,树型拓扑、网状拓扑、蜂窝拓扑等网络结构是以总线型拓扑、环型拓扑、星型拓扑为基础的。

(1)总线型拓扑。

总线型拓扑是一种基于多点连接的拓扑结构,是将网络中的所有设备通过相应的硬件接口直接连接在共同的传输介质(如同轴电缆等)上。最著名的总线型拓扑结构是以太网(Ethernet)。

总线型拓扑的优点如下。

一是,结构简单、灵活。总线型拓扑结构的设置非常直观和简单,这使得网络扩展变得相对容易。

二是,设备量少、价格低廉。由于采用单根线缆作为传输介质,需要的设备数量较少,从而降低了整体的成本。

三是,共享资源能力强。总线型拓扑结构便于广播式工作,一个节点发送的数据帧可以被其他节点接收,这使得资源共享变得非常便捷。

四是,传输速率高。总线型拓扑结构通常具有较高的传输速率,可以满足大多数应用需求。

总线型拓扑的缺点如下。

一是,故障诊断困难。由于总线型拓扑不是集中控制,故障检测需要在网络上的各个节点进行,这使得故障诊断变得相对困难。

二是,线路争用现象严重。在总线型拓扑结构中,所有节点共用一条传输线路,当多个节点同时发送数据时,可能会出现线路争用现象,导致数据传输效率下降。

三是,总线损坏会影响整个网络。如果总线上的任何位置被切断或短路,整个网络将无法正常运行,这可能导致整个系统的瘫痪。

应用:总线型拓扑结构适用于小型局域网,对数据传输速率要求不高、结构简单、成本低廉的场景,以及需要灵活扩展、添加新设备或新的网络节点中。

总线型拓扑如图3-7所示。

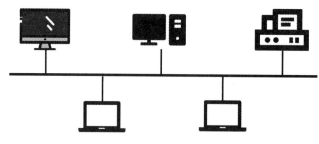

图3-7 总线型拓扑

(2)环型拓扑。

在环型拓扑中,各节点通过环路接口连在一条首尾相连的闭合环型通信线路中,环型拓扑把每台PC连接起来,数据沿环直接到达目的地,环路上的任何节点均可请求发送信息。最著名的环型拓扑是令牌环网(Token Ring)。

环型拓扑容易安装和监控,但容量有限,网络建成后,难以增加新的站点。

在环型拓扑中,各节点通过通信线路组成闭合回路,环中数据只能单向传输。

优点:环型拓扑结构简单,适合使用光纤。环型拓扑结构传输距离远、传输延迟确定。

缺点:环型拓扑中的每个节点均可能成为网络可靠性的瓶颈,任意节点出现故障都会造成网络瘫痪。另外,在环型拓扑中,故障诊断也较困难。

应用:环型拓扑适合远距离传送。

环型拓扑如图3-8所示。

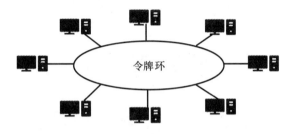

图3-8　环型拓扑

(3)星型拓扑。

星型拓扑结构是一种以中央节点为中心,把若干外围节点连接起来的辐射式互联结构,各节点与中央节点通过点与点方式连接,中央节点执行集中式通信控制。因此,中央节点相当复杂,负担重。

中央节点通常为交换机或集线器。

优点:星型拓扑控制简单,所有通信由中央节点控制;故障诊断和隔离容易,单个点的故障只影响一个设备,中央节点故障影响全网。

缺点:星型拓扑电缆长度较长,布线困难;中央节点负担较重,易形成瓶颈。

应用:学校或公司局域网多采用星型拓扑。

星型拓扑如图3-9所示。

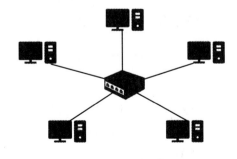

图3-9　星型拓扑

(4)树型拓扑。

树型拓扑和星型拓扑结构类似。

优点:树型拓扑易于扩充,管理较为方便;故障隔离容易。

缺点:树型拓扑对根节点依赖性大。

应用:树型拓扑适用于分级管理,常用于军事、政府等。

树型拓扑如图3-10所示。

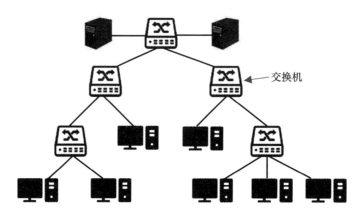

图3-10　树型拓扑

(5)网状拓扑。

优点:网状拓扑可靠性强,当某一线路故障时,可选择其他线路。

缺点:网状拓扑费用高、管理复杂。

网状拓扑如图3-11所示。

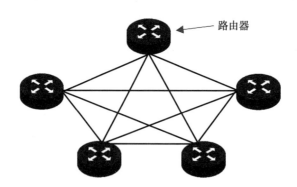

图3-11　网状拓扑

(6)蜂窝拓扑。

蜂窝拓扑结构是无线局域网中的常用结构。蜂窝拓扑是一种无线网,以无线传输介质(微波、卫星、红外线、无线发射台等)点到点和点到多点传输为特征,适用于城市网、校园网、企业网,更适用于移动通信。

蜂窝拓扑是将两种或几种网络拓扑结构混合起来构成的一种网络拓扑结构,称为混合型拓扑结构(也有的称为杂合型结构)。

3. 按传输介质划分

(1)有线网。

有线网是指使用铜缆或光缆构成的有线网络。

(2)无线网。

无线网指的是采用无线传输媒介的计算机网络,结合了计算机网络技术和无线通信技术。

二、计算机网络协议

(一)网络协议

网络协议是为计算机网络中进行数据交换而建立的规则、标准或约定的集合。例如,网络中一个微机用户和一个大型主机的操作员进行通信,由于这两个数据终端用的字符集不同,因此操作员输入的命令彼此不认识。为了能进行通信,规定每个终端都要将各自字符中较集中的字符先变换为标准字符集中的字符后,再进入网络传输,到达目的终端后,再变换为该终端字符集中的字符。当然,对于不相容终端,除了需变换字符集字符,还需转换其他特性,如显示格式、行长、行数、屏幕滚动方式等也需要做相应的变换。

一般地,网络协议包括通信环境、传输服务、词汇表、信息编码格式、时序、规则和过程。1969年,美国国防部建立的网络——阿帕网投入使用时,一组计算机通信协议的军用标准发布,该标准包括了五个协议,习惯上以其中的TCP和IP两个协议作为这组协议的通称。TCP传输控制协议(Transmission Control Protocol,TCP)负责打包和重组信息;IP互联协议(Internet Protocol,IP)负责处理每个信息包的地址信息。除TCP和IP,还有许多其他协议,如PPP、SLIP等。

TCP/IP是因特网的正式网络协议,是一组在许多独立主机系统之间提供互联功能的协议,规范因特网上所有计算机互联时的传输、解释、执行等,是被公认的网络通信协议的国际工业标准。TCP/IP是分组交换协议,信息被分成多个组在网上传输,到达接收方后再把这些分组信息重新组合成原来的信息。

(二)常用协议

1. TCP/IP协议

TCP/IP协议(美国国防部)作为互联网的基础协议,是上网的基础,任何和互联网有关的操作都离不开TCP/IP协议。TCP/IP协议配置起来比较烦琐,单机上网还好,一旦通过局域网访问互联网,就要详细设置IP地址、网关、子网掩码、DNS服务器等参数。

尽管TCP/IP是目前较流行的网络协议,但TCP/IP协议在局域网中的通信效率并不高,使用它在浏览"网上邻居"中的计算机时,经常会出现不能正常浏览的现象。此时,安装NetBEUI协议才能解决这个问题。OSI参考模型与TCP/IP四层模型关系如图3-12所示。

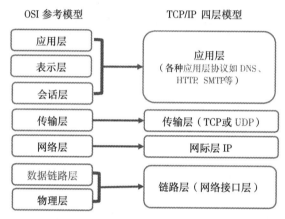

图3-12　OSI参考模型与TCP/IP四层模型关系

在网络中,网络设备将位(bit)组成一个个的字节,然后将这些字节"封装"成帧(Frame),在网络上传输。为什么要把数据"封装"成帧呢?因为用户数据一般都比较大,有的可以达到MB字节,一下发送出去十分困难,于是就需要把数据分成许多小份,再按照一定的次序发送出去。

以太网的帧值是在一定范围内浮动的,最大的帧值是1518字节,最小的帧值是64字节。在实际应用中,帧的大小是由设备的最大传输单元(MTU),即设备每次能够传输的最大字节数确定的。

帧是计算机发送数据时产生的,确切地说,是由计算机中安装的网卡产生的。帧对于能够识别它的设备才有意义。对于集线器来说,帧是没有意义的,因为它是物理层设备,只认识脉冲电流。

帧是数据链路层的协议数据单元,数据在网络上是以帧为单位传输的,帧由三部分组成,不同的部分执行不同的功能。

数据包到达数据链路层后加上数据链路层的协议头和协议尾就构成了一个数据帧。数据帧包括帧头、数据、帧尾三部分。在每个帧的前部加上一个帧头部,在帧的结尾处加上一个帧尾部,把网络层传下来的数据包作为帧的数据部分,如IP数据包,其中,帧头和帧尾包含一些必要的控制信息,如同步信息、地址信息、差错控制信息等。

一般说来,数据链路层发出的数据包称为Frame,地址是链路层的地址,如MAC

地址;网络层发出的数据包称为Packet,地址是网络层地址,如IP地址;传输层发出的数据包称为Segment或Datagram,地址是传输层地址,如TCP的端口号。

帧通过特定的称为网络驱动程序的软件成型,然后通过网卡发送到网线上,通过网线到达目的机器,在目的机器的一端执行相反的过程。

2. OSI

ISO(国际标准化组织)制定了一个国际标准OSI(开放式系统互联参考模型)。OSI分层名称、功能和功能概览如表3-2所示。

表3-2 OSI分层名称、功能和功能概览

分层名称	功能	功能概览
应用层	计算机用户以及各种应用程序和网络之间的接口	电子邮件 ↔ 邮件传输协议 WWW应用 ↔ 超文本传输协议
表示层	处理在两个通信系统中交换信息的表示形式,处理用户信息的表示问题,如编码、数据格式转换和加密解密等	接收不同表现形式的信息,如文字流、图像、声音等
会话层	管理和协调不同主机上各种进程之间的通信(对话),即负责建立、管理和终止应用程序之间的会话建立、管理和维护会话	何时建立连接,何时断开连接,以及保持多久的连接
传输层	提供建立、维护和拆除传输连接的功能,向网络层提供可靠的端到端的差错和流量控制,保证报文的正确传输;同时向高层屏蔽下层数据通信的细节,保证上层(应用层)提供数据的正确、无误	是否数据丢失
网络层	负责为分组交换网上的不同主机提供通信服务,通过路由将数据从源地址转发到目的地址	经过哪个路由传递到目标地址
数据链路层	负责建立和管理节点间的链路,在物理层提供的比特流的基础上,通过差错控制、流量控制方法,使有差错的物理线路变为无差错的数据链路,即提供可靠的通过物理介质传输数据的方法	分段转发 1011 数据帧与比特流之间的转换

续表

分层名称	功能	功能概览
物理层	利用传输介质为数据链路层提供物理连接,实现比特流的透明传输	0101 → ⊔⊓⊔⊓ → 0101 比特流与电子信号之间的切换 连接器与网线的规格

(1)物理层协议。

物理层协议负责0、1比特流与电压的高低、闪灭之间的转换。它规定了激活、维持、关闭通信端点之间的机械特性、电气特性、功能特性及过程特性,该层为上层协议提供了一个传输数据的物理媒体。在这一层,数据的单位称为比特(bit)。

(2)数据链路层协议。

数据链路层协议负责物理层面上的互联的、节点间的通信传输(如一个以太网相连的两个节点之间的通信)。该层可以进行物理地址寻址、数据成帧、流量控制、数据的检错、数据重发等。

在这一层,数据的单位称帧(Frame)。数据链路层协议的代表包括SDLC、HDLC、PPP、STP、帧中继等。

(3)网络层协议。

网络层协议将数据传输到目标地址,目标地址可以是多个网络通过路由器连接而成的某个地址,这层主要负责寻找地址和路由选择,网络层还可以实现拥塞控制、网际互联等功能。

在这一层,数据的单位称为数据包(Packet)。网络层协议的代表包括IP、ARP、等。

(4)传输层协议(核心层)。

传输层是OSI中较重要、较关键的一层,是负责总体数据传输和数据控制的一层。传输层提供端到端的交换数据机制,检查分组编号与次序,传输层对其上三层(如会话层)提供可靠的传输服务,对网络层提供可靠的目的地站点信息。在这一层,数据的单位称为数据段(Data Segment)。其主要功能有三点:一是,为端到端连接提供传输服务;二是,这种传输服务分为可靠的和不可靠的,其中TCP是典型的可靠传输,UDP是不可靠传输;三是,为端到端连接提供流量控制,差错控制。

(5)会话层协议。

会话层协议负责建立和断开通信连接(数据流动的逻辑通路)、记忆数据的分隔、数据传输等相关的管理。

(6)表示层协议。

表示层协议可将数据格式转换为标准格式,将应用处理信息转换为适合网络传输的格式,或将来自下一层的数据转换为上层能够处理的格式。表示层协议主要负责数据格式的转换,确保一个系统的应用层信息可被另一个系统应用层读取。具体来说,表示层协议就是将设备固有的数据格式转换为网络标准传输格式,不同设备对同一比特流解释的结果可能会不同。这一层主要负责保持数据一致。

(7)应用层协议。

超文本传输协议(HTTP)是一种基本的客户机/服务器(Client/Server)访问协议。浏览器向服务器发送请求,服务器回应相应的网页。

文件传送协议(FTP)提供交互式的访问,基于客户机/服务器模式,面向连接使用TCP可靠的传输服务。文件传送协议的主要功能是减少或消除不同操作系统下文件的不兼容性。

远程登录协议(TELNET)是客户机/服务器模式,能适应许多计算机和操作系统的差异。为支持异构性(在不同平台和系统中的互操作性),TELNET协议定义了网络虚拟终端(NVT)的意义。

简单邮件传送协议(SMTP)是客户机/服务器模式,面向连接。简单邮件传送协议的基本功能是写信、传送、报告传送情况、显示信件、接收方处理信件。

域名解析协议(DNS)是一种将域名转换为IP地址的Internet服务。

简单文件传送协议(TFTP)是客户机/服务器模式,使用UDP协议,只支持文件传输,不支持交互,TFTP代码占内存较小。

简单网络管理协议(SNMP)是专门设计用于IP网络管理网络节点(服务器、工作站、路由器、交换机及HUBS等)的一种标准协议,是一种应用层协议。SNMP使网络管理员能够管理网络效能,发现并解决网络问题并规划网络增长。通过SNMP接收的随机消息(及事件报告),网络管理系统能够获知网络出现的问题。

动态主机配置协议(DHCP)允许服务器向客户端动态分配IP地址和配置信息。

各协议层具体内容如图3-13所示。

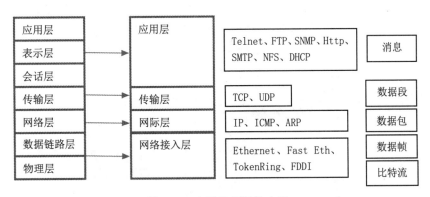

图3-13 各协议层具体内容

3. NetBEUI协议

NetBEUI(Netbios Enhanced User Interface)是为IBM开发的非路由协议,用于携带NetBIOS通信。NetBEUI缺乏路由和网络层寻址功能,既是其最大的优点,也是其最大的缺点。NetBEUI协议主要用于数十台计算机的小型局域网。因为它不需要附加网络地址和网络层头尾,所以能够快速且有效地适用于只有单个网络或整个环境都桥接起来的小工作组环境。在选择网络协议界面(见图3-14)即可选择"NetBEUI协议"。

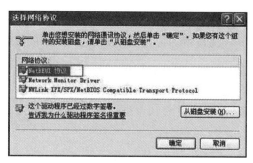

图3-14 选择网络协议界面

4. IPX/SPX协议

IPX/SPX协议是NoveⅡ公司开发的,主要由NoveⅡ NetWare操作系统使用。

IPX/SPX协议是网间数据包交换(Interwork Packet Exchange,IPX)协议与顺序包交换(Sequences Packet Exchange,SPX)协议的组合。IPX协议负责数据包的传送,SPX协议负责数据包传输的完整性。

IPX/SPX协议与NetBEUI的区别是IPX/SPX协议比较庞大,在复杂环境下具有很强的适应性。这是因为IPX/SPX协议在设计一开始就考虑了网段的问题,因此它具有强大的路由功能,适合大型网络使用。当用户端接入NetWare服务器时,IPX/SPX协议及其兼容协议是较好的选择。但在非NoveⅡ网络环境中,一般不使用IPX/SPX协议。在选择网络协议界面(见图3-15)中即可选择"IPX/SPX兼容协议"。

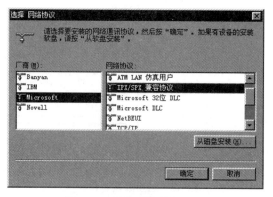

图3-15 选择网络协议界面

任务四　网络互联技术

📎 **任务描述**

学生要了解网络互联的目的；理解网络互联的种类；学会使用集线器、路由器；学会查询网络的 IP 地址；学会申请域名。

网络互联技术是将两个以上的网络，通过网络互联设备及相应的技术措施实现互相联通，使得各个网络用户之间能够实现通信和资源共享。

一、网络互联的目的

（一）延长网络电缆的长度

网络互联能够延长网络电缆的长度，扩大网络用户之间资源共享和信息传输的范围。例如，10BASE-5 粗缆以太网的组网规则规定，每个电缆的最大长度为 500 米，如果网络覆盖范围超过 500 米，可以再建一个网段，用一个中间转发设备将两个网段连接起来，组成一个更大范围的网络，从而突破网络长度的物理限制。

（二）缩小网络规模，提高网络效率

网络互联能够缩小网络规模，提高网络效率。例如，在总线型网络中，随着网络节点的增加，网络中的信息流量将会增大，节点访问网络时的冲突也会随之加大，每台计算机得到的有效带宽将减小，访问延迟明显增大。这时，可以把一个大的网络分成若干个子网，并用网络互联设备把它们连接起来。这样，对每个子网来说，因为节点数的减少，网络中的每台计算机就可以获得更大的带宽，同时减少冲突，便于对网络进行管理和维护。

（三）实现异构网络间的互操作性

网络互联能够实现异构网络间的互操作性。现实的网络并不是由单一类型的网络组成的，而是由许多类型的网络构成的，其或多或少存在体系结构、层次协议及网络服务方面的差异。这种差异可能表现在寻址方式、路由选择、最大分组长度、网络接入机制、超时控制、差错控制等方面。网络互联能够消除这些差异，使不同的网络实现互联、互通。

二、网络互联的种类

目前,网络互联有局域网(LAN)和广域网(WAN)两种类型,因而可对应以下四种网络互联。

局域网与局域网互联:LAN—LAN。

局域网与广域网互联:LAN—WAN。

局域网通过广域网与另外的局域网互联:LAN—WAN—LAN。

广域网与广域网互联:WAN—WAN。

网络互联的两条路径如图3-16所示。

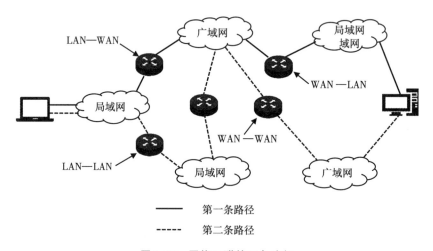

图3-16　网络互联的两条路径

局域网(LAN)的覆盖范围一般是方圆几千平方米,具有安装便捷、节约成本、扩展方便等特点。局域网的特点决定了它会在各类办公室内被广泛运用。局域网可以实现文件管理、应用软件共享、打印机共享等功能。在使用过程中,通过维护局域网网络安全,能够有效地保障资料的安全,保证局域网网络能够稳定地运行。

广域网(WAN)又称外网、公网,是连接不同地区局域网或城域网(MAN)计算机通信的远程网。通常,广域网的物理连接范围很大,其覆盖范围从几十平方千米到几千平方千米,它能连接多个地区、城市和国家,甚至能横跨几个洲提供远距离通信,形成国际性的远程网络。值得注意的是,广域网并不等同于互联网。

三、网络互联的层次结构

网络协议是分层的,所以网络互联也存在着互联层次问题。网络互联的层次可根据网络层次的结构模型划分。

(一)物理层互联

物理层的功能是在物理信道上透明地传输位流,物理层设备的主要任务是解决数据终端设备与数据通信设备之间的接口问题。物理层互联的设备是中继器(Repeater)和集线器(HUB),它们在物理层实现透明的二进制比特复制,以补偿信号衰减,来延长网络的长度。

(二)数据链路层互联

数据链路层的功能是在相邻两节点间无差错地传送数据帧,为网络层提供服务。网桥、交换机在网络互联中起到数据接收、地址过滤与数据转发的作用,用来实现多个网络系统之间的数据交换。用网桥实现数据链路层互联时,允许互联网络的数据链路层与物理层协议是相同的或不同的。

(三)网络层互联

网络层互联的设备是路由器(Router)。网络层互联主要是解决路由选择、拥塞控制、差错处理与分段技术等问题。如果网络层协议相同,则互联主要解决路由选择问题;如果网络层协议不同,则需要使用多协议路由器。用路由器实现网络互联时,允许网络层级的各层协议是不同的。

(四)高层互联

传输层及以上各层协议不同的网络之间的互联属于高层互联。实现高层互联的设备是网关(Gateway)。高层互联使用的网关很多是应用层网关,通常简称为应用网关。如果使用应用网关来实现两个网络高层互联,那么允许两个网络的应用层及以下各层网络协议是不同的。

网络互联设备及主要功能如表3-3所示。

表3-3 网络互联设备及主要功能

互联设备	OSI	主要功能
中继器、集线器	物理层	放大信号,互联电缆段
网桥、交换机	数据链路层	在局域网之间存储转发帧
路由器	网络层	在不同网络之间存储转发分组
网关	传输层以上	不同体系结构网络之间的互联及协议转换

四、Internet网络的物理结构

Internet网络的物理结构呈层次性。第一层是高速骨干网,信息流通过被称为网络接入点(NAP)的地方流入骨干网,许多国家级的主干网络都通过NAP连入

Internet；第二层是区域网络（中级网），与区域网络相连的是大学、公司的局域网和通过因特网服务提供商（ISP）接入Internet的局域网。Internet网络的物理结构如图3-17所示。

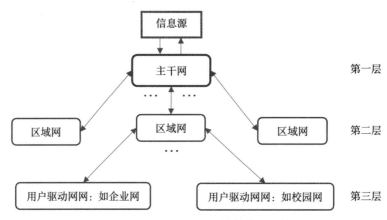

图3-17　Internet网络的物理结构

高速骨干网中较出名的是NSFnet，计划以超高速同步光纤网（SONET）作为基础，成为Internet的基底。

五、IP地址及域名

（一）IP地址

IP地址指网际互联协议（Internet Protocol，IP），是TCP/IP体系中的网络层协议，是整个TCP/IP协议的核心，也是构成互联网的基础。IP主要包含三方面内容，即IP编址方案、分组封装格式及分组转发规则。

IP地址是IP协议提供的一种统一的地址格式，根据端到端的设计原则，也为了在网络环境中实现计算机之间的通信，网络中的任何一台计算机必须拥有一个地址，而且该地址在网络上是唯一的，就像家庭地址一样。在进行数据传输时，通信协议必须在传输的数据中加入发送信息的计算机地址和接收信息的计算机地址。在Internet中，所有计算机均称为主机，并有一个称为IP的地址。

IP地址（Internet Protocol Address），全称为网际协议地址，它为互联网上的每一个网络和每一台主机分配一个逻辑地址，以此来屏蔽物理地址的差异。常见的IP地址，分为IPv4与IPv6（128位）两大类。

IP地址是Internet主机的一种数字型标识，它由网络标识（NetID）和主机标识（HostID）构成。

目前使用的IPv4的地址长度为32位（bit）。为方便记忆，使用点号划分的十进制表示，用3个圆点隔开4段十进制数，每段的数值范围为0—255。如十进制IP地址

(100.4.5.6)实际上是32位二进制数(01100100.00000100.00000101.00000110)。

Internet的网络地址可分为A、B、C三类。每类网络中IP地址的结构,即网络标识长度和主机标识长度都不一样。

A类地址:第一段标识网络号;后三段表示主机号。A类地址的第一段取值范围为0—127。

B类地址:前两段标识网络号;后两段表示主机号。B类地址的第一段取值范围为128—191。

C类地址:前三段标识网络号;最后一段表示主机号。C类地址的第一段取值范围为192—223。

例1:202.35.12.1(C类);

例2:123.3.4.213(A类);

例3:150.16.23.26(B类)。

此外,还有D类地址(也叫多播地址)、E类地址(保留到今后使用),作为特殊地址,不分网络地址和主机地址。

除A、B、C、D、E五类地址,还有公有地址和私有地址。

公有地址(Public address)由因特网信息中心(Internet Network Information Center, Inter NIC)负责。这些IP地址分配给注册并向Inter NIC提出申请的组织机构。这些机构通过这些IP地址可直接访问因特网。

私有地址(Private address)属于非注册地址,供组织机构内部使用。

留用的内部私有地址如下所示。

A类 10.0.0.0—10.255.255.255

B类 172.16.0.0—172.31.255.255

C类 192.168.0.0—192.168.255.255

IP地址各类别具体情况如表3-4所示。

表3-4　IP地址各类别具体情况

类别	最大网络数	IP地址范围	最大主机数	私有IP地址范围
A	126(2^7-2)	0.0.0.0—127.255.255.255	16677214	10.0.0.0—10.255.255.255
B	16384(2^{14})	128.0.0.0—191.255.255.255	65534	172.16.0.0—172.31.255.255
C	2097152(2^{21})	192.0.0.0—223.255.255.255	254	192.168.0.0—192.168.255.255
D		224.0.0.0—239.255.255.255		
E		240.0.0.0—255.255.255.255		

（二）域名

1. 域名的概念

IP地址能够准确地标记网络上的计算机,但IP地址是一长串数字,看起来不直观,记忆起来也十分不便。于是,计算机领域的专家们又发明了一套字符型的地址方案,即域名地址。域名就是用人性化的名字表示主机地址。IP地址和域名是一一对应的。域名地址的信息存放在域名服务器(Domain Name Server,DNS)的主机内,使用时只需记住域名地址,域名服务器可自动转换IP地址和域名地址。

目前使用的域名采用层次型命名法。域名层次为"主机名.机构名.网络名.最高层域名"。

域名由两组或两组以上的词或各国语言文字字符构成,各组字符间由点号分割开。最右边的字符组称为顶级域名或一级域名,倒数第二组称为二级域名,倒数第三组称为三级域名,以此类推。

在域名中,是不区分大小写的。域名一般不能超过5级,从左到右级别逐渐变高,高级域名包含低级子域名。整个域名的长度不得超过255个字符,在实际使用过程中,每个域名的长度一般不超过8个字符。域名在整个Internet中是唯一的,当高级域名相同时,低级子域名不允许重复。一台服务器只能有一个IP地址,但可以有多个域名。

2. 域名的分类

（1）顶级域名。

顶级域名包括类别顶级域名（国际域名）、地理顶级域名、新顶级域名。

第一类国际域名在1985年1月创立。由于Internet发源于美国,因此最早的域名并无国家标识,而是按用途分类,当时共有6个顶级域名,主要供美国使用,分别为:com(商业组织)、gov(政府机构)、edu(教育机构)、org(非营利组织)、net(网络服务商)、mil(军事部门)。随着Internet向全世界发展,edu、gov、mil一般只被美国使用,另外com、org、net则为全世界通用,直到现在仍然为世界各国所应用。

第二类地理顶级域名,共有243个国家和地区的代码,如cn代表中国,us代表美国,jp代表日本等。

第三类新顶级域名,根据国际互联网发展的需要,在2000年11月互联网名称与数字地址分配机构(The Internet Corporation for Assigned Names and Numbers,ICANN)做出决定,从2001年开始使用新的国际顶级域名,共7个,分别为:biz(商业机构)、info(信息提供商)、name(个人)、pro(医生、会计等专业人员)、aero(航空运输业)、coop(商业合作社)、museum(博物馆)。

现在的顶级域名更多,而且出现了汉语和其他语言类域名。

(2)二级域名。

二级域名指顶级域名之下的域名,主要包括类别域名、行政区划域名和其他域名。如,com.cn、gov.cn、edu.cn、baidu.com 等。

(3)三级域名。

三级域名表示单位、机构或个人。如,massz.edu.cn 等。

国际互联网的域名由互联网网络协会负责网络地址分配的委员会进行登记和管理。全世界现有三个网络信息中心 IANA(the Internet Assigned Numbers Authority)是 Internet 域名系统的最高权威机构,掌握着 Interne 域名系统的设计、维护及地址资源分配等方面的绝对权力。在 IANA 之下另有三个分支机构分别负责欧洲、亚太地区、美国与其他地区的 IP 地址资源分配与管理。这三个机构是:RIPE(比利时),负责整个欧洲地区的 IP 地址资源分配与管理;APNIC(澳大利亚),负责亚洲与太平洋地区的 IP 地址资源分配与管理;ARIN(美国),负责美国与其他地区的 IP 地址资源分配与管理。另外,许多国家和地区都成立了自己的域名系统管理机构,负责从这三个机构获取 IP 地址资源后,在本国或本地区进行分配与管理事务。这些国家和地区的域名系统管理机构大多属于半官方或准官方机构。如,中国的 CNNIC 和日本的 JPNIC 均属此种机构。CNNIC 是 APNIC 的国家级互联网络注册机构成员。中国互联网络信息中心(China Internet Network Information Center,CNNIC)负责管理中国顶级域名 .cn,负责为中国的网络服务商(ISP)和网络用户提供 IP 地址、自治系统和中文域名的分配管理服务。

3.域名的作用

一是,域名是企业在 Internet 上发布信息或提供服务的身份标识,是企业在网络上的地图、地址和在线商品。域名作为企业在网络环境下商业活动的唯一标识,具有独占性,域名被视为企业的网上商标。

商标是商品的生产者、经营者在其生产、制造、加工、拣选,或者经销的商品上或者服务的提供者在其提供的服务上采用的,用于区别商品或服务的来源,是由文字、图形、字母、数字、三维标志、声音、颜色等要素组合而成的,具有显著特征的标志,是现代经济的产物。显然,域名也是商品和服务的标识,是现代经济的产物。

二是,域名不但具有商标和识别企业组织的功能,还具有传递企业产品或服务的品质和属性的功能。域名可以理解为由个人、企业或组织申请的网站使用的 Internet 标识,并对提供产品或服务的品质进行承诺和提供信息交换或交易的虚拟地址。域名使一个企业能够在 Internet 上划定自己的领地,将其商品和服务通过 Internet 推送给全球的用户。域名具有传递企业产品或服务的功能。

三是,域名是企业无形资产的重要组成部分。域名被视为企业的网上商标,是企业在网络世界进行商业活动的基础,对于企业的形象及其产品的销售是非常重要的,是企业的无形资产。

4. 域名申请注册

域名是在Internet上注册的企业或机构的名字,是企业间相互联络的网络地址,是企业在Internet这块电子空间的永久商标,是企业迈入信息化社会,适应现代国际商业竞争的重要工具。随着Internet的迅猛发展,域名的商业价值越来越受到重视,而且上网越早,越有可能获得对自己有利的域名。企业制作了网页,注册了域名,就设立了自己的网址。借助Internet,企业可以随时发布信息以吸引客户。

域名不仅是Internet交换信息的标识,也是企业在电子商务中进行交易时被交易方识别的标识,企业必须将其域名纳入企业商标资源进行设计、管理和使用。

由于Internet域名管理机构没有赋予域名法律上的意义,域名与任何公司名、商标名没有直接关系,而且遵循先注册先拥有的原则,任何一家公司注册在先,其他公司就无法再注册同样的域名,因此域名具有类似商标、名称的意义。如果企业的域名被抢注,会给产品销售、企业形象带来巨大的威胁,易造成企业无形资产的损失。由于当前的法律体系还不够完善,对恶意抢注域名不能给予及时、有效的制裁,因此,企业最明智的举措是尽早注册自己的域名,因为注册一个域名不仅操作简单,而且花费较少。及时注册域名,可以保护企业的商标资源,减少不必要的经济纠纷,避免损失,也有利于企业利益保护,增强企业竞争力,提升企业形象,扩大企业的国内外合作贸易范围。

企业申请注册的域名就是企业网站的名字。原则上,域名的选择可以不受限制,但作为商务网站需要有一个响亮且好记的名字。网站的名字如同一个注册商标,一个易于拼写和记忆、朗朗上口又有冲击力的域名,将会成为企业的无形资产,使企业获益。

一般而言,域名的格式为"商标名(或企业名).企业性质代码.国家代码(中间用点隔开)"。如果仅考虑域名的标识功能,可以认为域名的选择只要符合国际标准和惯例,便于记忆和使用即可。但考虑到域名的商标资源特性,域名的命名与一般商标名称选择一样,必须审慎从事,否则,与一般商标选择不当一样,将会对企业发展产生不必要的负面影响。域名的命名除要按照国际标准选择二级域名,还应考虑到以下四个方面。

其一,域名要与企业已有商标或企业名称有相关性。如能将企业名称与域名统一,可以营造完整、立体的企业形象,不但便于消费者在不同环境准确识别,而且两边的宣传可以起到相互补充、相互促进的作用。目前,大多数企业都采用这种方法对域名进行命名。

其二,域名要简单、易记、易用。域名不但要容易记忆、容易识别,还应当简单易用。因为域名作为企业的网络地址,方便消费者直接与企业站点进行信息交换,如果域名过于复杂,会影响消费者使用域名的积极性。因为消费者不同于企业,他们往往有很多选择和很多机会,简单、易记、易用的企业域名才易获得消费者青睐。

其三,企业可以申请多个域名。由于域名申请限制较少且申请者广泛,极易出现类似的情况,域名的可识别性和独占性减弱,将会导致消费者的错误识别。因此,企业一般要同时申请多个类似的域名以保护自己权益,如.com、org、cn一起申请。另外,为了便于消费者识别不同的企业服务内容,也可以申请类似但又有区别的域名,如微软公司的"Microsoft"和"home.Microsoft"提供了不同的服务内容。

其四,域名要具有国际性。由于Internet的开放性与国际性,访问者可能遍布全世界,域名的选择必须能使国内外大多数访问者容易记忆和接受,以免失去开拓市场的机会。目前,Internet上的事实标准语言是英语,因此命名一般用英语单词为佳。如"中国"的拼音"ZhongGuo"可以很容易被中国人识别出来,可对于不了解中国文化的人就不知所云了,如果用"China"就可以兼顾国内和国外的访问者。

申请域名可以到中国互联网络信息中心(https://www.cnnic.net.cn)办理,也可以通过域名注册代理商办理。国内比较著名的域名注册代理商有中国万网(https://www.wanwang.com)、中国频道(www.china-channel.com/)。

知识活页

任务五　Web技术及应用

📎 任务描述

学生要了解万维网的特点;理解万维网的内涵,以及客户机/服务器模式;实际体验万维网的超文本技术。

一、万维网的概念和特点

(一) 万维网的概念

万维网(World Wide Web,WWW)是一种把所有Internet上现有资源全部连接起来的,采用图形界面的,融网络技术、超文本技术和多媒体技术于一体的信息服务系统。WWW服务器通过超文本标记语言(Hyper Text Markup Language,HTML)把信息组织成图文并茂的超文本,利用链接从一个站点跳到另一个站点。这样一来,彻底摆脱了以前查询工具只能按特定路径一步步查找信息的限制。

(二) 万维网的功能

1. 阅读超文本文件

超文本文件是一种含有特殊标记的文本文件,超文本文件被保存在WWW服务器上,当用户通过浏览器浏览某一超文本文件时,WWW服务器将该超文本文件发送给浏览器,浏览器先对其中的特殊标记进行解释,然后以特定的方式在用户的屏幕上显示出来。超文本文件中的所有标记均用一对尖括号"<>"括起来,括号内的内容叫标签。标签一般成对出现。HTML是用于超文本文件编写的技术规范。大多数在浏览器中使用的文件都是用HTML的语言编写的。

2. 访问Internet资源

网站或网页能为全球的大多数资源提供定位,由域名(也就是网站地址)和网站空间构成。网站或网页通常由主页和其他具有超链接文本的页面组成,超文本链接是指向资源的链接,通过它可以访问指定的资源。

(三)万维网的主要特点

1. 高级信息浏览服务

万维网的高级信息浏览服务是一种建立在超文本基础上的浏览、查询因特网信息的方式,它以交互方式查询并访问存放于远程计算机的信息,为多种因特网浏览与检索提供了访问机制。因特网为企业提供了通信与获取信息资源的便利条件。

2. 站点相互链接

万维网能够通过超链接在Web页面之间实现相互转换。

3. 采用图形用户界面

Web页面可以将文本、超媒体、图形和声音结合在一起。

二、常用的Web术语

(一)客户机/服务器模式和浏览器/服务器模式

客户机/服务器,即Client/Server(C/S)模式,是一种分布式计算模式,包括客户端和服务器两个主要组件。客户端程序是运行在用户终端上的,它向服务器发送请求,并接收服务器返回的结果。而服务器是专门为提供服务而设计的计算机,它接收来自客户端的请求,并处理这些请求,然后将结果返回给客户端。客户端和服务器之间通过网络进行通信,可以是局域网、广域网、互联网等。C/S模式的应用有很多,如QQ、微信、钉钉、金蝶软件、极域电子教室等。C/S模式如图3-18所示。

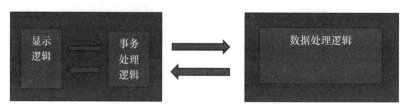

图3-18 C/S两层结构模式

客户端通过显示逻辑向用户展示功能界面,客户端通过事务处理逻辑完成业务的处理,如果在客户端的事务处理中,需要操作远端数据(如存储在远端数据库中的数据),则需要通过网络向服务器发送请求,服务器通过数据处理逻辑依据客户端的请求任务去完成数据的读写以及逻辑处理工作,并把处理完成的数据返回给客户端。

C/S模式具有以下特点。

(1)客户端和服务器各自独立运行,可以独立升级和扩展。C/S通过将任务合理分配到客户端和服务器,降低了系统的通信开销,可以充分利用两端的硬件环境优势。

(2)C/S架构将部分压力转移到客户端,C/S架构的程序需要在客户端安装客户端软件。客户端负责用户界面和用户交互,以及部分可以在客户端处理的事务逻辑。服务器负责需要与服务器端交互的事务逻辑处理和数据存储。

(3)客户端和服务器之间的通信是基于请求—响应模式的,客户端发送请求,服务器处理请求并返回结果。

(4)C/S的客户端更加友好,支持的技术较多,这意味着其功能更为丰富。

浏览器/服务器,即 Browser/Server(B/S)模式,是一种基于浏览器的分布式计算模式。在B/S模式中,客户端运行在浏览器中,而服务器主要负责提供Web服务。客户端通过浏览器发送请求,服务器接收请求并处理,然后将结果以网页形式返回给客户端。B/S模式的应用有很多,如学校门户网站、淘宝、京东网页版等Web应用程序(从浏览器地址栏网址进入或搜索引擎搜索结果页面进入)。B/S模式如图3-19所示。

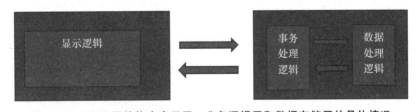

图3-19 C/S三层结构中表示层、业务逻辑层和数据存储层的具体情况

客户端通过浏览器向用户显示功能界面,但是浏览器无法完成复杂事务逻辑的处理。浏览器通过网络将用户的请求发送给服务器,服务器上运行的应用程序接收浏览器发送的请求,通过分析请求的参数,完成事务性逻辑的处理,如果事务性逻辑中有数据请求,则由服务器程序发起并完成数据逻辑的处理,与浏览器无关。服务器上的程序根据浏览器请求完成对应的事务,将响应结果封装并通过网络返回给浏览器进行显示。

B/S模式具有如下特点。

(1)客户端有浏览器即可,无须额外的安装和配置,维护成本低,使用简单方便。

(2)客户端通过浏览器与服务器通信,采用http(或https)协议。

(3)服务器变化对客户端无感知,程序在服务器上,更新程序只需在服务器上变更即可。B/S架构的程序对服务器性能要求更高。

(4)服务器负责业务逻辑和数据存储,客户端负责显示和交互,以及少量可以在浏览器进行的事务逻辑。

基于Web的B/S其实也是一种客户机/服务器模式,只不过它的客户端是浏览器。

(二)超文本和超媒体

超文本是用超链接的方法,将各种不同空间的文字信息组织在一起的网状文本。超文本是一种用户界面范式,用以显示文本与文本之间的相关内容。超文本普遍以电子文档的方式存在,其中的文字包含有可以链接到其他位置或者文档的联结,允许从当前阅读位置直接切换到超文本联结的指向位置。

超媒体是一种采用非线性网状结构对块状多媒体信息(包括文本、图像、视频等)进行组织和管理的技术。本质上,超媒体和超文本是一样的,只不过超文本技术在诞生初期管理的对象是纯文本,所以叫超文本。随着多媒体技术的兴起和发展,超文本技术的管理对象从纯文本扩展到了多媒体,为强调管理对象的变化,就产生了超媒体。

(三)超文本标识语言

超文本标识语言(Hyper Text Markup Language,HTML)也称为超文本标记语言,是一种标识性的语言,包括一系列标签。这些标签可以统一网络上的文档格式,使分散的Internet资源成为一个逻辑整体。HTML是由HTML命令组成的描述性文本,HTML命令可以说明文字、图形、动画、声音、表格、链接等。HTML可将需要表达的信息按某种规则写成HTML格式文件,浏览器可将这些HTML文件"翻译"成可以识别的信息,即现在的网页。

(四)超文本传输协议

超文本传输协议(Hyper Text Transfer Protocol,HTTP)是应用层的协议,是万维网生态系统的核心。HTTP是用于从服务器传输超文本到本地浏览器的传送协议。HTTP是基于TCP/IP的通信协议,可提供WWW上的几乎所有的文件和其他数据,这些统称为资源。这些资源可能是HTML文件、图像文件、查询结果或其他。

HTTP协议工作于浏览器/服务器架构上。浏览器/服务器(B/S)模型是一种特殊的、具体化的客户机/服务器(C/S)模型,其特殊之处是B/S模型的客户端应用软件特指浏览器,服务器一般是Web服务器,使用HTTP协议通信,其工作过程是C/S模型的具体化、实例化。应用程序(如Web浏览器)作为纯粹的客户机运行。

（五）主页

主页（Home Page），也称为首页，是用户打开浏览器时默认打开的网页，主要包含个人主页、网站网页、组织或活动主页、公司主页等。主页一般是用户通过搜索引擎访问一个网站时看到的首个页面，用于吸引访问者的注意。通常，主页也起到登录页的作用。一般情况下，主页是用户访问网站其他模块的媒介，主页会提供网站的重要页面及新文章的链接，并且常常有一个搜索框供用户搜索相关信息。大多数作为首页的文件名是Index、Default、Main或Portal加上扩展名。

（六）公共网关接口

公共网关接口（Common Gateway Interface，CGI）是Web服务器运行时外部程序的规范，是外部扩展应用程序与Web服务器交互的一个标准接口。服务器端与客户端进行交互的方式较多，CGI技术就是其中之一。根据CGI标准，编写外部扩展应用程序，可以对客户端浏览器输入的数据进行处理，完成客户端与服务器的交互操作。CGI规范定义了Web服务器如何向扩展应用程序发送消息，在收到扩展应用程序的信息后如何进行处理。按CGI编写的程序可以扩展服务器功能。CGI应用程序能与浏览器进行交互。许多静态的HTML网页无法实现的功能，通过CGI几乎都可以实现，比如表单的处理、对数据库的访问、搜索引擎、基于Web的数据库访问等。从数据库服务器中获取数据，将数据格式化为HTML文档后，即可发送给浏览器，也可以将从浏览器中获取的数据放到数据库中。CGI可用任何语言编写，包括流行的C、C++、Java、VB和Delphi等。几乎所有服务器都支持CGI。CGI分为标准CGI和间接CGI两种。

（七）统一资源定位符

1. 统一资源定位符简介

统一资源定位符（Uniform Resource Locator，URL）也称为网页地址，是因特网上标准资源的地址（Address）。URL最初由伯纳斯·李发明，用来作为万维网的地址。现今，URL已被万维网联盟编制为因特网标准RFC1738了。

URL是互联网资源的标准化名称。URL提供了一种定位互联网上任意资源的手段，这些资源要通过不同方案（协议，如HTTP、FTP、SMTP）来访问，因此URL语法会略有差异。

大部分URL都遵循通用的语法，而且不同的URL方案风格和语法都有重叠。

大多数URL的语法都建立在9个部分构成的通用格式上，即<scheme>://<user>:<password>@<host>:<port>/<path>;<params>?<query>#<frag>。其中，较重要的3个部分是：方案（scheme）、主机（host）和路径（path）。通用URL组件如表3-5所示。

表3-5 通用URL组件

组件	描述	默认值
方案	访问服务器获取资源时需要使用哪种协议	无
用户	某些协议访问资源时需要的用户名	匿名
密码	用户名后面可能要包含的密码,中间用冒号(:)分割	〈E-mail地址〉
主机	资源宿主服务器的主机名或IP地址	无
端口	资源宿主服务器正在监听的端口号,很多协议默认端口号为80	每个方案特有
路径	服务器上资源的本地名,用一个斜杠(/)将其与前面的URL组件分隔开,路径组件的语法是与服务器和协议有关	无
参数	某些协议组件会用这个组件来指定输入参数,参数为"名/值"时,URL中可包含多个参数字段,字段之间以及其与路径其余部分之间用分号(;)分隔	无
查询	某些协议用这个组件传递参数以激活应用程序(数据库、公告板、搜索引擎及其他因特网网关)。该组件没有通用格式,用问号(?)将其与URL其他部分分隔	无
片段	片段为一部分资源的名字。引用对象时,frag字段不会被传给服务器,这个字段是在客户端内部使用的,其通过"#"与URL其余部分分隔	无

URL格式说明如下。

(1)协议。

协议(Protocol)规定了访问指定资源的主要标识符,它告诉负责解析URL的应用程序应该用什么协议。

协议必须以一个字母符号开始,由":"将其与URL其余部分分隔开。

http通过HTTP访问该资源,格式为http://。

https通过安全的HTTPS访问该资源,格式为https://。

file资源是本地计算机上的文件,格式为file://。

ftp通过FTP访问资源,格式为ftp://。

mailto资源为电子邮件地址,通过SMTP访问,格式为mailto://。

MMS通过支持流媒体(Microsoft Media Server,MMS)协议播放该资源(代表软件:Windows Media Player),格式为mms://。

thunder通过支持专用下载链接(thunder)协议P2P软件访问该资源(代表软件:迅雷),格式为thunder://。

(2)主机与端口。

主机名(Hostname)是存放资源的服务器的域名系统(DNS)主机名或IP地址。有时,在主机名前可以包含连接到服务器所需的用户名和密码(格式为user:

password)。

端口号(Port)一般为整数,可省略,省略时使用方案的默认端口,各种传输协议都有默认的端口号,如 http 的默认端口为 80。有时,为了安全可以在服务器上对端口进行重定义,即采用非标准端口号,此时 URL 中就不能省略端口号这一项了。

每个应用程序对应一个端口号,用 16 位的二进制数(两个字节)表示,用于区分一台主机中接收到的数据包应该转交给哪一个程序处理。

端口号一般由互联网编号分配机构(the Internet Assigned Numbers Authority, IANA)统一管理。

(3)用户名和密码。

有些服务器要求输入用户名和密码才允许用户访问数据,如文件传输协议(File Transfer Protocol,FTP)。

如 ftp://me:pass@abc.mas.edu.cn/de,其指定了用户名(me)和密码(pass),两者之间由":"分隔。

(4)路径。

路径(Path)是由零或多个"/"隔开的字符串,一般用来表示主机上的一个目录或文件地址,如 https://www.massz.edu.cn/2023/0330/c141a59309/page.htm。

(5)参数。

为了向应用程序提供其所需的输入参数(Parameters),以便正确地与服务器进行交互,URL 中有一个参数组件。这个组件就是 URL 中的名值对列表,由";"将其与 URL 的其余部分(以及各名值对)分隔开来。参数为应用程序提供了访问资源所需的附加信息。如,http://www.mas.com/tz /index.html;graphics=true,在 index.html 段中,有参数 graphics,其值为 true。

(6)查询。

在发送请求时,很多的资源,如数据库服务等,都可以通过查询(Query)缩小请求资源的范围,如 http://www.mas.com/enlink?item=56789&size=large&color=blue。

在这个例子中,查询组件有三个名值对:item=56789、size=large 和 color=blue。"?"右边的内容是 URL 的查询组。URL 的查询组件和标识网关资源的 URL 路径组件一起被发送给网关资源。

查询字符串以一系列"名/值"的形式出现,名值之间用"&"分隔。

用于给动态网页(如使用 CGI、ISAPI、PHP、JSP、ASP 等技术制作的网页)传递参数时,查询中可有多个参数,各个参数之间用"&"隔开,每个参数的名和值用"="隔开。

(7)片断。

片断(Fragment)为字符串,用于指定网络资源中的片断。如一个网页中有多个名词解释时,可使用 Fragment 直接定位到某一个名词解释。

为方便引用,URL 允许使用片段组件来表示资源内的一个片段,片段在 URL 右边,最前面有一个"#",如 http://www.mas.com/tools.html#good。

在这个例子中,片段引用 mas 服务器上页面/tools.html 中的一部分,这一部分的名字叫作 good。

服务器处理的是整个对象,URL 片段仅在客户端浏览器使用并显示。

2. 关于编码(也称百分号编码)

一般来说,URL 中只允许包含英文字母(a—z、A—Z)、数字(0—9)和"—""_""."" ~ "4个特殊字符,以及所有保留字符(URL 划分成若干个组件,协议、主机、路径等,有一些字符,如":""/""?""#""[]""@"是用来分隔不同组件的)。URL 中不能使用其他文字和符号,这是因为网络标准 RFC1738 做出了规定,如 http://www.abc.com。值得注意的是,如果 URL 中有希腊字母或汉字,就必须编码后使用,但 RFC1738 没有规定具体的编码方法,而是交给应用程序(浏览器)决定,这就造成了一定的混乱。常用的字符集有 GBK(中国)、ASCII(美国)和 Unicode(国际标准化组织)。其中,UTF-8 是 Unicode 运用较广的一种。

URL 编码的原则是使用安全的字符(没有特殊用途或者特殊意义的字符)表示不安全的字符。

一些字符直接放在 URL 时,可能会引起解析程序的歧义,这些字符被视为不安全字符。

对于 URL 中的安全字符,编码和不编码是等价的;对于不安全字符,如果不经过编码,可能会造成 URL 语义的不同。对 URL 而言,只有普通英文字符和数字、特殊字符、保留字符才能出现在未经编码的 URL 中,其他字符均要经过编码后才能出现在 URL 中。

JavaScript 中提供了 Escape、encodeURI 和 encodeURIComponent 三个函数可对字符进行编码。利用这三个函数进行编码可得到合法的 URL,但也存在以下区别。

(1)安全字符不同。

以下列出了三个函数的安全字符(即函数不会对这些字符进行编码)。

escape(69个):*、/、@、+、-、.、_ 以及 0—9、a—z、A—Z。

encodeURI(82个):!、#、$、&、'、(、)、*、+、,、/、:、;、=、?、@、-、.、_、~ 以及 0—9、a—z、A—Z。

encodeURIComponent(71个):!、'、(、)、*、-、.、_、~ 以及 0—9、a—z、A—Z。

(2)URL 编码规则。

URL 与 ASCII 字符的编码方式相同,均使用"%+两位十六进制"字符来表示。对于 Unicode 字符,escape 的编码方式是"%uxxxx",其中"xxxx"表示 Unicode 字符的4

位十六进制字符,这种方式现在已经被万维网联盟(World Wide Web Consortium,W3C)废弃了。encodeURI和encodeURIComponent使用UTF-8对非ASCII字符进行编码,然后再进行百分号编码,这是RFC推荐的。其实URL编码是一个字符十六进制,在前面加上"％"。如,"中"的URL编码是"%E4%B8%AD"。

```
<html>
    <head></head>
    <body>
    <script type="text/javascript">
        document.write(encodeURI("中"));
        document.write("<br>");
    document.write(encodeURIComponent("http://www.mas.edu.cn/p1/"));
        document.write("<br>");
        document.write(encodeURIComponent(", /?:@&=+$#"));
    </script>
    </body>
</html>
```
运行结果:%E4%B8%AD
http%3A%2F%2Fwww.mas.edu.cn%2Fp1%2F
%EF%BC%8C%2F%3F%3A%40%26%3D%2B%24%23

```
<script>
var url="中";
var encodedUrl=encodeURI(url);
console.log(encodedUrl);
</script>
```
运行结果:%E4%B8%AD　　[浏览器开发者工具中控制台(console)输出]

```
<script>
    var url="中";
    document.write(encodeURI(url) +"<br>");
</script>
```
运行结果:%E4%B8%AD

(3)适用场合不同。

encodeURI被用作对一个完整的URI进行编码,而encodeURIComponent被用作对URI的一个组件进行编码。

每对name/value(名/值)由"&""；"符分开;每对来自表单的name/value由"="分开。如果用户没有值给name,那么这个name还是出现,只是无值。

在使用URL进行参数传递时,经常会传递一些含有特殊字符(包含"&""+""％"

等)的参数或URL地址,不建议使用这些参数和URL地址。如果要用于保留用途以外的场景时,要在URL中对其进行编码。网址URL中特殊字符编码如表3-6所示。

表3-6　网址URL中特殊字符编码

特殊符号	URL中的含义	十六进制值
＋	URL中"＋"号表示空格	%2B
/	分隔目录和子目录	%2F
？	分隔实际的URL和参数	%3F
％	指定特殊字符	%25
＃	表示书签	%23
＆	URL中指定的参数间的分隔符	%26
＝	URL中指定参数的值	%3D
空格	不安全字符	%20

万维网三个常用术语:HTTP、HTML和URL。

HTTP(超文本传送协议)负责规定浏览器和服务器怎样互相交流。

HTML的作用是描述超文本文档。浏览器是一种解释HTML的软件。

URL(统一资源定位符),也称WWW网址、通用文件标识、通用资源标识等。URL是世界通用的负责给万维网上像网页这样的资源定位的系统。

三、Web技术结构

一个典型的Web服务就是网站服务——用户通过浏览器向服务器发起请求,服务器从数据库中提取数据并进行加工处理后返回给HTML页面的用户。当然,应用程序和协议在此过程中也起到了重要作用。网站服务流程如图3-20所示。

图3-20　网站服务流程

Web浏览器(简称浏览器)是用来显示在万维网或局域网等内部的文字、图像,以及其他信息的应用软件。Web浏览器可以让用户与文字、图像,以及其他信息的应用软件进行交互。

知识活页

✏ 项目小结

旅游电子商务以网络为主体,以旅游信息库为基础,使用先进信息技术手段运营旅游业。旅游电子商务为旅游行业提供了一个互联网平台。旅游电子商务利用其先进的计算机网络和通信技术,以及电子商务的基础环境，整合旅游企业的内外部资源，扩大旅游信息的推广和传播，实现旅游产品和信息的在线销售或发布，为旅游需求者与旅游企业搭建了一个知识共享、增进交流合作和销售的平台，所以旅游电子商务平台或App离不开互联网和通信技术的支撑。

教学互动

能力训练

熟悉万网申请域名的步骤，并查找5个新的顶级域名。

在线答题

项目四
旅游电子商务网站语言

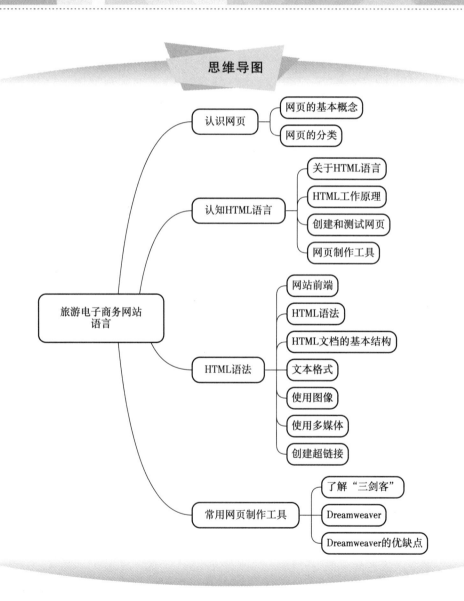

项目描述

本项目有四个任务：任务一是认识网页，阐述了网页的内涵；任务二是认知HTML语言，介绍了HTML语言的含义及工作原理；任务三是HTML语法，阐述了网站前端语言和HTML网页结构；任务四是常用网页制作工具，介绍了网页制作软件及常用软件的特征。

知识目标

让学生了解不同的浏览器，了解浏览器和网站的区别，理解网站和主页，了解网页设计的要求，掌握HTML语法。

技能目标

学生要体验浏览器，学会登录网站的主页，学会制作简单的网页。

素养目标

学生要意识到网页制作，除技术要求，还要考虑满足用户需求，以及社会、安全、法律、文化、环境等非技术性因素；精美的网站制作是团队成员友好协作的结果，团队精神功不可没；没有强大的祖国，就没有安定的网站运行环境；网站制作需要认真仔细、精益求精的工匠精神。

项目引入

尤雨溪是一位出生在江苏无锡的软件工程师，他接触电脑比较早，但当时并没有真正开始编程。因为他非常喜欢制作互动的效果来讲述故事，所以他对游戏更感兴趣，经常玩Flash。

在高中时，尤雨溪就已经开始使用JavaScript进行Web开发和编程了。很快，他发现这门语言非常棒，因为它能够快速构建一些东西并分享给别人，别人只要通过浏览器就可以看到他分享的东西了，他被这门语言深深吸引了。

后来，尤雨溪进入Google工作，他主要使用的是Angular，但他发现Angular虽然有数据绑定等好方法，但是它过于臃肿，于是决定自己写一个好用的"脚手架"，于是Vue诞生了。Vue一经发布就受到了很多人的追捧。可以说，Vue是人们苦苦寻找的好用的前端框架。

后来，尤雨溪在Patreon进行了众筹，因为他希望自己可以全职开发Vue。众筹效果非常好，几乎每个月他都可以收到约1万美元的赞助。因此，尤雨溪将全部精力都投入Vue的开发和推广上面，他还经常参加各种Vue.js（JS）交流大会，分享Vue的开发经验、开发技巧和开发方法。

2019年2月，Vue发布了2.6.0版本，这是一个承前启后的版本，在它之后推出了3.0.0版本（Vue3）。Vue3在功能和性能上都有改进和扩展，包括更好的响应式系统、更优化的组件、更强大的指令等。Vue3还提供了更好的TypeScript支持，使开发者可以更方便地使用TypeScript进行开发。Vue3的生态圈也在不断扩大和完善，包括更多的组件库、工具库等。目前，Vue3已经成为前端开发的主流框架之一，被广泛应用于各种类型的应用开发中。

（资料来源：互联网的前世今生。）

点评：前端有三个非常流行的框架，分别是Angular、React、Vue。目前，Vue最受欢迎，尤雨溪是IT界华人的骄傲。

慎思笃行

改革先锋——推动汉字信息化的"王码五笔字型"发明者

20世纪70年代末80年代初，随着电脑开始被应用于工作和生活，汉字输入遇到了一个巨大的难题，即电脑键盘上只有26个英文字母键，怎么用它输入汉字呢？在五笔字型被发明之前，曾经有诸多人论断：计算机是汉字文化的"掘墓机"。在汉字面临"生死劫"的危急时刻，1983年8月，王永民发明的《二十六键五笔字型汉字编码方案》改变了这一现状，创造了计算机汉字输入技术的奇迹。王永民说："如果要谈论个人的贡献，那么我最大的贡献就是参与了汉字渡过世纪难关的科研项目，发明了五笔字型。经过几十年艰苦卓绝的推广，这个发明已经造福了社会，解决了汉字输入的速度和效率问题，使我们的汉字没有走入时代的死胡同。在一场伟大的科学活动中，我扮演了有用的角色，这是我的荣幸，我没有虚度此生。"

王永民共申请获得了几十项国内外专利,其中的"数字王码"一举突破了在数字键上输入汉字的难题,从根本上改变了中国手机输入法长期依赖进口的局面,被国内外专家和媒体评价为"汉字输入技术的第二次革命"。

王码是我国自主创新的重大高科技成果,获得了"国家技术发明奖";在国际上,微软、IBM、CASIO等公司均购买了王码的专利使用权。

可以说,王永民是中国汉字信息处理技术领域成就斐然、德才兼备的学科带头人。鉴于王永民对中国的科学事业做出的杰出贡献,党和国家领导人曾多次接见他。2003年,国家邮政局还发行了纪念邮票"当代毕昇——王永民"。在中国科学院院士路甬祥主编的《科学改变人类生活的100个瞬间》一书中,王永民被誉为"把中国带入信息时代的人",开创了电脑汉字输入的新纪元。

2008年,由国家发改委指导,中国社会科学院、中国改革报、新浪网等单位筹办的"中国改革与发展高峰论坛暨中国改革30周年功勋人物"评选活动的颁奖典礼在北京举行。经过专家组、秘书处推荐和全国媒体公示、公众投票,袁隆平、王永民、杨利伟、王永志荣获"中国改革30周年功勋人物"奖。

2018年,党中央、国务院授予王永民等同志改革先锋称号,颁授改革先锋奖章,并获评推动汉字信息化的"王码五笔字型"发明者。

(资料来源:牧星在线。)

知行合一

任务一 认识网页

任务描述

学生要了解浏览器和服务器;理解网页的内涵;实际体验网站和主页;实际体验静态页和动态页服务。

一、网页的基本概念

(一)Internet与WWW

学生要了解网页,应先了解WWW,而在了解WWW之前,则要先了解Internet。

通俗地讲,Internet是由许多不同功能的计算机通过线路连接起来的一个世界范围的网络。从网络通信技术角度看,Internet是一个以TCP/IP连接各个国家、各个地区、各个机构的计算机网络的数据通信网。从信息资源角度看,Internet是一个集各部门、各领域的各种信息资源于一体的,供网上用户共享的信息资源网。

网络是指多台计算机通过特定的连接方式构成的一个计算机的集合体,而协议(Protocol)可以理解为网络中设备"打交道"时需要共同遵守的一套规则。

Internet能提供的服务包括WWW服务(网页浏览服务)、电子邮件服务、网上传呼、文件传输(FTP服务)、在线聊天、网络购物、互联网游戏等。

由此可见,WWW并不是Internet,而是Internet提供的服务之一。不过,WWW确实是现在Internet上发展较为蓬勃的部分,相当多的其他Internet服务都是基于WWW服务展开的。我们平常说的网上冲浪,其实就是利用WWW服务获得信息并进行网上交流的。

(二)WWW与浏览器

那么,什么是WWW呢?从术语角度讲,WWW由遍布在Internet上的Web服务器组成。WWW将不同的信息资源有机地组织在一起,用户可以通过浏览器进行浏览。

大多数情况下,获取Internet服务就需要安装相应的客户端软件。如,收发电子邮件,较常见的软件是Outlook或Outlook Express等电子邮件客户端程序;要进行网上传呼,则可以安装相应的QQ软件;要进行文件传输,就要使用CuteFTP、LeapFTP等FTP客户端程序。用户要在网上浏览信息,就应使用浏览器作为客户端程序。

在连接到Internet后,用户如果要在浏览器上输入一个Internet网址(实际上对应的是一个网页)并按下"Enter"键,就相当于要求显示该Internet网址上的某个特定网页。这个"请求"被浏览器通过电话线等网络介质传送到页面所在的服务器(Server)上,然后服务器做出"响应",再通过网络介质把用户请求的网页内容传送到用户的计算机上,最后由浏览器显示。当用户在页面中操作(如单击超链接)时,如果需要请求其他页面,那么这种"请求"就会通过网络介质传送到提供相应页面的服务器上,然后由该服务器做出响应。

通过这个过程,浏览器和服务器建立了一种交互关系,用户可以访问位于世界各地计算机(服务器)上的页面。当用户位于浏览器端或客户端时,Internet的另一端包含大量的用于提供信息服务的服务器,使用户能够访问形形色色的网页,这些位于相同或不同计算机上的网页通过超链接组织在一起,形成了像蜘蛛网一样的WWW系统。

可以看出,浏览器是获取WWW服务的基础,其基本功能是显示网页。

（三）网站与主页

WWW是由无数Web服务器构成的，用户可以通过浏览器访问这些服务器上的网页，不同的网页通过超链接联系在一起，构成了WWW的纵横交织结构。

当然，网页与网页之间的关系并不是完全相同的。通常，把一系列逻辑上可以视为一个整体的页面叫网站。或者说，网站就是一个链接的页面集合，它具有共享的属性，如具有相关主题或共同目标。

网站的概念是相对的，大的如新浪网，其页面多得无法统计，而且位于多台服务器上；小的如个人网站，有的个人网站可能只有零星几个网页，仅位于某台服务器上，且占据空间较小。

主页是网站中的一个特殊页面，它是一个组织或个人在WWW上显示的页面，其中包括指向其他页面的超链接等。通常，主页的名称是固定的，一般为index.htm或index.html等。

（四）网页

网页是构成网站的基本元素，是承载各种网站应用的平台。通俗地说，网站是由网页组成的。如果只有域名和虚拟主机而没有制作任何网页的话，用户是无法访问网站的。

网页文件是一个包含HTML标签的纯文本文件，它可以存放在世界上的某个角落的某台计算机中，是万维网中的一"页"，是超文本标记语言格式（标准通用标记语言的一个应用，文件扩展名为".html"或".htm"）。用户要通过网页浏览器阅读网页。

文字与图片是构成网页的两个基本元素。可以简单地理解为文字是网页的内容；图片使网页更美观。除此之外，网页的元素还包括动画、音乐、程序等。

在网页上单击鼠标右键，选择菜单中的"查看源文件"，就可以通过记事本看到网页的实际内容。实际上，网页文件就是一个纯文本文件。网页通过各式各样的标记对页面上的文字、图片、表格、声音等元素进行描述（如字体、颜色、大小等），浏览器对这些标记进行解释并生成页面，于是就得到了用户看到的画面。为什么在源文件中看不到任何图片呢？因为网页文件中存放的只是图片的链接位置，而图片文件与网页文件是互相独立存放的，甚至可以不在同一台计算机上。

二、网页的分类

（一）静态网页

静态网页的内容是预先确定的，并存储在Web服务器或本地计算机或服务器上的。

静态网页有如下特点。

(1)静态网页中的每个网页都有一个固定的URL,且网页URL以".htm"".html"等常见形式为后缀,不含"?"。

(2)网页内容一经发布到网站服务器上,无论是否有用户访问,每个静态网页的内容都将保存在网站服务器上。也就是说,静态网页是实实在在保存在服务器上的文件,且每个网页都是一个独立的文件。

(3)静态网页的内容相对稳定,因此容易被搜索引擎检索。

(4)静态网页没有数据库支持,在网站制作和维护方面工作量较大。因此,当网站信息量过大时,完全依靠静态网页制作是比较困难的。

(5)静态网页的交互性较差,在功能方面有较大的限制。

(二)动态网页

动态网页取决于用户提供的参数,是根据存储在数据库中的网站上的数据创建的页面。

动态网页具有如下特点。

(1)交互性。网页会根据用户的要求和选择进行动态改变和响应。如,访问者在网页填写表单信息并提交时,服务器经过处理会将信息自动存储到后台数据库中,并打开相应的提示页面。

(2)自动更新。无须手动操作,动态网页便会自动生成新的页面,可以大大节省工作量。如,用户在论坛中发布信息后,后台服务器便会自动生成新的网页。

(3)随机性。当不同时间、不同用户访问同一网址时,会产生不同的页面效果。如,登录界面自动循环功能等。

另外,动态网页网址中存在"?"。当搜索引擎检索存在一定问题时,搜索引擎一般不可能从一个网站的数据库中访问全部网页,或者出于技术方面的考虑,搜索蜘蛛不去抓取网址中"?"后面的内容。因此,采用动态网页的网站在进行搜索引擎推广时,需要一定的技术处理才能使其适应搜索引擎的要求。

通俗地讲,静态网页是照片,每个人看到的都是一样的,而动态网页是镜子,不同的人(不同的参数)看到的是不同的。

(三)设计要点

网页设计的两大要点是整体风格和色彩搭配。

1. 整体风格

网站的整体风格及其创意设计是难以学习的,难就难在其没有固定的模式可以参照和模仿。如,面对同一个主题,设计者们不可能设计出完全一样的网站。

风格是抽象的,是站点的整体形象给用户的综合感受。这个"整体形象"包括站点的CI(包括标志、色彩、字体、标语等)、版面布局、浏览方式、交互性、文字、内容价值、存在意义、站点荣誉等诸多因素。如,网易网站是"平易近人"的;迪士尼网站是"生动活泼"的;IBM网站是"专业严肃"的,不同网站给人们留下不同的感受。

针对网站的整体风格设计,学生们可以参考以下经验。

(1) 尽可能地将网站的标志放在页面较突出的位置。

(2) 突出网站的标准色彩。

(3) 总结一句能够反映网站精髓的宣传标语。

(4) 相同类型的图像采用相同的效果,如标题字都采用阴影效果,即在网站中出现的所有标题字的阴影效果的设置应该是完全一致的。

2. 色彩搭配

无论是平面设计,还是网页设计,色彩永远是重要的一环。当用户距离显示屏较远的时候,看到的不是优美的版式或是美丽的图片,而是网页的色彩。

关于色彩的原理有许多,在此不一一阐述,同学们可以查看相关设计书籍,有利于系统地理解,下面仅提供一些网页配色的小技巧。

(1) 用一种颜色。这里是指先选定一种颜色,然后调整透明度或者饱和度,这样的页面看起来色彩统一、有层次感。

(2) 用两种颜色。先选定一种颜色,然后再选择它的对比色。

(3) 用一个色系。简单地说,用一个色系就是用一个感觉的色彩,如淡蓝色、淡黄色、淡绿色,或者土黄色、土灰色、土蓝色等。

在网页配色中,还要了解一些配色误区,具体如下。

(1) 不要用到很多颜色,尽量将颜色控制在三至五种。

(2) 网页背景和文字的对比尽量要大(需要突出文字的,尽量不要用花纹繁复的图案作为网页的背景),以便突出相应内容。

知识活页

任务二 认知 HTML 语言

描述任务

学生要了解 HTML 语言;了解 HTML 语言的含义;能够打开携程网,实际体会 HTML 语言的魅力。

一、关于 HTML 语言

随着互联网的发展,使用计算机语言的人越来越多。对于一个程序员来说,常见的 Web 前端语言有 HTML、CSS、JavaScript(简写 JS)等,常用的服务器端语言有

PHP、Java等。这里主要介绍HTML语言。

HTML语言是网页中较基本的语言之一。HTML是Hyper Text Markup Language的缩写，即"超文本标记语言"，由SGML（标准通用标记语言）发展而来。HTML并不是一种编程语言，而是一种标记语言，由标签组成，主要用来制作网页。

编程语言是能编写程序的语言，其最终输出的是计算机能执行的指令序列。编程语言（机器语言、汇编语言、高级语言、脚本语言等）是为了编写指令来操纵机器行为，进行逻辑处理的语言。在计算机中，执行指令的是CPU，C语言、Java、JS等都能向CPU发送指令代码。标记语言是一种可用于描述电子文档结构的语言，其编写的内容不含有任何操纵机器行为的语义。如，HTML只是一段放在存储器里的文本文件，它本身的内容并不是描述CPU要执行什么动作，而是根据HTML规范写的一段格式化的文本，供它的提取部件（对HTML来说通常就是浏览器）按照规范（一种协议）进行渲染，通过这种方式生成便于用户阅读的电子文档。

现行编程语言主要包括编译语言（C、C++）和脚本语言（PHP、JS）。

为什么说HTML是超文本语言呢？"超文本"指的是它的内容可以是一些非文本内容，如图片、链接、声音、程序等。

HTML文本是用户编写文档的一种标记语言，是由HTML命令组成的描述性文本，HTML命令可以说明文字、图形、动画、声音、表格、链接等。超文本标记语言的结构包括"头"部分（Head）和"主体"部分（Body）。其中，"头"部分提供网页的信息；"主体"部分提供网页的具体内容。"头"部分由"<head>"标记；"主体"部分由"<body>"标记。除了这两部分，还有文档类型声明，文档类型声明的作用是告诉浏览器用的是哪个HTML版本，只有这样浏览器才能成功地进行渲染。

用HTML编写的超文本文档被称为HTML文件，它独立于各种操作系统平台（如UNIX、Windows等）。HTML语言可将需要表达的信息按某种规则写成HTML文件，并运用专用的浏览器将这些HTML文件"翻译"成可以识别的信息，即现在的网页。

自1990年以来，HTML一直是WWW的信息表示语言，使用HTML语言描述的文件需要通过WWW浏览器显示出来。HTML是一种建立网页文件的语言，其通过标记式的指令（Tag），将影像、声音、图片、文字、动画、影视等内容显示出来。事实上，每一个HTML文档都是一种静态的网页文件，这个文件包含了HTML指令代码，这些指令代码并不是一种程序语言，而是一种排版网页中资料显示位置的标记结构语言。HTML的普遍应用带来了超文本技术——通过单击鼠标从一个主题跳转到另一个主题，从一个页面跳转到另一个页面，与世界各地主机的文件链接，超文本传输协议规定了浏览器在运行HTML文档时遵循的规则和进行的操作。HTTP协议的制定使浏览器在运行超文本时有了统一的规则和标准。

可见，HTML不是一种编程语言，而是写给网页浏览器的，具有描述信息的标记语言，也是一套标记标签，它可以告诉浏览器怎样显示页面。

网页的本质是超文本标记语言，通过结合使用其他的Web技术，如脚本语言、公共网关接口、组件等，可以创造出功能强大的网页。因而，超文本标记语言是万维网编程的基础。也就是说，万维网是建立在超文本标记语言基础上的。超文本标记语言之所以被称为超文本标记语言，是因为其文本中包含了"超链接"。

超文本标记语言是标准通用标记语言下的一个应用，也是一种规范、一种标准，通过标签号来标记要显示的网页中的各个部分。网页文件本身是一种文本文件，通过在文本文件中添加标签，可以告诉浏览器如何显示其中的内容（如文字如何处理，画面如何安排，图片如何显示等）。浏览器按顺序阅读网页文件，然后根据标签解释和显示标记的内容，但浏览器不会指出书写中的错误，且不会停止其解释执行的过程，编写者只能通过显示效果来分析出错的原因和出错的位置。但需要注意的是，不同的浏览器对同一标签可能会有不完全相同的解释，因而可能会有不同的显示效果。

HTML在Web迅猛发展的过程中起着重要的作用。但随着网络应用的深入发展，特别是电子商务的广泛应用，HTML过于简单的缺陷很快凸显出来，即HTML不可扩展。HTML不允许应用程序开发者为具体的应用环境定义自定义的标记。HTML只能用于信息显示。HTML可以设置文本和图片显示方式，没有语义结构，即HTML显示数据是按照布局而非语义的。随着网络应用的发展，各行业对信息有着不同的需求，这些不同类型的信息未必都是以网页的形式显示出来的。如，当通过搜索引擎进行数据搜索时，按照语义而非布局来显示数据会更清晰。

总而言之，HTML的缺点是交互性差、语义模糊，这些缺点难以适应Internet飞速发展的要求。因此，标准、简洁、结构严谨、可扩展的XML就产生了。

二、HTML工作原理

如果在浏览器中任意打开一个网页，在窗口空白位置单击鼠标右键，从快捷菜单中选择"查看源文件"命令，系统就会自动启动记事本。记事本中包含的文本信息就是网页的本质——HTML源代码。HTML是表示网页的一种规范（或者说是一种标准），它通过标签定义了网页的显示内容。

超文本是相对普通文本而言的，按顺序定位不同，超文本的典型特点是文本中包含指向其他位置的链接，通过这些链接，文档组织成了网状结构（这实际也是WWW信息组织的基本原理）。如可以把常规意义上的书本理解为普通文本，把由超链接组织起来的电子文档理解为超文本。超文本示意图如图4-1所示。

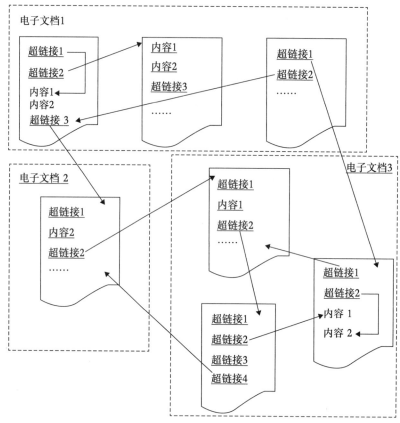

图 4-1　超文本示意图

在 HTML 文档中，标签可以告诉浏览器如何显示网页，即确定内容的显示格式。浏览器按顺序读取 HTML 文件，然后根据内容周边的 HTML 标签解释和显示各种内容。如，某段内容添加了〈h1〉〈/h1〉标签，浏览器便会以比一般文字大的粗体字显示该段内容。

HTML 中的超文本功能，就是超链接功能，它能连接各网页，网页与网页之间的链接构成了网站，网站与网站之间的链接构成了多姿多彩的 WWW。

HTML 由 W3C（万维网联盟）国际组织制定和维护。如果需要了解更多情况，可访问 W3C 的官方网站：https://www.w3.org。

三、创建和测试网页

HTML 文件的实质是纯文本文件，可以用任何纯文本编辑器进行编辑。通常，可以使用 Windows 系统中的记事本程序对 HTML 文件进行编辑。另外，Windows 系统中一般都捆绑了 Internet Explorer，用户在 Windows 系统中还可以对网页进行简单的测试。

（一）创建Web页

使用Windows系统中的"记事本"可以创建Web页。

(1)单击"开始"按钮,选择"所有程序"—"附件"—"记事本"命令。

(2)在"记事本"窗口中输入HTML代码。

(3)代码输入结束后,选择"文件"菜单中的"保存"或"另存为"命令。

(4)在"文件名"下拉列表框中输入网页的名称,注意网页名称必须以.htm或.html为扩展名。

网页的文件名中最好只包含英文字母、数字和下划线字符。在中文操作系统中,也可以使用中文字符作为文件名,但不要包括诸如引号之类的特殊字符。

(5)单击"保存"按钮,即创建了一个Web页。

（二）测试Web页

保存了Web页之后,该Web页文件左边有一个图标,表示可以由IE将其打开。找到刚创建的Web页并双击鼠标左键,可以自动启动IE浏览器,此时创建Web页中的内容将在浏览器中显示。

四、网页制作工具

（一）网页编辑工具

除使用像"记事本"这样的纯文本编辑器直接进行HTML代码编辑,在网页制作时还可以使用两类软件工具来提高效率。

第一类工具是"HTML编辑器",它能简化HTML代码编辑工作,主要适用于手工编写HTML代码的场合。常见的"HTML编辑器"包括Homesite、HotDog Pro、BBEdit(用于Macintosh)等。

第二类工具是"所见即所得的网页编辑器",它能把HTML代码编辑工作用可视化的方式呈现出来,这是目前应用较广泛的一种网页制作工具。较常见的此类工具包括Dreamweaver、WebStorm、VS Code和FrontPage等。

（二）网页制作辅助工具

根据日常浏览网页的经验可以知道,要显示一个网页,光有HTML代码是不够的。我们一般看到的网页中还包括各种多媒体内容,如图片、Flash动画等,这些内容在网页中是用HTML代码引用来的,它们对应实际的文件,如.jpg表示的图片文件、.swf表示的Flash动画。在网页制作过程中,这些多媒体内容有时被称为素材,它们是网站的重要组成部分。

素材处理与创作工具可以简单地分为四类:图像浏览与处理软件、矢量图创作工具、多媒体制作工具和特效制作工具。

常用的图像浏览工具是 ACDSee，它能帮助用户快速查看图像效果。常用的处理软件包括 Photoshop、Fireworks，这些软件能对位图图像进行处理和加工，使图像更适合网页使用。

常用的矢量图制作工具有 FreeHand、Illustrator 和 CorelDRAW，这些软件能够绘制和处理矢量图，如直接用绘图笔或鼠标创作漫画等。

常见的多媒体制作工具包括 Flash、Director 和 Authorware 等，这些软件能够创作各种多媒体对象，如使用 Flash 制作多媒体广告；使用 Authorware 制作多媒体学习课件等。

知识活页

特效制作工具覆盖范围广泛，各种用于制作文字特效、图像特效和应用程序特效的软件都属于此类。很多特效都可以用于网页，有利于增强网页的视觉效果或增加网页的功能。常用的特效制作软件有 Java 特效工具 Anfy，以及三维特效工具 Cool 3D 等。

任务三　HTML 语法

📎 任务描述

学生要了解网站前端语言；掌握 HTML 网页结构；实际体会同程旅游网站的 HTML 结构；能够编写简单的 HTML 文档。

HTML 是网络的通用语言，它允许设计者建立文本与图像结合的复杂页面，这些页面可以被网络上的任何人浏览，无论他们使用的是什么类型的电脑或浏览器。HTML 作为一种网页编辑语言，易懂易学，能制作出精美的网页效果，其他的专用网页编辑器（如 FrontPage、Dreamweaver）都是以 HTML 为基础的。

一、网站前端

网站开发分为前端（客户端）和后端（服务器端）两部分。网站开发后端更多的是与数据库进行交互，以处理相应的业务逻辑，需要考虑的是如何实现功能、数据的存取，以及平台的稳定性等。至于前端，这里泛指 Web 前端，也就是在 Web 应用中用户可以看得见、碰得着的东西，包括 Web 页面的结构、Web 的外观视觉表现，以及 Web 层面的交互实现等，前端主要负责实现视觉和交互效果，以及与服务器的通信，完成业务逻辑。前端的核心价值在于实现用户体验。大型互联网公司的用户体验部门，一般包括用户研究、交互设计、前端技术和视觉设计等方面。那么，Web网站前端开发需要掌握哪些语言呢？

作为一名网站前端开发者，以下知识是不可或缺的。

（一）HTML（hypertext markup language，超文本标记语言）

HTML是网站开发中比较简单、比较基础，而且几乎是所有的开发者都必须学习的内容。学习HTML必须熟练掌握div、form、table、li、p、span、font等标签，这些都是较为常用的，尤其是div和table。

（二）CSS（cascading style sheet，层叠样式表）

CSS主要用于辅助HTML布局和展示，被称为"CSS样式"。学习CSS要掌握的内容主要包括float、position、width、height、overflow、margin、padding等，这些都是与布局有关的样式。不管用什么软件工具制作网页，其实都是在有意或无意地使用CSS。用好CSS能使网页更加简练，有的人做出来的网页有几十KB，而有的人做出来的只有十几KB，CSS在其中的作用是不言而喻的。

（三）JS（JavaScript）

JS作为一种直译式脚本语言，是一种动态类型、弱类型，也是基于原型的语言，是一种内置支持类型。JS的解释器被称为JavaScript引擎，是浏览器的一部分。JS是广泛用于客户端的脚本语言，最早应用于HTML网页，用来给HTML网页增加动态效果。

（四）jQuery

jQuery是JavaScript（JS）的框架，其目的是使操作更方便，代码写得更少，它支持JS的常规操作以及一些扩展，如图形等。jQuery入门简单，但其功能十分强大。

（五）CSS3+HTML5

CSS3+HTML5是最近比较流行的内容。HTML5在原有的基础上新增和移除了一些元素，提供了对表单的强大支持。它并非仅用来表示Web内容，它的新使命是将Web带入一个成熟的应用平台，在HTML5平台上，视频、音频、图像、动画，以及同电脑的交互都将被标准化。对Web开发者来说，CSS3不只是新的技术，更是这些全新概念给Web应用带来的更多可能性，极大地提高了开发者的开发效率。开发者将不必再依赖图片或者JavaScript去完成圆角、多背景、用户自定义字体、3D动画、渐变、盒阴影、文字阴影、透明度等的操作，提高了Web的设计质量。

（六）后台语言

作为一名前端开发者不仅需要掌握上面讲的有关前端的知识，还必须懂一点后台语言，比如Java、PHP等。因为前端界面的数据几乎都是从后端来的，必须知道怎么跟后台交互数据，这样不仅能节约时间，还能让前端代码更规范，为后端开发者减少一些麻烦。否则，可能造成前端的写法和后端的数据不能对接，导致前端代码必须重新编写等问题。

二、HTML语法

HTML语法由标签（Tag）和属性（Attribute）组成。标签又称标记符，是影响网页内容显示格式的标签集合，浏览器主要根据标签来决定网页的实际显示效果。在HTML中，所有的标签都用尖括号括起来。

（一）标签

1.HTML标签的结构形态

（1）<标签>内容</标签>。

标签的作用范围从<标签>到</标签>结束。

（2）<标签 属性＝参数>内容</标签>。

属性表示标签的一些附加信息，一个标签可含有多个属性，各个属性之间没有先后顺序。

（3）<标签>。

标签单独出现，只有开始标签而没有结束标签，称为"空标签"。

2.分类

（1）单标签。

单标签的形式为<标签 属性＝参数>，较常见的如强制换行标签
、水平线标签<HR>。

（2）双标签。

双标签的形式为<标签 属性＝参数>内容</标签>，如定义"旅游"两字大小为5号，颜色为红色的标签为<font size="5" color="red ">旅游</font>。

需要说明的是，在HTML语言中大多数是双标签的形式。

（二）标签的属性

大部分标签还包括一些属性，以便对标签所作用的内容进行更详细的控制。在HTML中，所有的属性都放置在开始标签的尖括号里，属性与标签之间用空格分隔。属性值放在相应属性的后面，用等号分隔，并且一般用双引号（双引号必须成对出现）。多个属性之间用空格分隔。

<font size="1" color="green">本行字将以较小绿色字体显示</font>

三、HTML 文档的基本结构

实际上,一个网页对应一个 HTML 文件,通常以 .html 或 .htm 为扩展名。HTML 的基本结构如下。

```
<!DOCTYPE html>
<html>
<head>
<meta charset="utf-8">
<title>旅游网站</title>
    <meta name="keywords" content="旅游,电子商务">
    <meta name="description" content="中国的文旅门户,也是专业权威的旅游媒体平台,向公众展示旅游信息的平台,向广大旅游朋友提供旅游相关信息资讯、产品等信息">
</head>
  <body>
导游能力包括设计和策划能力、语言能力、才艺能力三种。一是设计和策划能力,即在未来的发展中,导游不仅要讲解景点,还要根据游客的具体需求,设计出符合游客需求的产品,并增强服务意识。二是语言能力,包括中、英、日、韩等语言的表达能力,也包括沟通能力,且沟通能力更为重要。三是才艺能力,因为游客在旅途中有大量的剩余时间,导游有义务也有责任将剩余时间变为娱乐时间。
  </body>
</html>
```

HTML 文档由 html、head 和 body 三大元素构成。

<html>是最外层的元素,表示文档的开始,浏览器从<html>开始解释。

<head>是 HTML 文件头部标签,即文档头。包含对文档基本信息(包含文档标题、文档搜索关键字、文档生成器等属性)描述的标记。

<body>位于头部下面,用于定义 HTML 文档的主体部分,包含对网页元素(文本、表格、图片、动画和链接等)描述的标记。

<!DOCTYPE html>doc(document 文档)、type(类型)、单标签、声明文档类型,其作用是当浏览器打开的时候,告诉浏览器这是一个什么文件。

(一) html 标签

<html>和</html>是网页的第一个和最后一个标签,网页的其他内容都位于这两个标签之间,这两个标签告诉浏览器或其他阅读该页的程序,此文件是一个网页文件。

虽然 HTML 文件的开始和结束标签都可以省略(因为 .html 或 .htm 为扩展名已经告诉浏览器该文件为 HTML 文件),但为了保持完整的网页结构,建议不省略这两个

标签。另外,HTML标签通常不包含任何属性。

(二)头部标签

\<head>\</head>头部标签,位于网页开头,一般不被客户端看到,不包括网页的任何实际内容,只提供一些与网页有关的特定信息。

1. 标题标签 title

\<title>\</title>给搜索引擎提供一个标题,相当于一个关键字。

```
<head>
    <title>旅游网站</title>
</head>
```

"旅游网站"显示在浏览器的标题栏。

2. 元信息标签 meta

\<meta>\</meta>标签是提供给搜索引擎的关于这个页面的信息,常用属性包括 name、content 等。其中,name 属性给出特征名;content 属性给出特征值。

```
<head>
    <meta name="keywords" content="旅游、旅游网、旅游线路、旅行自驾游、周边游、旅游网站、同程旅行">
    //说明当前网页中的关键词有旅游、旅游网、旅游线路、旅行自驾游、周边游、旅游网站、同程旅行。
    <meta name="description" content="同程旅行(LY.COM)是一家专业的一站式旅游预订平台,提供近万家景点门票、特价机票、出国旅游、周边游、自驾游及酒店预订服务">
    //对当前网页进行了描述。
</head>
```

此外,bgsound 标签用于指定网页的背景音乐。\<type>\</type>可以给 CSS 定义样式和声明\<script>\</script>中脚本的类型。

(三)正文标签

\<body>\</body>是网页的主体部分,网页的内容都写在里面,包括文本、图像、表单、音频、视频等其他内容。

四、文本格式

正文标签 body 内的文字是以无格式的方式进行显示的,只有当浏览器窗口显示不下时才自动换行。那么,如何对文字进行格式划分,应该使用哪些标签呢?

(一)段落标签 p 和换行标签 br

段落标签 p 用于将文档划分为段落,包括开始标签<p>和结束标签</p>,通常结束标签可以省略。换行标签 br 用于在文档中强行断行,它只有一个单独的标签
,没有结束标签。段落标签 p 和换行标签 br 的区别在于,段落标签 p 将文本划分为段落,换行标签 br 能在同一个段落中强行断行。

以下 HTML 代码显示了 p 和 br 的用法。

```
<html>
    <head>
    <title>p与br的用法</title>
    </head>
    <body>
    <p>第一段
    <p>第二段,用br控制符断行<br>仍然为第二段,但此行已经断开。
    <p>第三段,连用多个<p><p><p>不能产生多个空行的效果,但多个<br><br><br><br>可以产生多个空行效果。
    <p>此为最后一段
    </body>
</html>
```

段落标签 p 和换行标签 br 代码运行效果图如图 4-2 所示。

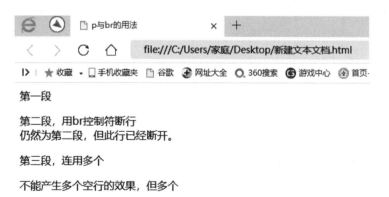

图 4-2　段落标签 p 和换行标签 br 代码运行效果图

可以看出,多个 p 标签不能产生多个空行,但多个 br 标签可以产生多个空行。因此,有时可以用 br 标签标记教学内容之间空白的设置。另外,如果要使用 p 标签设置空白,则应将空格作为段落的内容,即使用<p> (是表示空格的参考字符)。请试试效果如何。

(二) 水平线标签hr

水平线标签hr只有开始标签,没有结束标签,hr标签包括size、width、color等属性。

size属性,以像素或百分比表示。数值越大,线越粗,默认值是2。width属性,以像素或百分比表示,决定线的长度。以像素表示时,width是一个绝对值,线的长度不会随窗体大小的改变而改变。color属性,表示颜色。

以下HTML代码显示了水平线标签hr的用法。

```
<html>
    <head>
    <title>hr的用法</title>
    </head>
<body>
以下是默认水平线：<hr>
以下是粗为5像素的默认水平线：<hr size="5">
以下是长为100像素的默认水平线：<hr width="100">
以下是长度为屏幕宽度20%的水平线：<hr width="20%">
以下是红色的水平线：<hr color="red">
</body>
</html>
```

水平线标签hr代码运行效果图,如图4-3所示。

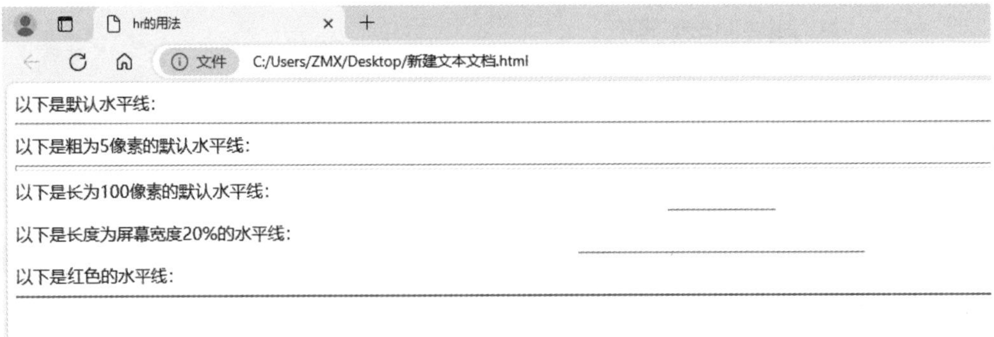

图4-3彩图

图4-3 水平线标签hr代码运行效果图

试试看,align用于设置对齐方式,常见取值包括right、left和center,可应用于p、hr和hn等多个标签,如<hr align="left">或<p align="center">。请试试效果如何。

(三)标题标签 hn

在 HTML 中,用户可以通过 hn 来标识文档中的标题和副标题,其中 n 是 1—6 的数字;<h1>表示最大的标题,<h6>表示最小的标题。使用时必须使用结束标签。

此处的标题对应的单词是 heading,表示文档内容的标题,它不同于 head 标签中的 title 标签(表示整个文档的标题)。

以下 HTML 代码显示了标题标签 hn 的用法。

```
<html>
<head>
<title>hn 的用法</title>
</head>
<body>
<h1>标题文字 1</h1>
<h2>标题文字 2</h2>
<h3>标题文字 3</h3>
<h4>标题文字 4</h4>
<h5>标题文字 5</h5>
<h6>标题文字 6</h6>
</body>
</html>
```

标题标签 hn 代码运行效果图,如图 4-4 所示。

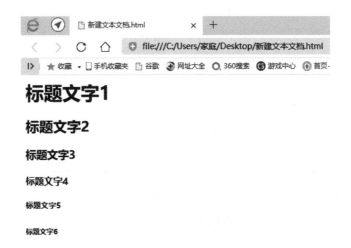

图 4-4　标题标签 hn 代码运行效果图

可以看出,浏览器在解释标题标签时,会自动改变文本的大小并将字体设置为黑体,同时自动将内容设置为一个段落。注意,搜索引擎也经常用标题来对文档进行搜索,因此不要使用标题标签来单独进行文字修饰,应该把它当作文档的标题。

(四)字体标签font

font标签控制字符的样式,包括开始标签<font>和结束标签</font>,结束标签不可省略。font标签有三个常用属性,即size、color和face。

size属于字号属性,字号属性的值为1—7,3是默认值,值越大显示的文字越大。

color控制文字的颜色,属性值可以是颜色名称或十六进制值。

face指定字体的样式,也就是通常说的字体,常见的字体有宋体、楷体GB2312、Times New Roman等。

以下HTML代码显示了字体标签font的用法。

```
<html>
    <head>
    <title>font的用法</title>
    </head>
    <body>
<font size="7"  color="ff0000" face="黑体">在线旅游(Online Travel Agency),是旅游电子商务行业的专用词语,指旅游消费者通过网络向旅游服务提供商预订旅游产品或服务,并进行网上支付。</font>
    </body>
</html>
```

字体标签font代码运行效果图如图4-5所示。

图4-5彩图

图4-5 字体标签font代码运行效果图

注意:每个浏览器都有字体库,在网页中使用字体时,应采用较常见的字体,如果用到不常见的字体,应该在font的face属性中指定一个字体列表,以便在某些字体无法显示时,浏览器会尝试使用列表中的下一个字体,直到结束,如果找不到匹配字体,浏览器会使用默认字体,中文是宋体,英文是Times New Roman。

```
<font face="黑体,楷体GB2312,隶书">在线旅游(Online Travel Agency),是旅游电子商务行业的专业词语</font>
```

如果网页需要用某些特殊字体显示一定的视觉效果,最好的方式是用图形处理软件(如Photoshop或Fireworks)将该效果处理为图像,然后以图像的方式插入到网页中。

五、使用图像

(一)插入图像

使用img标签可以在网页中加入图像,img标签有两个基本属性,即src和alt,分别用于设置图像文件的位置和替换文本。

src指图像的位置,实际上就是图像的地址,图像一般为GIF文件(后缀为.gif)或JPEG文件(后缀为.jpg),如www.massz.edu.cn/tupian.jpg就是一个图片的地址,这个地址可以是绝对地址,也可以是相对地址。以下为简便起见,均将图片放置在网页所在目录,可以直接使用文件名指定(即使用相对路径)。

alt属性的作用很大,增加使用频率可以提高搜索引擎的收录率,因为搜索引擎是不能直接抓取图像内容的,而alt属性指定的替换文字就是对该图片的说明,搜索引擎认识这些替换文字。

alt属性最初是针对那些不能显示图像的情况而设计的,即一旦某一图像显示不出来,这些替换文字就可以起到一定的提示作用。

以下HTML代码显示了插入图像的方法。

```
<html>
    <head>
    <title>插入图像示范</title>
    </head>
    <body>
<p>我插入的图片</p>
<img src="校园.jpg"  alt="校园美景">
    </body>
</html>
```

(二)设置图像属性

1. 指定图像的宽和高

指定图像的宽和高分别为width和height属性,这两个属性用于控制网页中图像的宽度和高度,单位为像素或百分值。

以下HTML代码显示了设置图像属性的方法。

```
<html>
    <head>
```

```
<title>插入图像示范</title>
</head>
<body>
<p>
<img src="图片.jpg" alt="校园美景" height="200" width="200">
</body>
</html>
```

2.图像的对齐

(1)图像在页面中对齐。

图像在页面中对齐与文本对齐类似,可以使用 p 标签将 img 标签括起来,然后使用 align 属性值 left、center、right。

以下 HTML 代码显示了图像在页面中对齐的方法。

```
<html>
    <head>
    <title>页面中对齐</title>
    </head>
    <body>
        <p align="right">
        <img src="图片1.jpg"  alt="校园美景">
    </p>
    </body>
</html>
```

(2)图像与周围内容垂直对齐。

图像与周围内容垂直对齐使用的是 align 属性值中的 top(图像与周围内容顶部对齐)、middle 或 absmiddle(图像与周围内容中部对齐)、bottom(图像与周围内容底部对齐,此为默认值)。

以下 HTML 代码显示了图像与周围内容垂直对齐的方法。

```
<html>
    <head>
    <title>文本与图像垂直对齐</title>
    </head>
    <body>
        <p align="right">此图像与文本<img src="图片1.jpg" align="top">顶部对齐</p>
        <p align="center">此图像与文本<img src="图片2.jpg" align="middle">
```

中部对齐</p>
            <p align="right">此图像与文本<img src="图片3.jpg" align="bottom">底部对齐</p>
        </body>
</html>
```

(3)图文混排时的对齐。

如果要在图像的左、右环绕文本,使用align属性值left和right。left图像居左,文本在图像右侧;right相反。

以下HTML代码显示了图文混排时对齐的方法。

```
<html>
    <head>
        <title>文本与图像的环绕</title>
    </head>
    <body>
        <p><img src="图片1.jpg" align="left">导游资格证书简称"导游证",通过国家导游资格证考试后方可获得,是持证人已依法进行中华人民共和国导游注册、能够从事导游活动的法定证件。2016年1月,国家旅游局通知,导游资格证终身有效,导游证全国通用。</p>
        <p><img src="图片2.jpg" align="right">报名参加初级资格考试的人员,应具备下列条件:具备良好的职业道德品质;认真执行《中华人民共和国会计法》和国家统一的会计制度,以及有关财经法律、法规、规章制度,无严重违反财经纪律的行为;履行岗位职责,热爱本职工作;具备国家教育部门认可的高中毕业(含高中、中专、职高和技校)及以上学历。初级会计证考试设《经济法基础》《初级会计实务》两个科目。</p>
    </body>
</html>
```

六、使用多媒体

object标签用于向页面添加多媒体对象,包括Flash、音频、视频等。语法为<object data="资源地址"></object>。

以下HTML代码显示了object标签的用法。

```
<html>
<head>
    <title>object标签用法</title>
</head>
<body>
    <object width="250" height="250" data="http://www.massz.edu.cn/tupian.mp3">
```
```

```
</object>
</body>
</html>
```

align用于设置对齐方式,常见取值包括right、left和center,也可应用于object标签。请试试效果如何?

七、创建超链接

A标签用于创建超链接,结束标签</A>不能省略,其基本的属性是href,用于指定超链接的目标,在<A>和</A>之间可以用任何可单击的对象作为超链接的源,如文字或图像。常见的超链接指向其他页面的超链接。如果超链接的网页位于同一站点,使用相对URL;如果不是,使用绝对URL。

鼠标指针移动到网页中的链接上时,箭头会变为手形。超链接默认时显示为蓝色、有下划线;访问过的超链接显示为紫色并带有下划线;点击超链接时,超链接显示为红色并带有下划线。

以下HTML代码显示了创建超链接的方法。

```
<html>
<head>
    <title>创建超链接</title>
</head>
<body>
  <p>这是一个超链接<A href="http://www.massz.edu.cn"> 超链接</A></p>
  <p>欢迎访问<A href="https://www.ly.com">同程旅行</A></p>
</body>
</html>
```

align用于设置对齐方式,取值包括right、left和center。请试试效果如何。

任务四 常用网页制作工具

任务描述

学生要了解网页制作软件;掌握常用软件使用技巧。

网页"三剑客"是一套强大的网页编辑工具,最初是由美国的Macromedia公司开发出来的,由Dreamweaver、Fireworks、Flash三个软件组成。

Dreamweaver是一个"所见即所得"的可视化网页开发工具,主要用于动态网页和静态网页的开发;Fireworks主要用于对网页上常用的jpg、gif的制作和处理,也可用于网页布局;Flash主要用来制作动画。

一、了解"三剑客"

Dreamweaver、Fireworks、Flash之所以被称为"三剑客",很大一部分原因是这三个软件能无缝合作。制作网页时,通常由Fireworks导出切片、图片等,然后再在Dreamweaver中绘制表格,最后用Flash来制作动画。三者密切配合能制作出完美的页面。

二、Dreamweaver

Dreamweaver是美国Macromedia公司(已被Adobe公司收购,成为Adobe Dreamweaver)开发的集网页制作和管理于一体的"所见即所得"的网页编辑器。Dreamweaver是第一套为专业网页设计师特别设计的视觉化网页开发工具,使用它可以轻而易举地制作出跨越平台和浏览器的动感网页。

随着互联网的发展,以及HTML技术的不断完善,众多网页编辑器应运而生。从网页编辑器的基本特征来看,我们可以将其分为"所见即所得"的网页编辑器和"非所见即所得"的网页编辑器(原始代码编辑器)。"所见即所得"的网页编辑器的优点是直观、方便、易上手,在"所见即所得"的网页编辑器上进行网页制作和在Word上进行文本编辑没有区别,但"所见即所得"的网页编辑器也存在致命的弱点。

三、Dreamweaver的优缺点

(一) 优点

Dreamweaver具有较佳的制作效率。Dreamweaver可以用较快的速度将Fireworks、FreeHand或Photoshop等的档案移至网页上。设计者可使用吸管工具选择荧幕上的颜色,并将其设定为网页安全色。对于选单、快捷键与格式控制,都只要一个简单的步骤便可完成。Dreamweaver能与诸多设计工具,如Shockwave等搭配,无须离开Dremweaver便可完成,整体运用自然顺畅。

Dreamweaver具有网站管理功能。网站地图可以快速制作网站雏形,并设计、更新和重组网页。改变网页位置或档案名称,Dreamweaver会自动更新所有链接。使用支援文字、HTML码、HTML属性标签和一般语法的搜寻及置换功能使得复杂的网

站更新变得迅速又简单。

Dreamweaver具有控制功能。Dreamweaver能够提供Roundtrip HTML、视觉化编辑与原始码编辑同步的设计工具,包括Homesite和BBEdit等主流文字编辑器。"所见即所得"的Dreamweaver成功整合了动态视觉编辑及电子商务功能,能够给予Third-party厂商,包括ASP、Apache、BroadVision、ColdFusion与自行发展的应用软件超强的支援能力。Dreamweaver具有"所见即所得"的功能,即用Dreamweaver设计动态网页时,设计者不需要透过浏览器就能预览网页。

（二）缺点

Dreamweaver难以精确达到与浏览器完全一致的显示效果。也就是说,在"所见即所得"的网页编辑器中制作的网页放到浏览器中是很难完全达到理想效果的,在结构复杂的网页（如分帧结构、动态网页结构等）中尤其明显。

页面原始代码是难以控制的,如在"所见即所得"的编辑器中制作一张表格要几分钟,但要它完全符合要求可能需要几十分钟,甚至更长时间。相对而言,"非所见即所得"的网页编辑器,就不存在这个问题。如何实现两者的完美结合,既产生干净、准确的HTML代码,又具备"所见即所得"的高效率与直观性,一直是网页设计师的梦想。

教学互动

项目小结

旅游电子商务网站通常称为门户站点或者站点,是旅游企业为合作伙伴、用户等提供的访问企业内部资源的平台。旅游电子商务网站是众多网页的有机集合体,网页是旅游电子商务的基础,网页技术较常见的语言是HTML语言。

在线答题

能力训练

使用Dreamweaver设计简单的旅游网站,并阐述网页设计时的具体要求。

项目五
旅游电子商务网络营销

思维导图

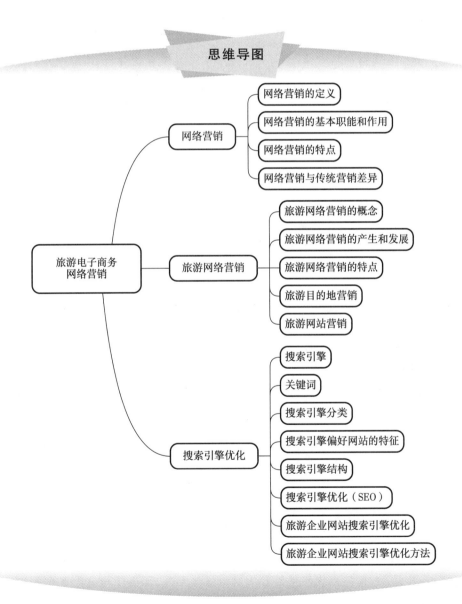

项目描述

本项目有三个任务:任务一是网络营销,阐述了网络营销的特点及网络营销与传统营销的差异;任务二是旅游网络营销,介绍了旅游网络营销的特点,以及旅游目的地营销、旅游网站营销的相关内容;任务三是搜索引擎优化,阐述了搜索引擎的发展、结构和优化。

知识目标

让学生了解网络营销;了解网络营销与传统营销的异同;理解中外旅游网络营销发展的异同;掌握旅游目的地营销和旅游营销中的关键词。

技能目标

学生要实际体验新媒体营销;体验文旅部门对旅游目的地的推介;学会搜索引擎优化;学会选择旅游营销中的关键词。

素养目标

学生要意识到树立良好的网络经营意识和网络营销职业道德及社会责任的重要性,具有经世济民、诚信服务、德法兼修的职业素养;乡村旅游新媒体营销要带动"三农"发展,助力乡村振兴,帮助学生树立社会主义核心价值观,培养学生热爱祖国、热爱家乡的情怀;在搜索引擎优化中,学生能够正确选择并提取红色关键词,这样有利于培养学生的家国情怀。

项目引入

中文的"新媒体"一词是英文"New Media"的直接翻译。新媒体是相对报刊、广播、电视等传统媒体而言的新的媒体形态,涵盖了所有数字化的媒体形式。简单来说,新媒体是由传统媒体结合了互联网这个新技术演变而来的,如微信、微博、贴吧等社交平台,哔哩哔哩、快手、抖音等视频平台,BBS、新浪论坛、天涯等社区平台,今日头条、一点资讯等新闻客户端都属于新媒体范畴。

新媒体是一个不断变化的概念。随着网络技术和通信技术的发展,新媒体的内涵和外延也会不断更新。

新媒体营销是根据企业营销策略,进行相应的内容制作,再通过付费或免费的方式在新媒体平台上投放,使其在目标用户中曝光,从而达到企业营销的目的。

(资料来源:依据网络资料整理所得。)

点评:从传统营销到新媒体营销,营销从线下转到线上,营销场景的变化吸引了目标群体,能够为企业产品的销售奠定良好的基础。

慎思笃行

中国高科技企业

2000年,李彦宏和徐勇创建了百度网站(https://www.baidu.com),使中国成为美国、俄罗斯和韩国之外,全球仅有的四个拥有搜索引擎核心技术的国家之一。现在,百度已成为全球较大的中文搜索引擎,每天响应来自100余个国家和地区的数十亿次搜索请求,是网民获取中文信息和服务的主要入口,服务10亿互联网用户。

目前,百度还是拥有强大互联网基础的领先AI公司,是全球为数不多的提供AI芯片、软件架构和应用程序等全线AI技术的公司之一,被国际机构评为全球四大AI公司之一。百度以"用科技让复杂的世界更简单"为使命,坚持技术创新,致力于"成为最懂用户,并能帮助人们成长的全球顶级高科技公司"。

基于搜索引擎,百度演化出语音、图像、知识图谱、自然语言处理等人工智能技术;在深度学习、对话式人工智能操作系统、自动驾驶、AI芯片等前沿领域投资,百度成为一个拥有强大互联网基础的领先AI公司。

此外,字节跳动、中芯国际、上海微电子、华为、大疆创新等中国的高科技企业都在飞速发展。

(资料来源:依据网络资料整理所得。)

知行合一

任务一 网络营销

任务描述

学生要了解网络营销的定义、基本职能和作用;了解网络营销的特点,以及网络营销和传统营销的异同;实际体验"网络营销"。

一、网络营销的定义

国际互联网(Internet),指的是网络与网络串联形成的庞大网络,这些网络以一组通用的协议相连,形成逻辑上的巨大国际网络。国际互联网始于1969年美国的阿帕网。国际互联网不完全等同于万维网,万维网是基于超文本链接形成的全球性系统,是互联网能够提供的服务之一。

网络营销产生于20世纪90年代,是随着互联网进入商业应用而产生的,尤其是万维网(WWW)、电子邮件(E-mail)、搜索引擎、社交软件等得到广泛应用之后,网络营销的价值越来越明显。

网络营销的英文表达多种多样,如E-marketing、Online marketing、Internet marketing、Net marketing、Web marketing、Cyber marketing等。

网络营销没有权威的、统一的定义。可以这样理解,网络营销是以互联网为基础,连接企业、用户及公众,向用户及公众传递有价值的信息和服务,为实现顾客价值及企业营销目标所进行的规划、实施及运营管理等活动。

常见的网络营销方法有搜索引擎优化(SEO)、搜索引擎营销(SEM)、电子邮件营销、BBS营销、博客营销、微博营销、视频营销、即时通信营销(IM营销)、软文营销、微信营销等。

进行网络营销应注意以下五点。

(一)网络营销不是孤立存在的

网络营销是企业整体营销战略的组成部分,在很多情况下,网络营销理论是传统营销理论在互联网环境中的应用和发展。对于不同的企业,网络营销所处的地位不同,经营网络服务和产品的企业,如OTA,更加重视网络营销,而在传统企业中,网络营销处于辅助地位。在企业的营销实践中,网络营销和传统营销并存。

（二）网络营销不等同于网上销售

网络营销是为实现产品销售、提升品牌形象而进行的活动，网上销售是网络营销发展到一定阶段的产物。因此，网络营销不等同于网上销售。网络营销是进行产品或者品牌的深度曝光。

（三）网络营销不等同于电子商务

网络营销和电子商务是一对既紧密相连又有明显区别的概念，很容易混淆。电子商务的内涵广泛，包括交易、管理、服务，其核心是电子化交易。网络营销的定义已经表明，网络营销是企业整体战略的组成部分，网络营销本身并不是一个完整的商业交易过程，而是为促成电子化交易提供支持。因此，网络营销是电子商务中的一个重要环节，尤其是在交易发生前，网络营销主要发挥信息传递作用。网上交易之后的商品配送，以及电子商务体系中涉及的安全、法律等问题并不是网络营销的内容。

（四）网络营销不应被称为"虚拟营销"

"On the Internet, nobody knows you're a dog"，这是一句广泛流传的话，最早出现在1993年的美国著名杂志《纽约客》（也译为《纽约人》）上，以此来说明互联网的虚拟性。一些文章喜欢用"虚拟营销"来描述网络营销，其实这是不合适的。一方面，因为所有的网络营销手段都是实实在在的，而且比传统营销更容易跟踪、了解消费者的行为，如借助网站访问统计软件，可以确切地知道网站的访问者来自哪里，浏览了哪些网页，来自什么IP，也可以知道企业发出的电子邮件有多少用户打开，有多少用户点击了其中的链接，甚至可以确切地知道下单用户的相关信息，使用专门的顾客服务工具，可以与用户进行实时交流。另一方面，尽管传统的商场顾客熙熙攘攘，但商场的经营者却只能了解顾客的大概特征。

那么互联网上出现的虚假信息和各种网络欺诈行为是不是因为网络的虚拟性而产生的呢？不是这样的。因为在网络营销诞生之前，各种商业欺诈行为就已经存在了。另外，在现实经济社会中，面对面交易也不能完全避免欺诈行为的产生。因此，欺诈问题并不是因为网络营销的虚拟性产生的。

（五）网络营销是对企业网上经营环境的营造

网上经营环境由网络服务环境、上网用户数量，以及供应商、销售商等相关行业的网络环境构成。网络环境为企业开展网络营销活动提供了潜在用户，是向用户传递营销信息、建立顾客关系、进行网上市场调研等各种营销活动的基础。企业网络营销受益于已经形成的网上运营环境。

企业的网络营销活动也是整个网络环境的组成部分，开展网络营销的过程，就是与这些环境因素建立关系的过程，这些关系发展好了，网络营销才能取得成效。如，网站推广常用的搜索引擎策略和网站链接策略的实施，就是和搜索引擎服务商以及

合作伙伴之间建立良好关系的过程,网站访问量的增长以及网上销售得以实现都是对网上经营环境进行营销的结果。企业网络营销是企业根据自己的网络营销目标主动构建的,适合自己的网上经营环境。

因此,可以说网络营销是对企业网上经营环境的营造过程,也就是企业综合利用各种网络营销手段、方法和条件并协调其间的相互关系,从而更加有效地实现企业的营销目标。

二、网络营销的基本职能和作用

网络营销具有很强的实践性,企业应充分认识国际互联网这种新的营销环境,利用互联网为企业营销活动提供有力支持,实现企业的营销目的(企业利润)。网络营销的基本职能和作用,很好地支撑了企业利润的增长。

(一)在线信息搜索

信息搜索功能是网络营销竞争能力的一种反映。在网络营销中,企业可以利用多种搜索方法,主动、积极地获取有用的信息并发现商机;可以主动进行价格比较;主动了解对手的竞争态势;主动通过搜索获取商业情报并进行决策与研究。搜索功能已经成为营销主体能动性的一种表现、一种提升网络经营能力的竞争手段。进行信息搜索,通常需要借助知名搜索引擎、大型门户网站、第三方商务网站、政府网站等获取相关信息。

随着信息搜索功能由单一化向集群化、智能化发展,以及向定向邮件搜索技术延伸,网络搜索的商业价值得到了进一步的扩展和发挥,寻找网上营销目标将成为一件易事。

网络的连通性,决定了网络营销的跨国性;网络的开放性,决定了网络营销市场的全球性。在此之前,任何一种营销理念和营销方式,都是在一定范围内寻找目标客户。网络营销,是在一种无国界的、开放的、全球的范围内寻找目标客户。

总之,在制定营销策略时,企业需要在线搜集信息,以便制定出来的营销策略科学、有效;在进行产品投放时,企业需要搜集目标客户(一般根据消费者的浏览痕迹和消费偏好记录搜集),进行精准投放。

(二)网络品牌

网络营销的重要任务之一是在互联网上建立并推广企业的品牌,知名企业的线下品牌可以在网上得到延伸,一般企业可以通过互联网快速树立品牌形象,并提升企业的整体形象。网络品牌建设是以企业网站建设为基础的,通过一系列的推广措施,达到顾客和公众对企业的认知和认可。在一定程度上,网络品牌的价值甚至高于通过网络获得的直接收益。

（三）网址（域名）推广

网址（域名）推广是网络营销的基本职能之一。几年前，有人甚至认为网络营销就是网址推广。相对于网络的其他功能，网址推广显得更为迫切和重要，网站所有功能的发挥都要以一定的访问量为基础。所以，网址推广是网络营销的核心。

（四）信息发布

网站是信息载体，通过网站发布信息是网络营销的主要方法之一。同时，信息发布也是网络营销的基本职能。也可以这样理解，无论哪种网络营销方式，结果都是将一定的信息传递给目标客户，包括顾客、潜在顾客、媒体、合作伙伴、竞争者等。

（五）销售促进

营销的基本目的是为增加销售提供帮助，网络营销也不例外。大部分网络营销方法都与直接或间接促进销售有关，促进销售并不仅限于促进线上销售。事实上，网络营销在很多情况下对促进线下销售也十分有价值。

（六）销售渠道

一个具备线上交易功能的企业网站，其本身就是一个线上交易场所。线上销售是企业销售渠道在线上的延伸。线上销售渠道建设不限于网站本身，还包括建立在综合电子商务平台上的线上商店，以及与其他电子商务网站的合作等。

（七）顾客服务

互联网提供了更加方便的在线顾客服务手段，从形式简单的FAQ（常见问题解答），到邮件列表，以及BBS、聊天室等各种即时信息服务，顾客服务质量对网络营销效果具有重要影响。

（八）顾客关系

良好的顾客关系是企业网络营销取得成效的必要条件。通过网站的交互性，企业在开展顾客服务的同时，还可以与顾客增进关系。

（九）网上调研

通过在线调查表或者电子邮件等方式，企业可以完成线上市场调研。相对传统市场调研而言，线上调研具有高效率、低成本的特点。因此，线上调研成为网络营销的主要职能之一，如携程要求对客服进行评价，即可以理解为简单的线上调研。

开展网络营销的意义在于充分发挥各种职能，让线上经营的整体效益最大化。因此，仅由于某些方面效果欠佳就否认网络营销的作用是不合适的。网络营销的职能是通过各种网络营销方法来实现的，网络营销的各个职能之间并非相互独立的，同一个职能可能需要多种网络营销方法的协同作用,而同一种网络营销方法也可能适用于多个网络营销职能。

三、网络营销的特点

(一) 跨时空性

由于互联网能够超越时间约束和空间限制进行信息交换,使得脱离时空限制达成交易成为可能,企业有了更多时间和更大空间进行营销,可每周7天,每天24小时随时随地地提供全球性营销服务,以达到占有更大市场份额的目的。

(二) 灵活性

用户可在互联网上设计、传输多种媒体信息,如文字、声音、图像等,使得信息交换能以多种方式进行,可以充分发挥网络营销人员的创造性和能动性。

(三) 交互性

通过互联网,企业可以展示商品目录,联结数据库提供有关商品信息的查询,与顾客实现双向沟通,及时收集市场信息,进行产品测试与消费者满意度调查等。交互性是企业进行产品设计、提供商品信息服务必不可少的特性。

(四) 个性化

互联网上的促销是"一对一"的、理性的、消费者主导的、非强迫性的、循序渐进的。因此,网络促销是一种低成本与个性化的促销,它不仅可以避免消费者受到推销员强势推销的干扰,而且通过信息提供与交互式交谈,企业可以与消费者建立长期的、良好的关系。

(五) 成长性

互联网使用者数量快速增长并遍布全球。另外,互联网使用者具有年轻化、受教育水平较高且购买力强、市场影响力大等特征,是极具开发潜力的目标群体。

(六) 整合性

一方面,互联网上的营销可由商品信息发布至收款、售后服务一气呵成,因此互联网营销是一种全程线上的营销模式。另一方面,企业可以借助互联网将不同的传播营销活动进行统一设计规划和协调实施,以期向消费者传达一致的信息,避免不同传播渠道传播内容的不一致对企业形象造成负面影响。企业可以以网络工具为基础,立足消费者需求,进行整合式营销,这样企业的营销优势能够最大限度地发挥出来,也可以提高企业的收益。

（七）超前性

互联网是一种功能强大的营销工具，它兼具渠道、促销、电子交易、顾客服务，以及市场信息分析等多种功能。互联网营销具备的"一对一"营销功能，符合定制营销和直复营销的未来发展趋势。

（八）高效性

计算机可储存大量的信息供消费者查询。计算机可传送的信息数量与精确度，远超其他传播工具，并能快速适应市场需求，及时更新产品或调整价格，同时也能帮助企业及时、有效地了解并满足消费者需求。

（九）经济性

通过互联网进行信息交换，代替了以前的实物交换方式。一方面，可以降低印刷与邮递成本，实现无店面销售，免交租金，节约水电与人工成本；另一方面，可以减少多次实物交换带来的物品损耗。

（十）技术性

网络营销是建立在以高新技术为支撑的互联网络基础上的，企业实施网络营销必须有一定的技术投入和技术支持。也就是说，企业需要改变传统的组织形态，提升信息管理部门的能力，引进懂营销与电脑技术的复合型人才，只有这样企业才能在未来市场竞争中占据优势。

四、网络营销与传统营销的差异

网络营销作为一种全新的营销方式，其发展速度是前所未有的。网络营销将会对整个营销体系产生巨大影响。

（一）对传统营销策略的影响

传统营销依赖层层严密的销售渠道，以大量人力与广告投放为主，这在网络时代是"奢侈品"。未来，人员推销、市场调查、广告促销、经销代理等传统营销手段，将与网络结合，充分运用网络上的各项资源，形成以较低成本投入，获得较大销售量的新型营销模式。

1. 对传统标准化产品的冲击

当今的市场正在由卖方市场向买方市场转变。消费者主导的营销时代已经来临。通过互联网，企业可以在全球范围内进行市场调研，可迅速获得消费者需求和消费者对产品的反馈信息。极端情况下，企业可以针对每个消费者的个性化需求提供产品。同时，消费者可以根据自己的个性特点和需求，不受地域限制地在全球范围内寻找满意的产品或服务，并获取有关产品的信息，自行设计（修改）产品，使购物更显个性。小众产品(销售量较低的产品)将显示出长尾效应。

2.对定价策略的影响

网络营销将会有力冲击传统营销中的企业定价原则和方法,使企业利用市场封闭性进行的高价销售优势不复存在。价格透明,企业主导的定价优势将发生改变,消费者将成为价格制定的主体。

相对于目前的各种媒体,先进的网络传播会使变化不定的且存在差异的价格水平趋于一致。具体表现在三方面:差异化定价策略受到挑战;缩小地区间的价格差异;缩小国家间的价格差异。

3.对传统营销渠道的冲击

通过互联网,生产商可与最终消费者进行直接联系,中间商的重要性会有所降低。

4.对传统广告障碍的消除

网络空间具有无限扩展性,企业在网络上投放广告可以较少地受到空间的限制;企业能根据访问者特性,如硬件平台、域名或访问时搜索的主题等方面有选择地投放广告,提高广告投放效率,这样能为企业创造便利的营销条件;企业可以根据其注册用户的购买行为快速地改变广告投放的内容。

(二)对传统营销方式的冲击

随着网络技术迅速向宽带化、智能化、个人化方向发展,用户可以在更广阔的领域实现声音、图像、文字一体化的多维信息的共享和人机互动。"个人化"把"服务到家庭"推向了"服务到个人"。这种发展将使传统营销方式发生革命性变化,结果可能导致大众市场的逐步终结并逐步体现市场的个性化,最终会以每一位用户的需求来组织生产和销售。

借助文字和图片的传统营销将向声音、视频、3D展示、文字、图片等立体式营销发展。

(三)对营销组织的影响

互联网带动企业内部网的蓬勃发展,使得企业内外部沟通与经营管理均需要依赖网络这一主要渠道。网络营销带来的影响包括业务人员与直销人员的减少、组织层次减少、经销代理与分店门市数量减少、渠道缩短,以及虚拟经销商、虚拟门市、虚拟部门等企业内外部虚拟组织盛行。这些影响与变化,将促使企业对于组织再造工程(Reengineering)的需要变得更加迫切。企业内部网的兴起,改变了企业内部作业方式及员工学习成长方式,个人工作者的独立性与专业性将进一步提升。因此,未来,个人工作室、在家上班、弹性工作制、委托外包、分享业务资源等行为将会流行开来,这也将推动企业组织的重构与再造。

网络企业的组织会越来越扁平化。

（四）网络营销与传统营销的整合

网络营销作为新的营销理念和策略，凭借国际互联网特性对传统营销方式产生了巨大的冲击，但这并不等同于网络营销将完全取代传统营销。未来，网络营销与传统营销将走向整合，原因有以下四点。

一是，截至目前，电子商务市场仅是整个商品市场的一个组成部分。从电子商务市场的交易份额来看，电子商务市场仅占整个市场交易份额的一小部分。

二是，作为在网上新兴的虚拟市场，网络营销覆盖的消费群体也只是整个市场中的某一部分，其他群体由于各种原因还不能或者不愿意使用互联网，如各国的老年人和落后国家或地区的消费者，以及习惯一边购物一边休闲的消费者等。

三是，互联网作为一种有效的沟通平台，虽然可以使企业与消费者进行直接、方便的沟通，但有些消费者因个人偏好和习惯，仍愿意选择传统的沟通方式。如，目前许多报纸已经开通了电子版本，但对原来的印刷或出版业务冲击较小，还起到了相互促进的作用。

四是，营销活动面对的是有灵性的人，因此传统的以人为本的营销策略具有的独特的亲和力仍是网络营销无法取代的。随着网络技术的发展和网络社会的进步，国际互联网也将逐步弥补不足。因此，网络营销与传统营销将在相当长的一段时期内是一种相互促进、相互补充的关系。企业在进行营销时应根据企业的经营目标来进行市场细分，并恰当地整合网络营销和传统营销优势，以较低的成本获得较佳的营销目标。

任务二　旅游网络营销

任务描述

学生要了解旅游网络营销的含义；了解旅游网络营销的产生和发展；理解旅游网络营销的特点；掌握旅游目的地营销；熟悉旅游网站营销；体验文化和旅游部门对旅游目的地的推介；体验旅游网站的网络营销。

一、旅游网络营销的概念

人们试图用一些新的术语来概括市场营销在网络环境下出现的新变化,尽管可以笼统地称其为网络营销,但在理论研究与实践中,由于在内涵理解上的不一致,容易引起不必要的争论。尤其是旅游业,我国在应用相关信息技术方面与国外有着较大的差异,经常将"网络"与"因特网"不加区分地等同起来。

E-marketing:E指"电子",现代信息技术产品大多是电子产品。从广义角度看,E-marketing似乎可以包含一切电子营销方式,但目前一般指通过因特网的电子商务营销。

Online marketing:指借助联机网络的网上营销。联机网络在20世纪60年代出现,美国的许多酒店在20世纪70年代就通过联机网络的CRS中央预订系统来分销产品,此时因特网还未出现。

Internet marketing:强调的是以因特网为工具的市场营销,这是目前较流行的网络营销方式,许多专家和学者经常将因特网和网络混用。

Web marketing:强调通过因特网上的Web页面进行营销,也称网站营销,这是中国旅游业目前使用较多的营销方式。

Cyber marketing:指借助联机网络、无线网络、数字交互式媒体进行营销的营销方式。这种方式强调对无线数字通信(如手机、掌上电脑)、数字交互式媒体(如加装了机顶盒的交互式电视)的应用。目前,一些欧美国家(如芬兰)的旅游业已经运用了这种营销方式,这也是旅游网络营销的主要发展趋势。

Net marketing:Net的范围很广,可包括以上所有的概念。

旅游业还可基于ISDN(综合业务数字网)的GDS(全球分销系统)进行营销。ISDN是一种专门面向旅游中间商的专业网站,一般浏览者不能通过因特网直接访问,其通过铺设专线将旅游中间商与供应商连接起来。这种方式在欧美等发达国家运用较多,中国虽然也有相应的规划,但尚未完善。我国境内的部分外资酒店是通过国外的GDS来分销其产品的。

通过以上分析,"网络"一词的概念已经基本明晰,即网络可以囊括因特网出现前的联机网络和因特网(包括网站)、有线网络和无线网络、因特网和专业网、因特网和数字交互式媒体等。

因此,"旅游网络营销"可定义为旅游企业以电子信息技术为基础,以计算机网络为媒介和手段,树立旅游企业形象,实现双向交流,为满足消费者需求、开拓市场、增加盈利而进行的各种经营管理活动。一方面,网络营销要针对新兴线上市场,及时了解和把握线上市场的旅游消费者特征和旅游消费者行为模式的变化,为企业在网上市场开展营销活动提供可靠的数据分析和营销依据;另一方面,在线上市场开展营销活动,可以实现旅游企业的营销目标。

二、旅游网络营销的产生和发展

(一) 国外旅游网络营销的发展

旅游业应用计算机网络开展营销活动的历史可以追溯到20世纪70年代,旅游电子商务网络营销是随着计算机网络技术的发展而发展起来的。旅游电子商务网络营销大致可以划分为三个阶段:旅游企业集团内部的网络营销阶段;行业内部的网络营销阶段;因特网与GDS(Global Distribution System,GDS)结合的网络营销阶段。

1. 旅游企业集团内部的网络营销阶段

中央预订系统(Central Reservation System,CRS)主要是酒店集团为控制客源采用的本集团内部的电脑预订系统。最早的中央预订系统是1965年假日酒店及度假村(Holiday Inn Club,Inc)建立的假日电讯网(Holidex-Ⅰ)。发展至今,假日电讯网已拥有自己的专用卫星,顾客住在假日酒店及度假村里可随时预订世界上任何地方的酒店,并在几秒钟内得到确认。目前的Holidex-Ⅱ每天可以处理约7万件订单,仅次于美国政府的通信网,已成为世界上较大的民用计算机网,已被美国政府指定为紧急状态下的后备通信系统。美国喜来登集团(Sheraton)的CRS于1983年在中东设立第一家电脑预订中心办事处,为进一步扩大中东市场提供了条件。目前,喜来登的CRS办事处遍布全球。美国希尔顿集团(Hilton Hotel)的CRS每月约为15万位顾客提供预订服务。英国福特酒店集团(Forte Hotel)采用的是Forte-Ⅰ中央预订系统,其拥有酒店客房约97000间,集团率先在欧洲耗巨资完善CRS,推出了Forte-Ⅱ,使顾客可以随心所欲地预订集团在全球60多个国家的900多家不同档次酒店的客房。此外,还有法国雅高(Accor)的Prologin、华美达(Ramada)的Room Finer、环球的World Hotel和Resorts等。这些集团内部的CRS使集团酒店在控制客源方面一直处于领先地位,HMS(酒店信息管理系统)完全进入CRS时代。

2. 行业内部的网络营销阶段

1960年,美国赛博(Sabre)股份有限公司创立了GDS(Global Distribution System)全球分销预订系统,赛博是美国Airline Company的直属企业,至今已经有60多年历史。GDS包含Amadeus、Calileo/Apollo、Sabre、Worldspan四大系统。20世纪90年代,由于卫星通信和ISDN(综合业务数字网)的发展,GDS(全球预订系统)风靡全球。随着计算机技术的飞速进步,国际电脑联网更方便,信息费用更低,酒店传统经营方式发生巨大变化,GDS使中小型独立酒店和大型酒店集团站在了同一水平线上,GDS成为酒店盈利方式之一。因此,国际订房服务或酒店联网服务都在20世纪90年代形成热潮。

3. 因特网与GDS结合的网络营销阶段

随着因特网的逐渐普及，欧美的预订市场结构发生了很大变化。GDS虽然接入成本较高，但由于多年积累，应用者众多，业内地位依然不可取代。但是，网络预订的优势也是非常明显的，大型旅游电子商务网站（如https://www.travelocity.com）或全球化旅游企业集团网站（如https://www.hilton.com）提供的旅游产品多达三四万种，充分满足了消费者的多样化需求和比较选择的愿望。提供特色旅游产品或服务的小型旅游企业，小而精，专门服务小的细分市场，并在其所从事的领域成为"专家"。

旅游供应商电话预订、旅行社预订、网络预订呈现"三分天下"的格局，而且从发展趋势来看，旅游供应商电话预订与旅行社预订的市场份额逐渐下降，网络预订的市场份额逐渐上升。同时，一些旅游供应商开始希望摆脱GDS的控制，通过因特网来寻求更广阔的营销空间（如荷兰皇家航空公司试图通过因特网直接向终端用户出售飞机运输空间）。

面对来自Internet的挑战，以GDS为中心的中间商不得不做出改变，主要有两个方面：一是代理的产品类型更丰富，用户界面更清晰、更方便；二是寻求与Internet的合作。同时，GDS也面临三个方面的困难：一是原有系统适合快速处理较大的交易量，不适合处理来自终端用户的详细查询和零散预订，用户在预订前的多次查询将会导致GDS系统崩溃；二是必须开发新的更复杂的报价系统；三是以上两点又会导致GDS收取的使用费逐年增高，降低其对旅游供应商的吸引力。面对GDS佣金费率的逐年提高，旅游供应商的反应是减少对GDS的依赖。同时，互联网使旅游供应商能够更自由地拓展市场，不受地域限制地通过互联网直销产品。然而，包括行业中较大酒店集团在内的旅游供应商仍然认为其自身能力有限，不足以吸引大量的预订者，挤压中间商的做法往往得不偿失。短期内，旅游供应商很难扭转依赖传统旅游中间商的局面。无论是旅游供应商还是旅游中间商，都看到了通过因特网来分销产品的巨大盈利空间。因此，欧美出现了GDS和因特网融合的营销发展趋势。

（二）国内旅游网络营销的发展

国内旅游网络营销的发展同旅游电子商务网站的发展一样，可被分为三个阶段，具体如下所示。

1. 第一阶段：1999—2000年，风起云涌的旅游电子商务网站阶段

随着中国旅游资讯网（中国较早从事旅游电子商务的网站）对中国旅游界宣称其将从事旅游电子商务后，一股"旅游网站热"拉开了序幕。随后，携程旅行、华夏旅游、北京旅游网、逍遥网、西部旅游网等一大批旅游网站纷纷建立，都想在旅游电子商务这块"大蛋糕"中分得一块。虽然旅游电子商务在国外（尤其是美国）发展势头良好，但在2000年，当纳斯达克的股票指数一路狂跌时，众多旅游电子商务网站公司只能宣

告倒闭。

2. 第二阶段：2001—2003年，"金旅工程"阶段

有人认为当时中国旅游电子商务网站失败的原因有三：一是其发迹于IT行业的网络科技精英们不懂旅游的时期；二是中国的旅游业起步较晚，大多还停留在手工操作阶段；三是中国信息化水平整体较低，导致旅游电子商务这一新生事物在中国显得过于超前了。因此，中国旅游业发展面临的问题在于基础设施没有搭建起来，构建一个全国性的旅游信息平台刻不容缓。

2001年，国家旅游局牵头建设"金旅工程"。"金旅工程"是覆盖全国旅游部门的"国家—省—市—企业"四级的计算机网络系统工程。"金旅工程"由两部分组成：一是政府旅游管理电子化，利用现代化技术手段管理旅游业；二是利用网络技术发展旅游电子商务，与国际接轨。"金旅工程"可以提高旅游行业整体管理水平、运行效率，并且在改进业务流程、重组行业资源等方面提供强有力的技术支持。同时，目的地营销组织（DMO）能为世界旅游电子商务市场提供服务。"金旅工程"的具体内容可概括为"三网一库"，即内部办公网、管理业务网、公众商务网和公用数据库。"金旅工程"的目标是最大限度地整合国内外旅游信息资源，力争在3—5年，建设和完善政府系统办公自动化网络和面向旅游市场的电子商务系统（建立一个旅游电子商务的标准平台，建立行业标准，作为旅游电子商务应用环境与网上安全、支付手段的支撑，支持国内传统旅游企业向旅游电子企业转型，最终形成覆盖全国的完整的管理和商务网络）。

"金旅工程"的计算机网络应用基础结构，如图5-1所示。

图5-1 "金旅工程"的计算机网络应用基础结构

"金旅工程"的计算机网络应用基础结构主要由五部分组成。

一是国家信息基础结构。国家信息基础结构是网络营销应用的最底层，因为所有的商务活动都必须由构成国家信息基础结构（NII）的一个或多个沟通网络来传输。国家信息基础结构的设备种类包括摄像机、扫描设备、键盘、电话、传真机、计算机、电话交换机（Switches）、光盘、声像磁带、电缆、电线、卫星、光纤传输线、微波网、转换器、电视机、监视器、打印机等。很多国家，在NII各个部分之间，存在着以提高竞争力来

增强整体效率的趋势。

二是信息分配基础结构。信息分配基础结构由用于发送和接收信息的软件组成。它的目的是把信息从服务器传给客户。如,可以把一份用超文本标记语言(HTML)编写的文件从网络服务器端传送到客户端,信息可以是非格式化的,也可以是格式化的,电子数据交换(EDI)、E-mail和超文本传输协议(HTTP)等就是信息传送软件的实例。

三是电子出版基础结构。就内容而言,网络是电子出版基础结构最好的例子,它允许企业出版一系列文本和多媒体。该基础结构有三个关键的网络元素:一是统一资源定位符(URL),专门用来识别服务器;二是网络协议;三是HTML,即超文本标记语言。值得注意的是,电子出版基础结构还与一些由TCP/IP为NII层的互联网问题有关。

四是商务服务基础结构。商务服务基础结构的主要目标是支持公共商务过程。几乎每个商务活动都涉及收回出售商品和服务的货款问题。通过商务服务基础结构提供的保密措施和电子资金转移,可以保证传送信用卡信息的安全。另外,商务服务还包括用于加密和认证的工具。

五是商务应用。国家信息基础结构、信息分配基础结构、电子出版基础结构、商务服务基础结构,这一系列的基础结构都是服务于各种应用的,包括商务应用,网络营销就属于商务应用。

实质上,"金旅工程"要解决旅游电子政务和旅游电子商务两个问题。但问题是,这种全国性的大型项目需要各级地方政府与旅游企业通力合作。从国家旅游局的分阶段目标来看,国家确实非常急切地想实现该目标,但实际效果并不理想。

3. 第三阶段:2004年至今,冷静思索后的地区级"金旅工程"或旅游信息平台建设阶段

该阶段,单依靠国家旅游局来搭建全国性的旅游信息平台已经显得力不从心了。一些区域性的与国家"金旅工程"相配套的旅游信息平台显示了强大的生命力,如大连、海南、三亚等城市的"金旅工程"项目已经建成。并且通过了国家旅游局的验收。

三、旅游网络营销的特点

(一) 个性化

Internet不仅是一种新的销售渠道,还有利于网上销售"一对一"的个性化发展,这种发展趋势将改变大多数公司从事商务活动的方式。个性化营销是销售商根据过去的经验,使Web站点或E-mail宣传的产品更加适应用户需求的一种营销方式。个性化营销能够适应不同年龄和地区的人的不同爱好。在个性化营销中,销售商需要收

集有关用户的数据,目标是进行"一对一"销售。

个性化技术有两种:一种是共同筛选技术,它把用户的购物习惯、购物爱好与其他用户的购物习惯、购物爱好加以比较,以确定用户下次要购买什么;另一种是神经网络匹配技术,即一套模仿人的大脑的程序,其功能是识别复杂数据中的隐含模式,如产品和购物者的相关性等。与传统营销模式相比,网络营销使旅游企业能够迅速与每一位用户取得联系,还可以促成用户与旅游企业之间的交谈,从而使用户能够提出个性化的需求。到目前为止,少数Web站点运营商已采用这种网络营销服务方式。如果个性化服务在旅游网络营销中全面推行,将能开创旅游网络营销的新时代。

个性化营销并不是一帆风顺的,到目前为止,网络营销从上到下对个性化重要性的看法不一致。这是因为,个性化服务要求用户提供个人信息,有时需要填写冗长的表格,所以只有少数网民愿意这样做。更糟糕的是,在个人隐私方面个性化营销还会引发新的问题。为了摸清用户情况,Web网站经常监视披露用户各种事项的电子记录。出于安全考虑,美国政府制定严格限制使用个人详细信息的法规,而这些信息是企业为用户提供个性化产品所必需的。目前,有关个性化营销的未来设想仍然是不成熟和难以掌握的。针对用户个人推荐的产品与用户真实需求的产品相吻合还需要经历一个漫长的过程,因为个性化服务需要采用复杂的数学算法来匹配用户的兴趣和个性化需求。

对于许多旅游企业来说,网络营销能使产品和服务非常精确的个性化,其目的在于极大地增强现代旅游商务的针对性。旅游电子商务以用户管理者代替产品管理者,用户管理者的工作是针对每位用户的需求,精心为用户提供产品和服务。

Internet具有以个性化迅速赢得数以百万计的用户的能力,这种能力能够创造出以前不能快捷销售的产品。如,美国航空采用的博达·威森(Broda Vison)公司的"一对一"销售软件,提升了其服务质量。美国航空通过编制出发机场、航线、座舱和餐饮喜好,以及乘客自己和家人爱好的简介表的方式,可以有效提高订票效率。在学校放假的几周里,借助这些简介表,美国航空为孩子和父母提供了到迪士尼乐园的优惠机票,这是一种全新的销售方法。

(二)低成本

旅游网络营销给交易双方带来的经济利益上的好处是显而易见的,主要表现在以下三个方面。

1. 较低的店面租金成本

通常店面租金相当昂贵,特别是黄金地段,可以说寸土寸金,如果要自己盖店面,少则几万元多则上亿元的投资是必不可少的。网络营销仅需要一台网络服务器,或租用部分网络服务器空间即可。在电子技术、电子工具等高度发达的今天,购置一台网络服务器设备的费用,与实际租用一个店面的费用相比可以忽略不计。

2.较低的行销成本

网络营销具有极强的促销能力,经营者仅需负担较低的促销广告费用即可。而且,经营者可以利用服务器,动态展示多媒体化的产品信息,这样既可以主动发送,又可以随时接受需求者查询。

3.较低的结算成本

面向消费者的网络营销系统允许消费者在Internet上用信用卡、银联、支付宝、微信等方式付款,其重点在于实时结算,这对于消费者来说是非常方便的;对于商家而言,无须购买点钞机等设备,降低了结算成本。旅游电子商务代表了一种以网络为基础的新型商务模式。

(三)电子化

信息化的快速发展给传统市场营销带来了新的发展契机,网络营销的电子化特点尤其突出,主要表现在以下三个方面。

1.书写电子化、传递数据化

网络营销采用电子数据(无纸化贸易)、电子传递,使营销双方无论身在何处,均可与世界各地的商品生产商、销售商、消费者进行交流、预订、交易,实现快速、准确的双向式数据和信息交流。

2.经营规模少受场地限制

网络营销可以使经营者在网络店铺中"摆放"产品,且产品数量几乎不受限制,无论经营者有多强的产品经营能力,网络营销系统都可以满足其运营需求。而且,网络营销的经营方式也很灵活,经营者可以既是零售商,又是批发商。通过电子网络,经营者可以方便地在全世界采购、销售形形色色的产品。

3.支付手段高度电子化

为满足网络营销的发展需要,各银行金融机构、软件厂商纷纷提出了网络购物的货款支付方法,现已使用的形式主要有信用卡支付、智能卡支付、支付宝支付、微信支付等。

四、旅游目的地营销

(一)旅游目的地营销组织(DMO)

世界各国几乎所有的旅游目的地都设有旅游目的地管理机构(Destination Management Organization,DMO),并设有与政府旅游管理机构融于一体的或相对独立的旅游目的地营销组织(Destination Marketing Organization)。在中国,各级政府文旅部门都承担了相关职能。在此,我们统一简称其为DMO。

旅游目的地营销是区域性旅游组织通过市场细分,确定本旅游目的地产品的目标市场,并建立本地产品与目标市场间的关联系统,并保持或增加目的地产品所占市场份额的活动。

理解这一概念,需要注意以下三点。

一是旅游目的地的营销主体是区域性或跨区域性的旅游组织,不是一般的旅游企业。旅游目的地营销有别于单独的企业或部门的营销活动,旅游目的地营销是以区域性的旅游组织(或政府部门)为主体,在区域层面进行的一种新的营销方式。

二是旅游目的地营销的客体是旅游客源市场。旅游目的地通过产品开发和形象营造,来拓宽市场,并建立自己与市场的联系,提高自己的市场竞争力。

三是旅游目的地营销是树立目的地形象,确立区域旅游品牌的主要方式之一。旅游目的地营销体系是一个利益和目标一致,但又有相互分工的体系。旅游目的地组织的任务有两方面:一方面是塑造本区域独特的旅游形象;另一方面还要协调好本区域旅游企业和旅游产品的营销活动。因为一个良好的目的地形象也有赖于优势旅游产品的支撑和烘托。

DMO的目标是通过维持社会的、文化的、经济的和环境的基本准则来提高旅游目的地的旅游业绩。DMO必须平等地对待旅游目的地的所有旅游企业,但要给予当地的中小旅游企业一定的支持。

DMO有的属于政府机构,有的属于非政府机构,无论该组织属于哪一机构,它必须承担信息职能,主要有以下三方面:一是收集当地的、区域的旅游产品信息,使其在全世界范围内传播;二是为当地的旅游企业提供信息,让它们了解当前旅游业的发展趋势、旅游市场的形势和国内外的竞争情况等;三是面向消费者,DMO还有提供信息咨询的职责,即一个公正、可信的机构必须为消费者提供真实的旅游产品信息,以及一些建设性意见。

DMO最早在欧美等国兴起并发展。20世纪90年代以前,欧美等国的DMO主要通过各地的旅游咨询中心、旅游问询网络(以电话、信函为通信工具)、海外办事处等宣传旅游目的地的产品和形象。这一阶段,各国基本没有建立以计算机网络为中心的旅游营销系统,通常DMO每年或每半年组织编写一次旅游宣传资料。由于没有一体化的信息技术作为支撑,DMO提供的旅游产品或服务等信息只能尽量简单化,不能全面反映旅游产品或服务的种类和价格变化。

旅游业较早便开始提供预订服务了。早期的预订服务基本上以电话为主要工具,由于电话这种通信工具本身具有局限性,导致电话预订服务不能令消费者完全满意。

随着计算机网络技术的发展,DMO开始应用网络技术来建设功能齐全的旅游目的地信息系统,其一般模式如图5-2所示。

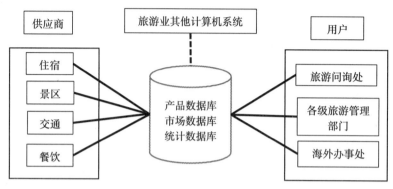

图5-2 旅游目的地信息系统

目前,世界各国基本建立了本国的旅游目的地信息系统,如丹麦、芬兰、新加坡、中国等。这些旅游目的地信息系统既有以国家为中心的,也有以主要旅游名胜地为中心的,我国的一些旅游大省(如海南省)也建立了以本地为中心的旅游目的地信息系统。随着因特网在世界范围的普及,旅游目的地信息系统迅速适应这一变化,各国的DMO纷纷在因特网上建立网站,因特网扩大了DMO的营销能力,也提高了其管理效率。

(二)旅游目的地营销的特点

1. 营销效果的不确定性

西方国家的有些学者称,旅游目的地营销为"地点营销",认为旅游目的地可被当作产品。逻辑上,旅游目的地是由游客体验组成的复杂活动的消费地点,并最终由地点机构进行销售。旅游目的地营销与物质产品营销有着明显的区别。在一般的物质产品营销中,产品实体可直接到达消费者手中,消费者对产品的满意度也主要受物质产品本身属性的影响,营销主体容易被控制。

在旅游目的地营销中,旅游消费要求旅游做出空间位移,消费者在出游前对旅游目的地信息的收集是不完整的,消费者满意度受到旅游行程等多个环节、多个因素的影响,营销主体往往难以被完全控制。同时,旅游"六要素"的整体特点也决定了消费者拥有较大的消费弹性。因此,旅游目的地的营销效果往往具有不确定性。

2. 营销内容的宏观性、综合性

营销内容的宏观性、综合性是目的地营销与单个旅游企业营销的区别。目的地营销作为发生在区域层面的营销活动,在内容上主要从宏观层面和综合角度宣传旅游目的地,不可能对本区域众多具体旅游企业的单项产品进行详细介绍,区域总体旅游形象、总体旅游产品(主要景区景点)才是旅游目的地营销的重点。单个旅游企业营销的重点是本企业的旅游产品,如具体线路、景区、各项服务等。单个旅游企业营销以宣传本企业为主,关心的是旅游企业的销售量、营业收入等单个旅游企业营销局限于微观层面,虽然不少企业也顺便宣传所在地的其他景区景点,但毕竟是不完整的。

3. 营销目标的长久性

"只有永远的地区,没有永远的企业"。与一般旅游企业相比,旅游目的地营销目标具有长久性。单个企业的营销活动虽然客观上有利于提高旅游目的地的知名度,但其主要关注的还是本企业的短期利益,较少考虑或无暇顾及地区的长远发展,更难涉及关系地区营销潜力的系列基础要素的建设(如区域基础设施、区域经济背景等)。旅游目的地营销目标具有长久性,它希望该地区能够得到可持续发展。值得注意的是,营销的长久性决定了营销计划存在的合理性。

4. 营销组织的多元性

一般认为,当地政府是旅游目的地营销活动的主体。因为当地政府是较有能力组织整个地区营销活动的组织。

我们应该看到,由于营销内容具有综合性、复杂性,当地公众和私人团体、旅游营销辅助机构(如广告媒体、宣传促销机构、中介组织等)、旅游企业及其从业人员、当地居民等,都能推动旅游目的地营销的发展。旅游目的地口碑的好坏对当地的旅游业发展十分重要。口碑的形成,既来自旅游目的地居民,又来自消费者的实际体验,包括消费者与当地居民的接触等。因此,广泛吸收利益相关者参与营销活动,实施不同层面的关系营销和整合营销,对提高旅游目的地营销效果具有积极意义。

5. 营销范围的层次性

从国家、省到各个市、县等不同范围的旅游目的地,均存在营销活动,中小区域不会因为大区域进行了营销活动就不进行该项活动了。从国家文旅部到各省、市、县的文旅部门,均存在众多不同范围的营销活动,呈现出明显的层次性。这是因为不同区域旅游目的地的客源市场和竞争对手不同。国家层次的旅游营销主要是为了吸引海外客源。除少数著名旅游目的地,绝大多数中小型旅游目的地往往以邻近地区及国内其他城市为目标市场。其中,以地级市为单位的旅游目的地营销具有典型性。

(三)旅游目的地营销的基本经验

旅游目的地营销的本质是通过各种营销活动逐步确立区域的旅游品牌,以达到潜在消费者一旦有某方面的旅游动机,就会联想到某旅游目的地的目的。旅游目的地就如同生产和销售某产品的厂家,厂家的品牌成为行业的知名品牌后,一旦消费者有这方面的需求,就会自觉地找到该品牌的产品。与物质类产品品牌不同的是,区域旅游品牌应具有鲜明的地方特色。

1. 旅游目的地营销不宜孤立进行

旅游目的地营销意味着要吸引外地人到本区域来旅游,如同家里请客,既要有招待客人的礼物,也要把家里的环境卫生搞好,给客人留下良好的印象。旅游目的地营销也是如此,区域的主要"礼物"就是景区,"搞好环境卫生"就是要把区域规划好、建设好,特别是消费者的第一印象区和最后印象区。

因此,当地政府应重视区域旅游大环境的建设,如城市建设、区域环境建设等。其一,旅游目的地规划者应围绕旅游"六要素"搞好基础设施建设;其二,再渐渐扩展到其他领域。否则,仅靠旅游营销部门的营销活动来提升消费者的游览率是不切实际的。从这点来看,旅游目的地规划者应视旅游目的地营销为一个系统工程。

2. 不同目标市场宜采取不同的营销策略

一般情况下,旅游目的地存在三类市场,即传统目标市场、新目标市场和介于两者之间的机会市场。传统目标市场的人们对旅游目的地已较为熟悉,此时的营销的重点应是提高重游率,为此旅游目的地相关管理部门需要创新旅游产品、注重市场细分和提高消费者满意度。新目标市场的人们对旅游目的地相对陌生或了解不多,此时的营销重点应该是提高旅游目的地的知名度,并介绍旅游目的地的拳头产品,以激发消费者的旅游欲望。机会市场是前两类市场的过渡,人们对旅游目的地的了解介于陌生和熟悉之间,此时的营销重点是提高该类市场向传统目标市场的转换率,这里涉及较多因素,但旅游目的地的知名度、消费者的满意度仍然较为主要。

3. 不同发展阶段宜采取不同的营销策略

按照加拿大学者Butler的观点,旅游目的地的发展阶段可分为探查、参与、发展、巩固、停滞、衰落或复苏六个阶段。旅游目的地处于不同的发展阶段时,需要采取的营销策略是不同的。如,当旅游目的地处于旅游发展的起步阶段或者知名度不高时,应采取开发性营销策略;当旅游目的地处于相对成熟且具有一定知名度的时期时,应采取保护性营销策略;当旅游目的地出现影响形象的重大负面事件时,应采取扭转性营销策略。

值得注意的是,一些较大的旅游目的地(如地级市等)往往包含较多的次级区域,各次级区域的旅游发展并不均衡。此时,旅游规划者需要全面考虑各次级区域的具体情况和特征,有针对性地制定营销策略,并注意统筹整个区域的总体营销策略。

4. 旅游目的地宣传口号的提出值得深究

旅游目的地的宣传口号应突出重点,不宜面面俱到。针对不同的目标市场,宣传口号应该有所不同;针对不同等级、不同知名度、不同发育程度的旅游目的地,宣传口号的提出策略也应有所不同。等级和知名度较高、旅游发展时间较长的目的地(如一些省会、国际著名旅游城市)在营销时可采取综合性、抽象性的口号;相反,等级和知名度不高、旅游发展时间较短时,旅游目的地宜采取相对具体的口号,以突出本区域的特色,能嵌入地名更佳。同时,营销口号不宜频繁更换,但也并非是一成不变的,数年一变也是可以的。值得注意的是,各旅游目的地在设计宣传口号时,不宜过分拔高。许多旅游目的地营销时过度拔高宣传,其结果是提高了潜在消费者的心理预期,易使消费者实地旅游后产生反感情绪,不利于旅游目的地后续客源的引入。总之,旅游目的地的宣传口号既要实事求是,又要突出重点。

5.旅游过程营销值得重视

旅游目的地的口碑主要由当地提供的游览活动和产品、服务等决定。口碑的好坏对旅游目的地后续吸引客源有重要的影响,消费者的到来并非营销活动的终止,将营销活动贯穿于消费者旅游活动的始终是至关重要的。口碑的好坏取决于消费者的满意度,而消费者满意度的高低与消费者的旅游体验直接相关。影响旅游体验的因素较多,其中旅游服务人员的态度、当地社区居民的好客程度是主要因素,故应提高旅游目的地的接待服务质量。

(四)旅游目的地网络营销策略

1.旅游目的地网络沟通策略

沟通是营销的核心。多年来,旅游业将印刷品和电话作为沟通的主要工具。随着时代的变化,如今网络已经成为人们重要的沟通工具,而且随着网络技术的日益成熟,各种各样的网络营销手段不断出现,网络逐渐成为人们主要的沟通工具。对于旅游目的地来说,如何利用现有的各种网络工具来充分地与消费者、旅游企业以及传媒机构沟通是不能忽视的。

(1)电子邮件促销。

旅游目的地营销机构可以从数据库或预订记录中挑选合适的消费者,向其发送特定的电子邮件,邮件内容如旅游目的地的优惠旅游产品信息或每月简讯等。电子邮件中可以包含全部旅游目的地的信息,也可以仅提供网站链接,这样邮件接收者点击链接便可查看旅游目的地的相关信息。旅游目的地营销机构可以在自己的应用客户关系管理系统中输入一定的标准,检索出符合标准的消费者并将其作为电子邮件营销的对象。如果需要发送邮件的对象众多,可以采用电子邮件列表(Mailing list)服务软件。电子邮件促销的优势在于其信息传递速度和反馈周期大大短于传统广告或直接邮寄等营销方式。

(2)网上俱乐部。

许多旅游目的地网站向访问者提供参加专业俱乐部的机会,消费者免费注册成为俱乐部成员之后即可享受增值服务,但消费者需要向DMO提供用于客户关系管理的详细资料。增值服务包括:提前告知俱乐部成员旅游目的地的优惠信息;定期发送最新新闻和快捷预订等服务。

（3）提供个性化主页。

有些旅游目的地网站可以根据用户的需求，设置个性化的主页。这样，用户登录旅游目的地的官方网站就可以看到为其个人设置的网页。个性化网页通常包括简单的问候语，如"欢迎您，张先生"等。另外，个性化网页呈现的信息栏目是用户较感兴趣的栏目。个性化网页的设计通常需要用户提供自己的兴趣喜好以及旅游计划等。这些信息进入旅游目的地的客户数据库后便可被筛选和检索，为用户提供个性化的旅游产品和服务做准备。

（4）发送贺卡活动。

许多旅游目的地网站向用户提供从站点发送电子贺卡给亲友的机会。用户可以选择亲友喜爱的明信片（贺卡上通常是旅游目的地的迷人风景），在"发送方"填上自己的姓名和电子邮件地址，在"接收方"填上亲朋好友的姓名和电子邮件地址并附上简短的文字。贺卡有两种发送方式：一是通过电子邮件发送贺卡本身，其中附带旅游目的地网站的链接；二是发送一个通知让用户登录网站去收取贺卡。电子贺卡是推广旅游目的地网站的有效方法之一，能为网站带来更多的访问者，用户亲朋好友的电子邮件地址也可以被纳入旅游目的地的客户数据库中，成为接收旅游目的地营销信息的对象。

（5）旅游新闻和评论。

旅游是个人的经历，因此让游客写些关于旅程的短文并配上旅游目的地的图片在网站上发表，供潜在游客阅读，能够为旅游目的地吸引更多的游客。发表这些游记和评论的游客是旅游目的地的宣传使者。当然，使用这种营销方法的前提是游客的旅游经历必须是愉快的，但情况并非总是如此，所以筛选游客评论和游记是非常重要的。

（6）电子论坛和聊天室。

旅游目的地网站可以开辟电子论坛（采用的技术是电子公告牌）或聊天室，提供用户之间聊天或就一些专题进行讨论的场所。网站运营者可以提出一些主题供用户讨论，使板块充满活力。如果用户想加入论坛或聊天室就必须先注册，这是企业获取用户个人信息的另一个渠道。

（7）意见征求表。

有些旅游目的地网站通过意见征求表收集游客对其旅游经历或对网站本身的意见。意见征求表的格式是非常重要的，应尽量使采集的信息少而有效，网站还应向填写表格的用户表示感谢并给予适当的答复。一些简单的意见征求表可以以"自动弹出窗口"的形式呈现（当用户访问网站的特定页面时意见征求表窗口会自动弹出）。另外，在用户注册或注销时可以设置一些问题，用来收集用户需求，为提高网站的服务水平做准备。

(8)销售数据库。

许多游客通过电话问询或直接到问询处获取旅游目的地的相关信息,这是旅游目的地获取游客资料的好机会。此时,旅游目的地相关部门应对索要宣传资料或进行预订的游客进行登记,并将其基本信息输入旅游目的地的客户数据系统中,识别顾客是否已在客户数据库内,如果不是,就可以创建新的客户记录,并进行相关的营销活动。

2. 旅游目的地网络推广策略

旅游目的地网站的首要作用是吸引游客个人和同业旅游企业的访问。网站访问者的数量取决于现有旅游目的地品牌形象的吸引力,以及网站推广的投入和实施等。

(1)与其他网站合作。

旅游目的地网站可与其他网站(电子商务合作伙伴)建立合作关系,交换链接、投入广告。

(2)线下线上相结合。

在旅游目的地的每一种线下宣传品上都印上网站的网址,通过线上和线下相结合的宣传方式提高旅游目的地网站的知名度。

(3)加入搜索引擎。

搜索引擎在网络营销中一直处于举足轻重的地位,从早期的分类目录登录,到搜索引擎优化、搜索引擎关键词广告等,搜索引擎都是网站必不可少的工具。

现今,搜索引擎依然是网民获取信息的较重要渠道,百度和360在国内搜索引擎市场占据的份额达90%以上。旅游企业要充分利用百度和360等搜索引擎,提高企业的知名度和市场占有率。如何做好搜索引擎营销,特别是如何让公司的服务或者排名排在搜索引擎的首页成为营销工作成功的关键。

五、旅游网站营销

互联网经济往往被冠以"眼球经济""注意力经济"等称号,但是,很多网站虽然点击量很高,现金流却很低,如当下炒得火热的视频网站、社区网站等。旅游网站可以说是将注意力转化为现金流的典范,单从点击量来看,旅游网站很难与综合门户网站相媲美,从收入来看,旅游网站是较早实现盈利的一类网站。

从产品性质来看,旅游产品是非常适宜与互联网结合,实现电子化经营的。这是因为旅游产品本身是不具有流动性的,也没有真实的样品可以展示给消费者供其参考,其在市场上的表现形态即是信息形态。更重要的是,旅游业不需要物流配送系统,因为旅游是人的流动,而不是物的流动。另外,银行可以解决旅游交易过程中的支付问题。

随着自助游和自驾游市场的不断扩大,旅游网站成为游客出游前获取旅游信息的主要渠道,对成熟的网络用户而言,仅提供产品和服务资讯的旅游网站很难对其产生吸引力。在线旅游企业必须了解用户的真实需求,从而制定出切实可行的营销策略,只有这样才能吸引更多的用户购买旅游产品。

(一)旅游网站

旅游网站,也称在线旅游网站、在线旅行社、旅游网络代理商、在线旅游运营商、在线旅游服务提供商、在线旅游代理商等。旅游网站是基于互联网和电子商务技术,拥有自己的域名、网页(由文字、图像、声音组成)和程序,在其站点发布旅游信息并提供相关的旅游产品和服务,用户可以通过旅游网站方便、快捷地预订和购买旅游产品,以及进行电子支付、信息查询、浏览攻略等一系列网上活动的场所。

(二)旅游网站营销策划

1. 市场环境分析

进行市场环境分析的主要目的是了解旅游网站、旅游网站代表的产品和服务的潜在市场和销售量,以及竞争对手的网站和产品信息。只有掌握了市场需求,才能做到有的放矢,减少失误,从而将风险降到最低。

2. 消费者心理分析

只有掌握了消费者是什么原因、什么目的去旅游网站购买产品和服务,才能制定出有针对性的营销策略。营销大多是以消费者为导向的,根据消费者的需求来设计网站、制定产品和服务,但仅仅如此是不够的,只有对消费能力、消费环境进行充分分析才能使整个营销活动获得成功。

3. 产品优势分析

产品优势分析包括品牌分析和竞争分析。只有做到知己知彼,才能战无不胜。在营销活动中,旅游企业难免会将自己的网站和产品同其他网站和产品进行对比,如果无法了解本企业网站、产品和服务的优势和劣势,就无法打动消费者。营销的目的就是如此,通过营销手段,让消费者了解本公司产品的优势,进而产生购买欲望。

4. 目标定位

建立旅游网站之前要先确定建立网站的目的,如是仅在网上建立一个网页,树立企业的形象,宣传企业的产品;或是推广企业的产品及服务,进行简单的旅游电子商务业务;还是建立一个完整的旅游电子商务系统,通过网络开展电子商务业务,并为用户提供服务和支持。

5. 确定信息内容

在正确定位网站目标后,如何将网站建设成为一个对消费者具有吸引力的旅游电子商务网站,信息内容的确定是关键。也就是说,网站主题内容越丰富,吸引的消费者就会越多。网站的信息内容一般包括资讯、社区或互动(网友咨询和交流)、商务(预订服务)三个方面。

6. 制定旅游网站营销方案

旅游网站营销方案是一个以销售为目的的计划,指在市场销售和服务之前,为了达到预期销售目标而进行的各种促销活动的整体性策划,是根据企业自身的需求、目标,定制的个性化和高性价比的网络营销方案。一个具体的、可操作的营销方案对旅游网站的发展至关重要,它能给旅游网站带来巨大的流量和利润。

一份完整的营销方案至少包括三方面内容,即基本问题、项目市场优劣势、解决问题的方案。解决问题是营销方案的核心,包括营销运作思路及设计、营销手段,以及各种具体的营销如何运行、何时运作等具体事项。

7. 实施旅游网站营销

实施旅游网站营销时要积累营销过程中的各项数据,如网站排名数据、传播数据、网站访问数据、访问人群数据、咨询统计数据、网页浏览数据、热门关键字访问数据、转化率、重购率等,这些数据是后期对旅游网站营销方案进行修订的重要参考资料,具有重要的意义。

8. 市场反馈和调整

根据营销效果对营销投入与产出进行分析,全面衡量营销方案中确立的营销目标,特别是利润目标、营业收入目标等的实现程度,进而进行营销方案的调整和修订。

(三)旅游网站营销策略

1. 内容策略

(1)完善旅游网站设计。

网站设计要充分吸引访问者的注意力,让访问者产生视觉上的愉悦感。因此,在网页创作时就必须将网站的整体设计与网页设计紧密结合。网站定位、风格定位、域名和标志的吸引力、版面布局、栏目设置、视觉效果、分类导航、检索功能,在网站设计时以上因素要全面考量并进行恰当的取舍。

(2)完善旅游网站信息。

如果说栏目是网站的骨架,那内容就是网站的血肉,是网站的核心。网页漂亮、美观固然重要,可是真正能吸引并留住用户的是内容。所以,对内容的组织和提炼就变成网站营销过程中的关键环节。网站独创的、对用户有价值的内容,不但可以吸引更多的用户,还能提高用户黏性,更能有效地提高网站在搜索引擎中的排名,从而吸引更多的用户。除了食、住、行、游、购、娱,随着时代发展,旅游金融、旅游攻略、旅游特产等旅游信息也是必不可少的。

网站内容更新频率同样是衡量一个网站水平的重要指标。

(3)增强旅游网站交互性。

对成熟的网络用户而言,仅提供产品和服务资讯的旅游网站很难对其产生吸引力,在旅游网站营销过程中,用户体验成为十分重要的内容。

让用户与网站互动,让用户与用户互动,这能激励用户再次回到企业的网站,还有助于企业扩充网站内容。

网站访问速度、互动交流平台、常见问题解答、网络评价、在线论坛、问卷调查、售后满意度调查、网络分享(分享到微信)等都是增强网站互动性的重要因素。

旅游网站也可在博客、论坛、网络杂志、社会网络、网络书签和维基百科范围内设置定向性更高的网络链接,提高旅游网站与用户的互动性。

开设公众号和小程序也是增加网站与用户互动的不错选择。

2. 推广策略

网站推广是以互联网为基础,借助平台和网络媒体的交互性来辅助营销目标实现的一种新型营销方式。

推广按投入可以分为付费推广和免费推广。

付费推广一定要考虑性价比,比如搜索引擎营销(SEM)包括竞价排名、精准广告、付费收录等,以及各种网络付费广告、CPM(千人成本)、CPC(单次点击成本)、CPA(每行动成本)、付费链接等。

免费推广是指在不用额外付费的情况下就能进行的推广。这样的方法有很多,比如搜索引擎优化(SEO)、论坛推广、资源互换、软文推广、邮件群发,以及在微博、微信、QQ等平台发布信息,在其他热门平台发布网站外部链接等。

任务三 搜索引擎优化

任务描述

学生要掌握关键词;理解搜索引擎及偏好;了解搜索引擎的结构;熟悉搜索引擎优化;学会搜索引擎站内优化;学会搜索引擎站外优化。

互联网已成为人们学习、工作和生活中不可或缺的平台,吃、穿、住、行等方面都有着互联网的身影,互联网改变了人们的生活,也为人们提供了更好的体验。在互联网技术的发展下,越来越多的企业开始建立网站,推广与普及产品和服务,以提高企业竞争优势,而如何高效地为用户提供产品信息将成为企业网站成功的关键。

几乎每个人上网都会使用搜索引擎,通过搜索引擎在浩瀚的互联网信息里寻找自己想要的信息。搜索引擎是互联网的一门检索技术,为人们提供更好的网络使用环境,旨在提高人们搜集信息的速度,使人们第一时间搜索到自己需要的产品的信息,从而提高用户体验。

实际上,搜索引擎是在用户和互联网资源之间建立起一个桥梁,它将用户真正想要的内容呈现给用户,搜索引擎是目前网站推广的主要手段之一。

一、搜索引擎

搜索引擎是指根据一定的策略,运用特定的计算机程序从互联网上采集信息,在对信息进行组织和处理后,为用户提供检索服务,将检索的相关信息展示给用户。搜索引擎依托多种技术,如网络爬虫技术、检索排序技术、网页处理技术、自然语言处理技术等,为用户进行信息检索提供了快速且相关性高的信息服务。

搜索引擎的发展大致经历了以下四代的发展。

1. 第一代搜索引擎

从1990年的Archie开始,搜索引擎就走入了人们的生活。Archie被公认为现代搜索引擎的鼻祖。1994年第一代真正基于互联网的搜索引擎Lycos诞生了,它以人工分类目录为主,代表厂商是Yahoo。其特点是人工分类、存放网站的各种目录,用户通过多种方式寻找网站。现在这种方式仍然存在。

2. 第二代搜索引擎

随着网络应用技术的发展,用户开始希望对内容进行查找,出现了第二代搜索引擎,也就是利用关键词查找。第二代搜索引擎建立在网页链接分析技术基础上,使用关键词对网页进行搜索,能够覆盖互联网的大量网页内容,该技术可以在分析网页的重要性后,将重要的结果呈现给用户。

3. 第三代搜索引擎

随着网络信息的迅速膨胀,用户希望能快速并且准确地查找到自己需要的信息,因此出现了第三代搜索引擎。相比前两代搜索引擎,第三代搜索引擎更加注重个性化、专业化、智能化,使用自动聚类、分类等人工智能技术,采用区域智能识别及内容分析技术,利用人工介入,实现技术和人工的完美结合,增强了搜索引擎的查询能力。第三代搜索引擎以较高的信息覆盖率和优秀的搜索性能为搜索引擎技术的发展开创了崭新的局面。

4. 第四代搜索引擎

随着信息多元化的发展,用户需要数据全面、更新及时、分类细致且面向主题的搜索引擎,这种搜索引擎采用特征提取和文本智能化等策略。相比前三代搜索引擎,第四代搜索引擎的搜索结果更准确、更有效。

二、关键词

在搜索引擎中,关键词是用户在寻找自己想搜索的内容过程中使用的信息词汇。关键词是搜索引擎的基础,也是用户体验、用户行为的表现。同时,网站的关键词也是对网站主页及内容的高度提炼,关键词与网站的内容越契合,越有利于用户搜索和搜索引擎收录。搜索引擎是根据网站页面关键词的相关度来决定页面排名的。从搜索引擎优化角度来看,关键词的选择要综合考虑网站的定位、网站业务、搜索用户特征等要素。

按照不同的标准,关键词的分类也是不一样的,如根据搜索热度,可将关键词分为热门关键词、一般关键词、冷门关键词;按概括程度,可将关键词分为核心关键词(也叫目标关键词)、长尾关键词。

核心关键词就是网站的主题。根据网站是做什么的,也就是网站的核心思想是什么,可概括出几个网站的关键词。例如,一个做旅游的网站,那么其核心关键词可以是"旅游""自由行""旅游攻略""旅游公司""旅游线路""旅游官网"等。携程的官方网站是携程旅行网,其关键词有酒店预订、机票预订查询、旅游度假、商旅管理。一般情况下,选取3—5个核心关键词进行重点优化,关键词一般要放到网站的首页,重点关键词则要放在标题中。

长尾关键词是相对核心关键词而言的,除了核心关键词外的关键词都叫长尾关键词。虽然长尾关键词不是网站的核心,但也与网站主题相关。长尾关键词是通过核心关键词拓展出来的相关关键词,通常不放在首页。简单来看,核心关键词前加上区域名称、公司名称、行业性质等即可构成长尾关键词。

值得注意的是,无论是核心关键词还是长尾关键词都要注意其带来的流量和转化率。如果这些关键词的效果不好,企业需要重新选择关键词。

(一)选择关键词的方法

网站关键词是用户通过搜索引擎找到企业的主要方式,搜索引擎将关键词和企业网站、网页做成了一个映射关系,在搜索引擎的数据库里,关键词就是网站、网页的代表符号。所以,网站在选择关键词时一定要讲究技巧和方法。

1.关键词与网站主题、内容相关

结合网站的主题、行业的特点,以及对网站推销产品或服务的理解,企业可以确定合适的关键词。

在关键词的选择上,尽量选择与网站、与行业高度相关的关键词。例如,一家澳大利亚的华人企业"卓越旅游公司",其主要业务是为澳大利亚的留学和移民提供服务。因此,其关键词的选择着重于"移民"和"留学",并且公司位于澳大利亚的墨尔本,于是在选择关键词上选择了"墨尔本移民""墨尔本留学"和"卓越移民"。选择前两个关键词的原因是它们对公司的主要业务进行了概括,选择最后一个关键词的原因是大量中国及海外华人移民中介均使用"卓越移民"作为其公司名称。

网站需要的不仅是流量,而是订单。因此,企业在选择关键词时需要选择与网站内容相关的关键词,只有将相关的关键词优化上去,才会有源源不断的流量和源源不断的订单。

2.选择用户经常使用的关键词

用户不是某行业的专家,所以企业选择的关键词要符合大多数用户的用语习惯。例如,卖鲜花的网站在选择关键词时,选择"圣诞节用花",就不如使用"圣诞节送的花""圣诞节送什么花""网上送花"等作为关键词。

3.通过竞品网站挖掘有价值的关键词

这个方法需要打开竞争对手的网站,看看对方栏目页 Title(网页标题)用的是什么关键词,了解并记录这些关键词。同行是对手也是老师,同行选择的关键词会成为自己选词的关键参考。

4.给出尽量多的相关关键词

给出尽量多的相关关键词指的是给出与产品直接或间接相关的关键词,如景区门票网站可以给出"门票""景区门票""景点门票""全国景区门票""三亚门票""乐山大佛门票""故宫门票"等关键词。

5.给出有联系的关键词

除了通用词汇,可以选择与产品紧密相关的专门术语。如,经济型酒店网站可以给出除了"快捷酒店""家庭旅馆""经济型酒店"等通用词汇,还要考虑使用著名地标如"商业街""大学""中山路步行街"等关键词。这也是网民经常使用的关键词,有利于潜在用户找到网站。

6.给出具体的关键词

勿用意义太泛的关键词,如机票预订网站,"飞机"就不利于吸引目标用户,选用"机票"就具体多了。

7.知名企业用自己的品牌作为关键词

在选择关键词时,企业可以使用公司名称或产品品牌名称,如中国旅行社、中青旅等。

8.使用地理位置

地方性企业一般以本地业务为主,其在关键词选择上可以加上地区名称,如"杭州西湖"比"西湖"更易定位。同样,"安徽中青旅"比"中青旅"更易定位。

9. 控制关键词数量

一般情况下,一个网页的关键词数量应尽量不超过100个字符,且其网站内容都要针对这几个关键词展开。

10. 问答式关键词

问答式关键词如"上海怎么玩""上海怎么玩最好"等。

(二)关键词分析

1. 关键词竞争性分析

应用站长之家进行关键词优化分析,如"酒店"(高难度)和"快捷酒店"(中等偏下)的竞争力不同。

百度指数,数值在500以上就表示竞争激烈。

2. 关键词流量分析

截至2024年4月27日,应用站长之家的百度关键词挖掘,如"酒店"(8108.76万关键词总数量)和"旅游"(4.8亿关键词总数量),两者流量不同。

3. 确定关键词

企业应根据自身的实力和技术合理选择关键词。大企业可以选择流量大的关键词,中小企业应选择中等竞争程度的关键词,这样排名优化起来相对容易。

(三)用户搜索动机与流量、相关性和转化率的关系

一般地,可把用户动机划分为从抽象到具体的连续渐变过程,其带来的商务活动的流量、相关性、转化率都不同。用户搜索动机与企业的关系如图5-3所示。

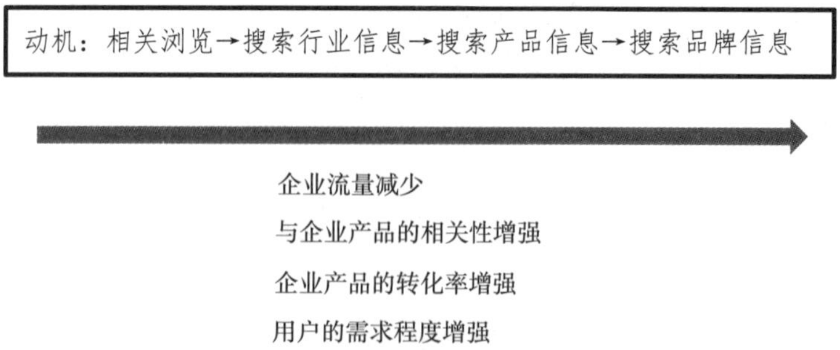

动机:相关浏览→搜索行业信息→搜索产品信息→搜索品牌信息

企业流量减少
与企业产品的相关性增强
企业产品的转化率增强
用户的需求程度增强

图5-3 用户搜索动机与企业的关系

(四)关键词与营销目标、受众范围的关系

市场拓展阶段要扩大市场的影响力,就要扩大企业在用户面前的曝光率,需要选择模糊、抽象的关键词以增加用户的点击率。例如,可以选择"旅游""攻略"等关键

词,这类关键词能带来较大的流量,便于市场拓展。

营销目标与受众范围关系如图5-4所示。

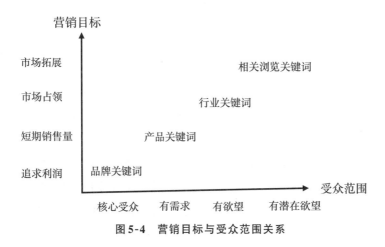

图5-4 营销目标与受众范围关系

三、搜索引擎分类

搜索引擎按不同的标准可被分为不同的类型,从功能和原理上可分为全文搜索引擎、垂直搜索引擎、元搜索引擎和目录搜索引擎。

全文搜索引擎是对大量的信息进行整合导航,将所有网站上的信息整理在一个平台上供网民方便、快速地查询。其主要特点是信息全,覆盖各个领域和各个行业。全文搜索引擎的典型代表有百度等。

垂直搜索引擎是针对某一行业、某一特定人群或是某一特定需求的专业搜索引擎,是搜索引擎的细分和延伸。不同于全文搜索引擎,垂直搜索引擎专注于特定的搜索领域和搜索需求,如生活搜索、行业搜索、学术搜索、网络资源搜索等。在特定领域进行搜索,用户往往有更好的体验,相比综合搜索引擎动辄需要数千台检索服务器,垂直搜索引擎具有需要的硬件成本低、用户需求特定、查询方式多样等特征。垂直搜索引擎的典型代表有科学搜索引擎(www.scirus.com)、携程、去哪儿、读秀学术搜索(www.duxiu.com)、新浪新闻等。

元搜索引擎又称多搜索引擎,通过一个统一的用户界面帮助用户在多个搜索引擎中选择和利用合适的(甚至是同时利用若干个)搜索引擎来实现检索操作,是对分布于网络的多种检索工具的全局控制,并对之整合处理的二次搜索方式。元搜索引擎亦称"搜索引擎之母"(The mother of searching engines)。这里的"元"(Meta)有"总的""超越"之意。著名的国外元搜索引擎有InfoSpace、Dogpile、Vivisimo等(元搜索引擎列表),中文元搜索引擎中较具代表性的有搜星中国等。

目录搜索引擎是以人工方式或半自动方式搜集信息,由编辑员查看信息后,人工形成信息摘要,并将信息置于事先确定的分类框架中。信息大多面向网站,提供目录

浏览服务和直接检索服务。目录搜索引擎虽然有搜索功能,但严格意义上不能称为真正的搜索引擎,只是按目录分类的网站链接列表而已。用户完全可以按照分类目录找到需要的信息。目录搜索引擎的典型代表有Hao123等。

四、搜索引擎偏好网站的特征

(一)网站内容的相关性

网站的关键词是对网站主页及内容的高度提炼,关键词与网站的内容越契合,越有利于用户搜索和搜索引擎收录。

用户利用搜索引擎的目的就是能迅速地找出其需要的信息。用户在搜索相关信息时,会先在搜索引擎中输入关键词,那么搜索引擎去搜索网页时就只能根据关键词与网页之间的相关性进行搜索,或者说搜索引擎是通过关联来帮助用户筛选的。

相关性就是标题和内容的匹配度和相关度。简单来说,标题是页面的主题中心,页面内容都是围绕标题展开的。如果说标题里有关键词,页面内容里没有,这样就属于不相关,仅要求标题关键词在页面内容里也有是不够的,这样并不能具有相关性,还需要标题含有的关键词在内容里面占有主要位置。此外,还要进行语义分析,加强相关性判断。

例如,黄山风景区的网站,关键词就可选择"黄山",网页内容都是关于黄山风景区的食、住、行、游、购、娱,不会出现卖手机、卖车等不相关内容。

(二)网站及网页的权威性

权威性大部分是由外部链接决定的。高质量的外部链接越多,网站或网页本身的权威性就越高。另外,域名注册历史、网站的稳定性、隐私权政策等一些细节,也会影响网站的权威性。要注意的是,外部链接对网站权威性的影响是有选择性的。也就是说,来自相关内容网站的链接对提高权威性帮助较大,不相关内容的链接帮助较小。

(三)网站的实用性

对用户来说,企业的网站到底有多大用处,用户是不是喜欢企业的网站是至关重要的。

如果用户在企业网站花的时间较多,浏览页数较多,且经常访问企业网站,并将企业网站加入到自己的浏览器书签中,这些都可以帮助搜索引擎理解企业网站的实用性。

搜索引擎的工具条可以帮助搜集这类信息,也可以利用越来越多的社会网站收集信息。

想要在企业网站的实用性上作弊是比较困难的,因为企业没办法控制用户的计算机和用户的行为方式。虽然并不是完全没有可能控制大量用户,不过如果企业网站在相关性、权威性、实用性上都表现出色,还都是作弊得来的,这种可能性就太低了。

五、搜索引擎结构

搜索引擎基本结构一般包括搜索器、索引器、检索器、用户接口等四个功能模块。

(一)搜索器(信息搜集模块)

搜索器(信息搜集模块),也叫网络蜘蛛(Spider),是搜索引擎用来爬行和抓取网页的一个自动程序。搜索器在系统后台不停歇地在互联网各个节点爬行,在爬行过程中尽可能快速地发现和抓取网页。被抓取的网页被称为网页快照。在爬行初始,设置好初始种子URL集合,网络蜘蛛依次获取集合中的URL地址,同时解析网页中的相关链接地址,将其放入待爬行的行列中,并依据某种算法对其进行优先级排序。如此循环下去,直到待爬行队列为空时,便停止爬行。

搜索引擎从已知的数据库出发,就像正常用户的浏览器一样访问这些网页并抓取文件。搜索引擎通过这些爬虫去爬互联网上的外链,从这个网站爬到另一个网站,去跟踪网页中的链接,访问更多的网页,这个过程就叫爬行。这些新的网址会被存入数据库等待搜索。所以,跟踪网页链接是搜索引擎蜘蛛(Spider)发现新网址的基本方法。反向链接成为搜索引擎优化的基本因素之一。搜索引擎抓取的页面文件与用户浏览器得到的完全一致,抓取的文件被存入数据库。

(二)索引器(信息加工模块)

索引器(信息加工模块)的主要功能是理解搜索器采集的网页信息,并从中抽取索引项,主要包括两部分:一是网页内容分析索引;二是链接权重计算。

搜索引擎抓到网页后,还要做大量的预处理工作,才能提供检索服务,即从所有抓取的结构化和非结构化的数据中提取关键信息,并创建索引。其中,最重要的就是提取关键词,建立索引和索引库,还包括去除重复网页、去标点符号、解析网页标签、分词(中文)、判断网页类型(信息类、导航类、需求类)、网页所在URL、编码类型,以及页面内容包含的关键词、关键词生成时间、位置、字体、颜色、加粗、斜体等相关信息都有相应记录,加之与其他网页的链接关系、分析超链接等。

根据一定的相关度算法进行大量复杂计算(是搜索里较复杂的计算),得到每一个网页针对页面内容及超链接中每一个关键词的重要性,然后用这些相关信息建立网页索引数据库。

（三）检索器（检索模块）

检索器（检索模块）的功能是快速查找文档，进行文档与查询的相关度评价，对要输出的结果进行排序等。

用户在搜索引擎界面输入关键词，单击"搜索"按钮后，搜索引擎程序首先对搜索词进行处理，如中文特有的分词处理、去除停止词、判断是否有拼写错误或错别字等情况，所有在页面内容中包含该关键词的网页都将作为搜索结果被搜出来；其次，经过排名算法，根据网页中关键词的匹配程度，出现的位置、频次、链接质量等一一计算出各网页的相关度及排名等级；最后，根据关联度高低，按顺序将这些网页链接返回给用户。总之，检索器遵循先索引，再PR，最后计算排名的方式进行。

（四）用户接口

用户接口能为用户提供可视化的查询输入和结果输出界面。

查询软件能够为用户提供访问的查询界面和服务器端的查询程序。当用户查询一个关键词时，搜索引擎将搜索数据库，找出所有与该关键词相关的网页，并根据排名算法，计算出哪些网页应该排在前面，并把与该关键词匹配的网页反馈给用户。

六、搜索引擎优化

搜索引擎优化（Search Engine Optimization，SEO）是通过了解搜索引擎如何抓取Web页面、进行索引，以及确定其对关键词的搜索结果排名等技术，对自身的网站结构和内容进行优化，达到对搜索引擎的爬虫友好，提高搜索引擎排名，进而提高网站访问量和营销效果。

根据操作意图，SEO又被称为网站优化或者搜索引擎优化。这两个概念之间还是存在明显区别的。网站优化是指在对网站进行调整时，以提高网站的用户体验、完善网站功能为根本出发点，提高网站的搜索引擎友好性。搜索引擎优化恰恰相反，其以提高网站的搜索引擎友好性为根本出发点，关键时刻甚至置网站的用户体验及网站功能于不顾。

简单理解，SEO是在了解搜索引擎自然排名机制的基础上，使用网站内及网站外的优化手段，使网站在搜索引擎中的关键词排名更加靠前，以获得流量，进而产生直接销售或建立网络品牌的目的。搜索引擎营销，即SEM（通常以PPC为代表），通过开通搜索引擎关键词竞价，当用户搜索相关关键词时，点击搜索引擎上的关键词链接进入网站或网页进一步了解其需要的信息，然后通过拨打网站上的客服电话、与在线客服沟通或直接提交页面上的表单等来实现自己的目的。

假设互联网是一个巨大的图书馆，那么搜索引擎就是图书管理员，用户就是阅览者。一个网站就相当于一本书，搜索引擎优化者就相当于图书的责任编辑，在图书出版之前对图书的内容进行完善,提高图书的可读性。一本图书只有当图书管理员或读者认为它有价值的时候,才会被图书馆收藏并放到相应的书架上。同样,如果一个网站要想被搜索引擎收录,那么它本身必须具备一定的价值或者得到一部分用户的肯定。图书管理员对图书的管理行为取决于其管理水平。

首先,图书管理员会根据图书的名称等信息确定图书的类别;其次,图书管理员再根据图书的简介、目录、内容等判断图书的内在价值;最后,综合出版社、作者知名度等因素决定图书的摆放位置。由于阅览者对书架上每个位置的关注度是不一样的,管理员会把他认为最重要的图书放到书架中最明显的位置。这样,这本图书得到阅览的机会就会大大增加。

其实图书的名称就相当于网站的名称,前言或简介就相当于对首页的描述,而出版社的名气或者作者的知名度就相当于外部网站对该网站的认可程度。如果一个网站主题明确、内容丰富、结构合理清晰,并得到大量外部权威网站的认可,那么它就可以得到更多向用户展示的机会。图书的主题、目录及内容是由作者制定的,但需要与责任编辑协商、修改后完成。修改后的图书主题更鲜明、目录更清晰、可读性更强。搜索引擎优化者也一样,对网站进行综合调整后,使得网站对于用户及搜索引擎都更加友好,从而提高网站在搜索引擎中的表现。

（一）搜索引擎优化的发展阶段

搜索引擎优化的发展经历了以下四个阶段。

第一阶段,人工目录搜索优化阶段。1994年的网站不多,人工目录就够用了。

第二阶段,网页搜索阶段。这个阶段做SEO是一种享受。只要把网站的TDK设置一下,meta优化一下,把标签与目标关键词关联,排名就有了。这个阶段,百度处于发展期,网站的数量较少,百度搜索主要是用数据库检索来确定排名页。在这个阶段,哪怕网站没内容、没外链,只要标签做好了,排名就轻轻松松了。

第三阶段,链接分析阶段。搜索引擎优化对链接是有要求的,也就有了一个名词"刷外链"。这个时期,网站呈爆发式增长,百度搜索结果页除了参考相关性,还要参考网站的质量和指向这个网站的外部链接的数量。这个阶段,网站只有标签已经不行了,质量也要提高。同时,以外链为主,越来越多地SEO从业人员通过关键词密度布置和超链接做优化。这个规则持续了几年,导致大量垃圾网站的出现。

第四阶段,人工智能阶段。百度归根结底服务的还是搜索用户。因此,百度开启了算法迭代加速,以满足用户需求的核心分析算法为主。与链接的数量保持切割状态,甚至链接多了反而更容易被降权。相反,百度的算法真正追踪的是那些满足了用户搜索需求的网站。百度的算法通过访问时长、跳出率等相关数据,来分析网站的用户体验度,从而确定排名。

（二）SEO 的优势和劣势

SEO 能在与关键词的广告竞争中脱颖而出，受到广大用户的追捧，必定有其魅力所在。SEO 作为主要的搜索引擎推广方式，除了具备搜索引擎营销的优点，还具有以下优势和劣势。

1. 优势

（1）成本较低。

从某个角度看，SEO 是一种"免费"的搜索引擎营销方式。对个人网站来说，只要站长掌握一定的搜索引擎优化技术即可，而对于企业来说，成本主要来自从事搜索引擎优化员工的薪酬或雇用专业搜索引擎优化公司花费的费用，如云客网（https://www.yuntask.com）等。

（2）具有持久性。

一般情况下，采用正规方法进行优化的网站，其排名效果会比较稳定。除非搜索引擎算法发生重大改变或者强大的竞争对手后来居上，否则不会有太大的变化。

（3）不需要承担无效点击的风险。

无论点击网站的是潜在用户还是竞争对手，都无须为此付出代价。

尽管搜索引擎优化具备如此多的优势，但它毕竟是依附于搜索引擎生存的，因此也会存在一些不可克服的劣势，主要表现在以下三个方面。

2. 劣势

（1）施工时间长。

从开始对网站进行优化到实现关键词的目标排名，一般需要 2—6 个月。对于竞争十分激烈的关键词，可能需要一年甚至更长的时间（网站优化时间的长短主要取决于网站选择的关键词的竞争激烈程度、优化者水平以及搜索引擎等一些不确定因素）。

（2）具有不确定性。

搜索引擎优化人员并不是搜索引擎的开发者，与搜索引擎也没有什么密切的关系。所以，SEO 不能向任何人保证在指定时间内，实现某一关键词的指定排名。

（3）具有被动性。

搜索引擎会不定期改进算法（甚至为了自身利益而对某些网站或者行业进行人为干预，迫使这些用户投放关键词广告），这就要求站长们要对网站进行及时的调整以迎合新算法，只有这样才能长久享受搜索引擎带来的好处。

（三）搜索引擎优化的分类

1. 搜索引擎优化的技术手段

搜索引擎优化的技术手段主要有黑帽（Blackhat）、白帽（Whitehat）两大类。

网站通过作弊手段欺骗搜索引擎和用户,最终将遭到搜索引擎惩罚的手段被称为黑帽,比如隐藏关键词,以及制造大量的meta字、alt标签等。

网站通过正规技术和方式,且被搜索引擎接受的SEO技术被称为白帽。搜索引擎优化的白帽遵循搜索引擎的接受原则。一般是用户创造内容让这些内容容易被搜索引擎机器人索引且不会对搜索引擎系统"耍花招"。一些网站的员工在设计或构建网站时出现失误以致该网站排名靠后时,白帽可以发现并纠正错误,譬如机器无法读取的菜单、无效链接、临时改变导向、效率低下的索引结构等。

2. 搜索引擎优化的内容

搜索引擎优化的内容有站内优化和站外优化两种。站内优化就是通过改变网站内部结构或者内容,来达到优化的效果。站外优化主要是外链建设,包含和一些权重比较高的网站做外部链接,或者通过在一些新媒体平台做软文推广,给蜘蛛一个爬取网站的通道,从而为网站带来流量,提升排名。

(四)搜索引擎优化的意义

1. 搜索引擎已成为不可或缺的上网工具

随着网络的发展,网站的数量已经数以亿计,互联网上的信息量呈爆炸式增长,加大了用户寻找目标信息的难度,而搜索引擎的出现给用户寻找信息带来了极大的便利。现今,搜索引擎已经成为不可或缺的上网工具。

2. 搜索引擎排名与流量息息相关

根据用户的使用习惯和心理,在搜索引擎中排名越靠前的网站,被点击的概率就越高;相反,网站排名越靠后,得到的搜索流量就越小。

3. 必须全面优化网站

一般的网络公司因缺乏专业的网络营销知识和理念,仅从技术角度出发建造网站,美工只管将网站设计漂亮,程序员只管添加用户需求的功能模块,这样做出来的网站是有缺陷的,不符合搜索引擎的收录要求。所以,必须对网站进行全面的、有针对性的优化。

(五)搜索引擎优化的商业价值

随着互联网网站数量的日益增多,且用户访问网站的途径大多通过搜索引擎,所以当用户在搜索引擎中输入关键词后,企业网站信息在搜索结果中的排名及显示的内容将直接影响用户的点击。搜索引擎从互联网上抓取网页,建立索引数据库,在索引数据库中搜索、排序,经过对信息的加工处理,把信息从孤立和分离的状态协同、整合起来,成为用户需要的有价值的信息,实现了搜索引擎信息发现、信息处理、协同整合的价值,在网站推广、产品促销,以及提升企业网络品牌等领域发挥了重要的作用。

搜索引擎流程如图5-5所示。

图5-5 搜索引擎流程

七、旅游企业网站搜索引擎优化

搜索引擎优化是为了适应搜索引擎的需要,即对网站进行程序、域名注册,以及对内容、代码、功能模块、外链、布局、关键词等进行优化,使其满足搜索引擎索引需要。使网站的相关网页能够在检索中获得较高的点击,从而增加网站的流量,提升搜索引擎的效果。搜索引擎优化的根本目的是使网站更多地被搜索引擎收录,从而提高用户体验(UE)和转化率,为企业创造价值而努力。

搜索引擎优化可以直接提高网页在搜索引擎中的排名,较高的排名带来较高的流量,可间接提升企业的知名度。在发展前期,企业借助搜索引擎提高网站流量和网站知名度是可以的,但是企业网站在运行过程中不能过分依赖搜索引擎提高流量,更应形成网站应有的知名度,以通过品牌影响消费者行为。

狭义的搜索引擎优化(SEO)是通过满足搜索引擎搜索规则,来提高目标页面在搜索引擎中以相关关键词搜索的排名。

广义的搜索引擎优化(SEO)涉及的内容除搜索引擎,还包括充分考虑用户行为,完善网址导航和在线帮助等功能。利用这些功能,网站可在信息服务方面做得更好。企业以网站为基础,可与网络服务提供商(ISP)成为合作伙伴,与用户建立良好的关系。用户在搜索时,搜索引擎会将关联数据、对比数据等一一呈现给用户,这是广义搜索引擎优化的主要内容。广义的搜索引擎优化除了要遵循搜索引擎的规律,还要满足用户的需求。

八、旅游企业网站搜索引擎优化方法

搜索引擎优化可从两方面入手:一是站内优化;二是站外优化。站内优化就是通过SEO相关技术使网站符合搜索引擎索引规律,增强网站对搜索引擎的友好度和用户消费度。站内优化的目的是让网站能够在搜索引擎中的排名靠前并且获得良好的用户转化率。站外优化是通过站外技巧将网站及所属企业进行推广。总之,旅游网站搜索引擎优化的目的是发挥网站的信息传播作用,从而更好地将企业推向市场,以获得更广阔的发展前景。

(一)站内优化

1. 网站结构优化

(1)网页代码优化。

网页代码优化是指去除不必要的空格、空标标签(如空格、<b></b>、<h1></h1>

等)、多余的嵌套标签(如<span></span>、<div></div>)、不必要的注释、代码生产工具生成的注释等。层叠样式代码(CSS)能以文件导入的形式和布局代码进行关联,这样能够让蜘蛛在索引的时候更加快捷,如JavaScript等相关代码和程序在网站能少用则少用,这样有利于增加网站的下载速度。

(2)网页设计优化。

网页设计优化有三方面内容:一是实现网络层级扁平化,网站目录层级一般有三到四级,并且每个层级页面都有链接可以回到首页,目录的设置能让用户非常便捷地找到需要的信息,目录层级的多少直接决定网页URL地址的长短,每个目录的名称应该与该目录下的内容相关,并且目录名称最好是英文或拼音,而非中文;二是网站应设置相应的网站地图,让蜘蛛能够识别,一般网站地图应该包括三级左右的目录层级;三是网站布局,企业应根据自身的产品设置好与网站相关的子页面,并且在页面与页面间做好链接。

(3)网站URL地址静态化。

相比静态网页技术,动态网页增加了网站交互功能,有容易维护和更新的优点。但是,搜索引擎认为通过动态网页生成的文件,可变因素较高且内容具有不确定性,所以动态网页很难被搜索引擎检索到。值得注意的是,重要的网页要用静态方式表现。当然,最彻底的方法是把动态网页转化为静态网页。

2. 网站内容优化

(1)网站标题(title)。

用户通过某个关键词进行搜索时,在搜索引擎中看到的数据都是网站的标题。用户往往会通过对标题的第一印象来判断是否会进入网站进行浏览及咨询。所以,网站的标题要足够吸引用户。当然,吸引用户点击只是第一步,网站的内容一定要与标题联系在一起,这样才能真正留住用户,给用户留下良好的印象。

标题的作用是告诉用户和搜索引擎这个网页的主要内容是什么,搜索引擎在判断一个网页内容权重时,网站标题是重要的参考内容之一。用户在浏览网页时可以在浏览器最上方看到一个网页的标题。例如,携程的首页标题为"携程旅行网官网:酒店预订,机票预订查询,旅游度假,商旅管理"。

网页标题是搜索引擎索引的主要内容。一个网站的每个页面的标题应该是不一样的,网页标题一般由"详细页标题—子目录—网站名称"组成。在页面中,最可以优化的就是详细页标题。标题一般是对该页面的主要内容进行概括,但必须对该页面的关键词进行提炼,详细页标题中要包含相关的关键词。注意,标题一般不超过60个字符。

关键词的设置必须紧跟页面内容并和页面内容、行业、消费者行为相关,这是关键词提炼的关键因素。网站标题的常见写法为"网站标题""网站标题_服务词"或者

"网站标题_产品词",如旅行社网站的关键词应为与"某某旅行社"有关的内容,而不能是卖衣服的内容。

(2)段落标题(h1)和强调文本。

搜索引擎倾向于在使用加粗文字的段落h1或h2标题中寻找关键词。强调文本多以倾斜体或是颜色文字的形式显现。

如,"黄山旅游"关键词可被拆分为"黄山"和"旅游"。在推广文章中,"黄山"和"旅游"这两个词都需要进行加粗处理,并在文章中合理使用h1\h2\h3和strong标签。

(3)网页内容(正文文本)。

网页内容包括页面上出现的所有词,但是出现在页面顶端部分的文本会被认为比出现在页面中间和页面底端的文本更为重要。

网页内容一般包括网站后台发布的文字性内容。文字性内容最好是原创内容,因为搜索引擎更喜欢原创内容,如果没有原创内容,可以到互联网上查找与网站栏目有关的信息,将这些信息修改成伪原创内容,修改的原则是标题应该是新的(即与参考信息是不一样的),但是标题要和内容一致。要对文章主体内容的首端和尾端进行颠覆性修改,其他每段的首尾处最好有200个字符是原创的。这样形成的伪原创内容易受到搜索引擎的喜欢。要注意,这种原创内容要与文章主题一致,不能忽略主体进行原创。同时,在进行原创和伪原创时,要注意网页关键词的密度和词频。

(4)网站描述(discription)。

网站描述就是discription的内容。描述网站的主要内容会显示在搜索引擎的搜索列表中,如果网站描述写得好或者具有诱惑性,那么网站的点击率就会很高。描述标签给搜索引擎提供了一个很好的参考,缩小了搜索引擎对网页关键词的判断。描述标签可以适当融入关键词,这样有利于提升关键词的竞争力。

当然,网站描述也是有限度的,一般不超过200个字符。

例如,携程网的网站描述为"携程旅行网是中国领先的在线旅行服务公司,向超过9000万会员提供酒店预订、酒店点评及特价酒店查询、机票预订、飞机票查询、时刻表、票价查询、航班查询、度假预订、商旅管理、为您的出行提供全方位旅行服务"。

(5)网站关键词(keywords)。

网站关键词为给网站某个页面设定的以便用户通过搜索引擎能搜到本网页的词汇,关键词代表了网站的市场定位。关键词一般紧扣网站主题,代表的是当前页面或者栏目内容。

关键词主要通过keywords密度、出现的位置(可以是title、discription、文本正文或者其他地方)、加粗等影响网站排名。

结合网站提供的内容与该内容在互联网上的相关热词,通过相关搜索引擎关键词分析工具可以得到相关关键词的热度和指数。关键词对字数也是有限制的,一般关键词不超过166个字符。

网站的关键词一定要和网站的主页及内容高度相关。比如，网站是与旅游有关的，其关键词就要选择"景区""导游""酒店"等。

例如，携程网的关键词有"酒店预订""特价酒店""机票预订""飞机票查询""航班查询""酒店团购""旅游度假""旅行""商旅管理"等。

(6)图片alt属性及其周边文字。

搜索引擎不能抓取图片，在网页制作时可在图片alt属性中加入关键词，这样对搜索引擎是较为友好的。关键词有助于搜索引擎"了解"图片内容。在图片alt属性中加入关键词时需要注意以下内容：一是补充图片的alt标签信息，最好使用带有关键词的描述，不要太长；二是图片所在页面标题和URL中应该包含图片信息中提炼的关键词；三是不仅页面需要外部链接，图片也同样需要外部链接，而且链接的文本最好也包含关键词；四是图片名称最好有一定的含义而不是简单地以"日期＋编号"来命名。

(7)网站广告模块。

一般来说，广告模块不要占据正文位置，同时要给这些广告打上标签，通过标签设置关键词。

(二) 定期更新，内容高质量

高质量的文章对网站流量、排名、权重、用户体验等起着重要作用。

1. 定时发布原创性文章

原创性文章有利于搜索引擎收录，对提高网站权重起着重要作用。

2. 文章内容涉及行业，具有相关性

文章标题是文章的中心，可以利用分词原理把标题融入文章中，使文章围绕标题中的关键词展开。

3. 文章内容要包含keywords，并加粗

关键词出现在文章内容中时要加粗显示。

4. 产品信息

针对季节、节假日等及时发布秒杀产品、爆款产品，以及分享佣金产品等，如一元门票秒杀、限量100张、8.5折等。

(三) 站外优化

站外优化实际上就是给网站做外链，能够让用户通过外部链接访问网站，通过网页级别(PR)和百度权重影响网页排名。

1. 友情链接

友情链接分为互为友情链接和商业友情链接。互为友情链接是免费的，商业友情链接是收费的。

（1）友情链接网站搜索引擎的网页级别（PR）至少应该高于或等于企业目前网站的值。后期，企业还要关注友情链接网站有没有被搜索引擎降权。

（2）友情链接网站与本网站内容的相关性比较高，相关性高的友情链接往往能够使本网站和友情链接网站都获得更多的流量和更高的转化率。

（3）服务器上网站数量的多少，该网站上所有网站的域名是否受过搜索引擎的惩罚，以及网站域名的年龄、服务器的位置（国内、国外）等都会影响搜索引擎蜘蛛的索引。一般，蜘蛛不会"光临"受过惩罚的网站域名。

（4）在做商业友情链接时，一定要定期关注对方网站有没有把本企业的网站删掉，或者锚文字是否正确等。

2. 网络广告

网络广告指利用企业资源，到各大综合性门户或垂直性门户等做图片或者文字性广告。通过广告链接到网站，相当于给企业网站增加了外链，这样可以提高网站的流量。

3. 站外资源的利用

站外资源，即可以到论坛、微博、博客、文库等留下企业网站的"脚印"，这个过程不仅留下了相关的外链，还要根据网页内容的优化原则进行优化。同时，还可以针对网络营销推广方式进行相应的推广工作，在推广过程中要适当加入网址链接，这样会增加网站的流量。

私域流量导入是通过把网站的秒杀产品、折扣商品、限量销售产品发布在私域空间以及在私域空间进行直播等流量导入方式。

4. 网站分类目录

网站分类目录分为免费的网站分类目录和收费的网站分类目录。一般而言，免费的网站分类目录入驻门槛比较低，但是要求比较多；收费的网站分类目录要收取一定的管理费用和推广费用。虽然两种方式都收录一样的内容，但收费的网站分类目录效果强于免费的网站分类目录效果。一般情况下，网站分类目录引入了网址、关键词、描述等内容。所以，企业要仔细斟酌添加到网站分类目录里面的内容，这样也更能获得网站分类目录排名的青睐。网站分类目录是企业网站的重要外链。

教学互动

项目小结

旅游网络营销是一种通过互联网进行营销的活动。这种营销模式，可以让企业更有效地利用网络资源实现产品销售、推广品牌和拓展市场。在旅游网络营销中，网站建设是一个非常重要的环节，它不仅要考虑用户体验，还要考虑搜索引擎优化等内容，这些都将直接影响网站在搜索引擎中的排名。除此之外,还有一些其他因素也会对网站产生重大影响,如关键词布局、内容策划等。

旅游网站上线后,需要通过旅游网络营销将企业品牌、产品和服务推介给用户,只有建立起信息发布者与信息接收者的有效沟通渠道,才能使旅游电子商务企业实现自身的经营目标并承担社会责任。

在线答题

能力训练

请指出马蜂窝的title、keywords、discription分别是什么。

项目六
旅游电子商务支付

思维导图

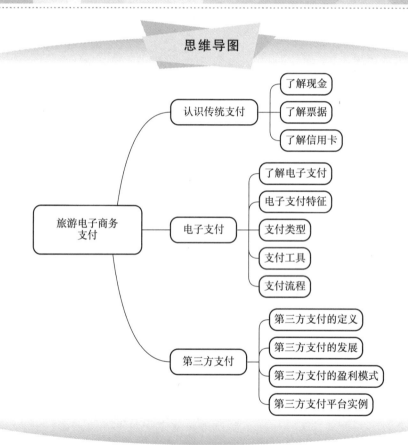

项目描述

本项目有三个任务:任务一是认识传统支付,阐述了传统支付的方式及种类;任务二是电子支付,介绍了电子支付的类型及电子支付工具;任务三是第三方支付,阐述了我国第三方支付的发展、盈利模式,以及流行的第三方支付平台。

知识目标

让学生了解传统支付方式,了解电子支付,熟悉各种支付工具,了解第三方支付。

技能目标

学生要学会识别人民币的真伪,认识支票,能够列出支付宝和微信的金融功能。

素养目标

学生要意识到中国支付领域的革命增强了民族自信和文化自信;抵制拜金主义和极端利己主义,树立正确的货币价值观;认识到中国灿烂的金融文化、晋商票号都是以诚信为基础的。

项目引入

2021年3月,深圳市讯联智付网络有限公司(以下简称讯联智付)发生工商变更,华为成为唯一股东,这意味着华为顺利成为继小米之后的又一家收购支付牌照的手机厂商。

中国人民银行2023年10月13日更新了非银行支付机构重大事项变更许可信息,同意深圳市讯联智付网络有限公司变更公司名称为"花瓣支付(深圳)有限公司"。

公开信息显示,讯联智付成立于2013年6月,注册资本为2亿元人民币,是一家第三方支付服务商,专注于移动互联网金融领域,经营范围包括电子支付、支付结算和清算系统的技术开发与技术咨询服务,以及互联网支付、移动电话支付、数字电视支付业务等。

值得一提的是,讯联智付最早由中兴软件有限责任公司出资,于2014年获得中国人民银行支付业务许可证,获准开展互联网支付、移动电话支付、数字电视支付等业务。

2018年1月,中兴软件彻底退出讯联智付股东行列,而讯联智付自此之后到被华为收购一直都是上海沃芮欧全资持股,也是证通股份旗下的支付机构。

2020年10月,华为技术有限公司申请了"花瓣支付"商标,涉及金融物管、科学仪器等类目。据介绍,花瓣支付覆盖内容包括不动产管理、借记卡支付处理、保险信息、电子转账、网上银行、信用卡支付处理、货币兑换、电子钱包支付服务、资本投资,以及通过使用会员卡为他人提供折扣等。

2022年上半年,华为支付正式上线,覆盖华为音乐、华为视频、华为阅读、芒果TV、有道云笔记、PP视频等华为应用和部分第三方应用。

2022年7月,华为终端云服务支付BU总裁对外披露,华为钱包月活用户量已超过1亿。他还表示,华为支付不仅是手机支付,还是创新的全场景支付平台。

(资料来源:IT之家。)

点评:除了网上银行、电子信用卡等支付模式,还有一种方式也可以降低网络支付的风险,那就是正在迅猛发展的利用第三方机构的支付模式及其支付流程。第三方支付是具备一定实力和信誉保障的独立机构,它是通过与银联或网联对接促成交易双方进行交易的网络支付模式。

慎思笃行

华为,5G之路上的实干家

2017年,一条德国电信发布的消息席卷了整个欧洲,数十个国家为之惊叹。德国电信已经正式宣布联合华为公司推出全球首个5G商用网络。华为是全球第一个推出完整5G网络技术的企业。

众所周知,在2G和3G时代,中国一直处于落后状态,行业规则的制定权一直掌握在别人手中,我们只能被动适应。重要专利技术几乎被美国的高通、爱立信垄断,中国一直处于相对落后的状态。但在4G时代开始时,中国的通信产业开始发力,逐渐进入第一方阵,慢慢地可以参与制定一些行业标准。在5G时代,中国通信行业开始慢慢实现弯道超车的梦想。华为提出的一些通信编码的标准相继被国际标准化组织接受,中国掌握了越来越多的主动权。华为打破了欧美数十年的国际通信技术大封锁。

5G技术是第五代移动通信技术的简称,是一种新型的无线通信技术。5G具有高速率、低时延、大连接和高稳定性的特点。5G通信设施是实现人、机、物互联的网络基础设施。5G的功耗低于4G,从而产生了一系列新的无线产品,如更多智能家居设备和可穿戴计算设备等。5G支持了物联网、智能制造、自动驾驶等领域的发展。

知行合一

在追赶和超越的过程中,中国梦的实现离不开众多科技公司的努力。华为是其中的一个典型代表。十年磨一剑,华为用了十年时间,投入了几千亿元人民币的经费支持研发。十年后的今天,华为终于站上了世界之巅。

(资料来源:根据网络资料整理。)

任务一　认识传统支付

任务描述

学生要了解传统支付方式;了解预授权;学习人民币纸币的防伪技术。

一、了解现金

历史上,货币价值的载体从早期的贝壳,逐步发展到金属铸造货币,再进一步演化成由各国政府授权的银行发行的以纸币为主、硬币为辅的信用货币。直到现在,结算过程中现金支付仍然是很多地方进行小额交易时常用的支付方式。

现金交易是直接支付现金的商品交易。它与现货交易有着密切的联系,是一种古老的交易方式。在现金交易中,商品的价值运动、所有权转让与商品实体运动是同时完成的,这种商流与物流合一的支付方式是现金交易的本质特征。现金交易的功能在于保证商品流通与货币流通的相向运动。

现金交易是在商品买卖活动中,在商品所有权转移的同时,当即付清货款的交易形式。这种交易形式的流程特点是"一手交钱,一手交货"。

现金交易流程如图6-1所示。

图6-1　现金交易流程

在现金交易中,买卖双方处于同一位置,而且交易无需实名进行,卖方不用了解买方的身份,现金就是最好的"身份证明",因为所有的经济主体都相信现金的经济价值具有不变性和稳定性,可买回同样价值的商品。现金的价值是由发行机构保证的,不用买方认同。

1. 现金交易的优点

(1) 现金交易具有方便、灵活的特点,因此多数小额交易是由现金交易完成的。

(2) 现金交易能实现自我结清。也就是说,只需要把现金交给对方,就能立即实现货币价值的转移。现金支付在结算环节成本相对较低(主要是点数现金和验钞耗用的时间较短)。

2. 现金交易的缺点

(1) 易受时间和空间限制。

不在同一时间、同一空间进行的交易,无法采用现金交易。例如,一个人在上海,另一个人在广东,两地分离就不能在同一时间采取现金交易方式。

(2) 受不同发行主体的限制。

不同国家现金的单位和代表的购买力不同,这给跨国交易带来了不便。例如,我国公民去美国旅游,就不能直接带着人民币去,必须先将人民币兑换成美元,才能在美国消费。

(3) 不利于大宗交易。

大宗交易涉及金额巨大,倘若使用现金交易作为支付手段,不仅不方便,而且不安全。例如,在先进仪器设备的交易中,金额通常上千万元,带这么多现金,显然是非常不安全的,而且携带也不方便。

(4) 成本高。

现金交易在保管、运输、存放等环节都需要很高的成本。大额交易尤为如此。

二、了解票据

针对使用现金进行大额支付的不便,一些有信用的机构或个人开始开具本票(Promissory Note)作为大额现金的替代品。这种开票机构或个人承诺见票立即支付现金的本票逐步演变成现在仍在一定范围内使用的银行本票。我国现在的本票特指银行本票,是申请人将款项交给银行,银行签发的、见票时无条件付款的凭据。其实,纸币也是在银行本票基础上叠加政府信用发展而来的。

支票是常见的支付票据,是由出票人签发的,银行见票后无条件支付确定金额给持票人的支付工具。

本质上，支票是企业或个人在银行或金融机构开立账户并缴存一定存款后，委托银行或金融机构见到支票时予以付款的凭证。

开票账户内无相应存款，支票就存在无法支取款项的情况，这就是日常说的空头支票。为了解决空头支票问题，诞生了到期无论是否有存款都能支取款项的票据，这就是汇票（Money Order）。

在国外，银行网点不足时，除了银行，政府的邮政机构或信用度很高的零售网点（如沃尔玛）也可以签发汇票，来代替现金进行支付。与本票支付相比，汇票的特点在于付款人并不局限于开具汇票的机构，汇票持有人可以向所有开票人接受的委托付款人提交汇票，换回现金，使用起来更为方便。在中国，这种汇票仅允许银行签发。因此，在中国只有由银行签发的银行汇票，没有国外较常见的由非银行机构签发的汇票。

汇票的功能是票据开具后到相应金融机构收取款项的凭证。但汇票多了一项功能，即无论票据签发人账户内是否有钱，付款人都必须无条件付款。在金融机构开立汇票功能时，一般都须缴纳一定的保证金或抵押物，以保证票据的安全。如果企业资质良好，金融机构会给予相应的授信额度，在此范围内可随意开具票据，无须抵押物及保证金。

但是，本票和汇票都需要先凭现金或账户上的资金去特定机构购买才能使用，在频繁的贸易往来中也不太方便，金融界又创造出了商业汇票（Commercial Draft）这种新的支付方式。这种商业汇票与普通汇票（Money Order）很相近，商业汇票是汇票的一种形式。从本质上看，商业汇票和普通汇票存在差异，商业汇票在出现之初确实是一种颠覆性的创新，其特点是将支付意向和承诺付款两个环节进行拆分，更便于在贸易场景下使用。开票人先根据在双方贸易协议中确定的付款意向开具商业汇票，并交给收款人，但此时商业汇票尚未具备见票即付的法律效力。当收款人履行贸易协议中规定的义务后，可以要求付款人或贸易协议双方共同接受的第三方进行承兑，并由此赋予该商业汇票见票即付的法律效力。由银行进行承兑的商业汇票被称为银行承兑汇票（Bank's Acceptance Bill），而由付款人承兑的商业汇票被称为商业承兑汇票（Commercial Acceptance Bill）。

每一种支付工具都有其适用的支付场景。前面介绍的商业汇票虽然功能独特，但对没有贸易背景的支付行为来说，却显得过于烦琐了。金融机构又针对无条件支付的场景发明了支票。随着支票的广泛使用，西方发达国家对支票支付体系不断进行优化，最终构建了最初的中央清算体系，让银行间的支付清算效率提升至新高度。

能开具商业汇票的企业，一般是营收和体量较大的企业，小企业一般不行。因为企业小，银行不愿承兑，也很少有人愿意接受中小企业自己的信誉承兑。

本票、支票、汇票的区别主要有以下四点。

(1)付款期限不同。

本票:本票的付款期限为2个月,一般只在同城使用。

支票:支票的付款期限只有10天。

汇票:汇票付款期限是出票日起1个月,同城异地均可使用。

(2)种类不同。

本票:本票的种类是银行本票,包括定额和不定额。

支票:支票的种类包括普通支票、现金支票和转账支票。

汇票:汇票的种类包括银行汇票和商业汇票。

(3)性质不同。

本票:本票的性质是自付证券。

支票:支票的性质是委付证券。

汇票:汇票的性质是委付证券。

(4)出票人的责任不同。

本票:本票的出票人有直接支付的责任。

支票:支票的出票人有直接支付的责任。

汇票:汇票的出票人无直接支付的责任,只有担保责任。

三、了解信用卡

据说,某天,美国商人弗兰克·麦克纳马拉在纽约一家饭店招待客人用餐,就餐后他发现自己忘带钱包了,不得不打电话叫妻子带现金来饭店结账,因而深感难堪,于是他产生了创建信用卡公司的想法。1950年春,弗兰克·麦克纳马拉与他的好友施奈德合作投资一万美元,在纽约创立了大莱俱乐部(Diners Club),即大莱信用卡公司的前身。大莱俱乐部为会员们提供一种能够证明身份和支付能力的卡片,会员凭卡片到指定餐厅就餐时可以记账消费,不必支付现金,这就是最早的信用卡。这种无须银行办理的信用卡属于商业信用卡。

信用卡又叫贷记卡,是由商业银行或信用卡公司对信用合格的消费者发行的信用证明。

《〈中华人民共和国刑法〉有关信用卡规定的解释》明确刑法规定的"信用卡",指由商业银行或者其他金融机构发行的具有消费支付、信用贷款、转账结算、存取现金等全部功能或者部分功能的电子支付卡。

(一)信用卡的使用

1.POS机刷卡

在POS机上刷卡是较常见的信用卡使用方式。POS机刷卡是一种联网刷卡的方式。刷卡时,首先,操作员应查看信用卡的有效期和持卡人姓名等信息;其次,根据发卡行,以及需要支付的货币种类选择相应的POS机;最后,将磁条式信用卡的磁条在POS机上划过,或者将芯片式信用卡插入卡槽,输入相应的金额,连接银行等的支付网关。远程支付网关接收信息后,POS机会打出刷卡支付的收据(至少是两联),持卡人检查支付收据上的信息无误后在收据上签字。操作员核对收据上的签名和信用卡背后的签名是否一致(包括姓名完全相符和笔迹基本相符);然后,将信用卡及刷卡支付收据的一联给持卡人。至此,POS机刷卡程序完成。

2. RFID机拍卡

在RFID机上拍卡感应是一种新型的信用卡使用方式,亦是联网支付的一种。拍卡时,首先,操作员应查看信用卡的有效期和持卡人姓名等信息;其次,根据发卡行,以及需要支付的货币种类选择相应的拍卡机;最后,输入相应的金额,将信用卡平放于感应器上方不多于10 cm的地方。RFID机感应到信用卡后会发出信号,然后继续运作程序,远程支付网关接收信息后,打印机(如已连接)会打出拍卡支付的收据。与POS机刷卡不同,RFID机拍卡持卡人无须签字,更快捷、更方便。至此,RFID机上的拍卡感应程序完成。

3. 手工压单

手工压单通常在没有POS机或POS机不能联网的情况下使用。压单操作必须有压敏复写式的直接签购单(至少是两联)和电话。首先,压单前的检查工作与POS机刷卡相同;其次,操作员用压单设备将信用卡上凸起的卡号、姓名等印到签购单上,并写上金额、日期等信息;最后,拨打收单银行授权专线电话,报出卡片信息申请授权,并将获得的授权码写在签购单上,持卡人确认无误后签字。操作员核对签名后,将信用卡及签购单的一联交给持卡人。至此,手工压单程序完成。

授权电话通常会被即时拨打,在某些通信不畅或信用良好的地区,会遇到商户压卡客户签字后便交付商品完成交易的情况,授权会在日后完成。这样,商户可能遇到风险,如碰上信用卡诈骗等(若客户使用无效卡支付,商户不立即申请授权码的话便无法及时发现)。

4. 网络支付

从持卡人角度讲,网络支付被认为是信用卡的几种支付方式中风险较大的一种。因为不怀好意的人可能使用网络钓鱼、窃听网络信息、假冒支付网关等手段窃取用户资料。网络支付时,需要输入卡号、信用卡有效期、卡背面签名,输入完成后,点提交即可完成网络支付。随着互联网的发展,网络支付及信用卡支付的安全性也逐渐提高,从而掀起了网上消费的热潮。

5. 电视、电话交易

电视、电话交易同网络支付类似,需要卡号、有效期等信息。

6. 预授权

预授权一般用于支付押金,即冻结一部分信用卡的可用额度,当作押金。预授权和手工压单的过程类似,但是电话内容要求预授权有相应的金额,不是要求支付,也不需要压单,只需要出具收到押金的凭证即可。一般情况下,在结账时由商家取消预授权。如果商家忘记取消,可以打电话给商家要求其取消,自己打电话给授权机构是无法取消的。或者,用户可以等待银行自动取消预授权(一般为7—30天不等)。

(二)主要公司

国际上有五大信用卡品牌:维萨国际(VISA International)、万事达卡国际(MasterCard International),以及美国运通(America Express)、大莱信用卡(Diners Club)、日本JCB国际信用卡有限公司。另外,各地区还有一些地区性的信用卡组织,如欧洲的Europay、中国的银联等。

知识活页

任务二 电子支付

📎 任务描述

学生要熟悉电子支付的含义;熟悉各种电子支付工具;学会使用智能卡。

货币是国与国、人与人之间发生交换关系的媒介。原始社会通过皮毛、贝壳等稀缺物质进行交换,但交换媒介不统一制约了生产力的发展。农业社会开始以黄金、白银或铜币等贵金属作为货币中介。工业社会后,黄金等贵金属作为货币难以承载巨大的交易规模,纸币随之出现。再后来,信用卡、电子钱包、手机支付等迅猛发展,货币的电子化走向成熟。随着金融科技的发展,以比特币(Bitcoin)、天秤币(Libra,后更名为Diem)、数字人民币(CBDC)为代表的数字货币开始出现,货币迎来了数字化时代。货币从形式上看,迄今为止大致经历了实物货币—金属货币—信用货币—数字货币四个阶段,货币形态的每一次变化都是人类文明进程的重要转折点。

当前,电子货币、虚拟货币、数字货币等新型货币形式尚未形成统一的划分标准,但数字货币呈现出的新的发展趋势主要有以下方面。

一是数字货币的使用呈现普及化。早在2015年,全球接受比特币支付的商家就已经超过十万家。与此同时,很多数字货币提供全天候交易服务,与数字货币相关的各种衍生产品也在不断涌现。

二是数字货币的类型呈现多样化。目前,数字货币的种类已超过9000种,与数字货币早期阶段相比,目前的比特币不再是一枝独秀,其他数字货币市值总和已超过比特币,未来数字货币将呈现百花齐放的发展态势。

三是数字货币的身份逐渐合法化。2022年5月,国际清算银行发布的新一轮中央银行数字货币调查显示,在参与调查的81家中央银行中,有90%的中央银行正在进行数字货币的相关研究,有62%的中央银行正在进行相关实验或概念验证。数字货币在全球范围的合法化已经成为不可逆转的趋势。

数字货币为重塑国际货币体系提供了方案。从2014年起,中国人民银行就开始了法定数字货币的研发工作。目前,基本完成顶层设计、标准制定、功能研发、联调测试等工作,并遵循稳步、安全、可控、创新、实用原则进行内部封闭试点测试,以不断优化和完善功能。"十四五"规划提出,稳妥推进数字货币研发。

未来,数字货币应用会渗入经济社会生活的方方面面。一千年前,交子的发明是人类货币史上的一次伟大革命,开启了人类最早的信用货币体系试验;一千年后,数字货币的崛起是人类货币史上的又一次伟大革命,必将加速数字文明时代的发展。

一、了解电子支付

电子支付是消费者、商家和金融机构之间使用安全电子手段把支付信息通过网络安全地传送到银行或相应的处理机构,用来实现货币支付或资金流转。20世纪90年代,国际互联网迅速发展,逐步从大学、科研机构走向企业和家庭,其功能也从信息共享演变为一种大众化的信息传播手段,商业贸易活动逐步进入因特网领域。因特网既可降低交易成本,又可创造更多的商业机会,因此电子商务技术得以发展并逐步成为因特网应用的一大热点。为适应电子商务,电子支付随之发展起来。

2005年,中国人民银行发布的《电子支付指引(第一号)》规定:电子支付是指单位、个人直接或授权他人通过电子终端发出支付指令,实现货币支付与资金转移的行为。电子支付的类型按电子支付指令发起方式分为网上支付、电话支付、移动支付、销售点终端交易、自动柜员机交易和其他电子支付。电子支付是电子商务系统的重要组成部分。

电子支付的发展大概经历了以下五个阶段。

第一阶段是银行利用计算机处理银行之间的业务,并办理结算。

第二阶段是银行计算机与其他机构计算机之间的资金结算,如代发工资等业务。

第三阶段是利用网络终端向客户提供各项银行服务,如ATM自动柜员机等。

第四阶段是利用银行销售终端向客户提供自动扣款服务,如POS系统等。

第五阶段是基于Internet的电子支付,将第四阶段的电子支付系统与Internet整合,实现随时随地通过Internet进行直接转账结算,形成电子商务交易支付平台。

二、电子支付特征

与传统的支付方式相比,电子支付具有以下特征。

一是电子支付是采用先进的技术通过数字流转来完成信息传输的,其各种支付方式都是通过数字化方式进行款项支付的;而传统的支付方式是通过现金的流转、票据的转让,以及银行的汇兑等物理实体来完成款项支付的。

二是电子支付的工作环境是基于一个开放系统平台(即互联网)的;而传统支付是在较为封闭的系统中运作的。

三是电子支付使用的是先进的通信手段,如Internet、Extranet等,而传统支付使用的是传统的通信媒介;电子支付对软件设施、硬件设施的要求很高,一般要求有联网的微机、相关的软件,以及其他一些配套设施,而传统支付没有这么高的要求。

四是电子支付具有方便、快捷、高效、经济的优势。用户只要拥有一台可以上网的PC机,便可足不出户,在很短时间内完成整个支付过程。支付费用仅相当于传统支付的几十分之一,甚至几百分之一。

在电子商务中,支付过程是整个商务活动中非常重要的一个环节,同时也是电子商务中对准确性、安全性要求均较高的业务过程。电子支付的资金流是一种业务而非一种技术,但在进行电子支付活动过程中,会涉及很多技术问题。

三、支付类型

电子支付的业务类型按电子支付指令发起方式分为网上支付、电话支付、移动支付、销售点终端交易、自动柜员机交易和其他电子支付。

(一)网上支付

网上支付是电子支付的一种形式。广义地讲,网上支付是以互联网为基础,利用银行支持的某种数字金融工具,发生在购买者和销售者之间的金融交换,以实现从买者到金融机构、商家的在线货币支付、现金流转、资金清算、查询统计等的过程。

(二)电话支付

电话支付是电子支付的一种线下实现形式,是消费者使用电话(固定电话、手机、等)或其他类似电话的终端设备,通过银行系统从个人银行账户里直接完成付款的方式。

（三）移动支付

移动支付是使用移动设备通过无线方式完成支付的一种新型支付方式。移动支付使用的移动终端可以是手机、PDA、移动PC等。

四、支付工具

一笔支付交易可以通过纸质或电子支付工具发起。

一些支付工具，既可以以纸质方式发起，也可以以电子方式发起。例如，贷记转账，既可在银行柜面填写单据，以签名、签章方式对支付进行授权，也可以利用网上银行功能以电子化方式授权发起；银行卡，既可以以纸质方式通过签名进行授权，也可在终端（POS机、ATM机）通过刷卡与密码方式发起。

支付交易可通过纸基与电子化步骤结合的方式进行，如支票可被截留并以电子化方式进行处理，截留地点与时间的不同（如在POS机或在交换中心）反映了电子化程度的差异。

随着计算机技术的发展，电子支付的工具越来越多。这些支付工具可被分为以下三大类。

电子货币类，如电子现金、电子钱包等。

电子信用卡类，如智能卡等。

电子支票类，如电子支票、电子资金转账（EFT）、电子划款等。

这些方式各有特点和运作模式，适用不同的交易过程。下面介绍电子现金、电子钱包、电子支票和智能卡、数字人民币。

（一）电子现金

电子现金（E-cash）是一种以数据形式流通的货币。它把现金数值转换为一系列的加密序列，通过这些序列来表示现实中各种金额的币值，用户在开展电子现金业务的银行开设账户并在账户内存钱后，就可以在接受电子现金的商店购物了。

（二）电子钱包

电子钱包是电子商务活动中用户常用的一种支付工具，是在小额购物或购买小商品时常用的新式钱包。

电子钱包一直是世界各国开展电子商务活动的热门话题，也是实现全球电子化交易和因特网交易的一种重要工具。目前，全球已有很多国家正在建立电子钱包系统以便取代现金交易。我国也正在开发和研制电子钱包服务系统。使用电子钱包购物，通常需要在电子钱包服务系统中进行。电子商务活动中使用的电子钱包软件通常是免费的，可以直接与用户自己的银行账户连接，也可以从因特网上直接调出来使用。世界上的电子钱包系统除VISA cash和Mondex，还有其他的电子钱包服务系统，如HP公司的电子支付应用软件VWALLET、微软公司的电子钱包MS Wallet、IBM公司的Commerce POINT Wallet软件与MasterCard Cash、Europay的Clip和比利时的Proton等。

(三) 电子支票

电子支票(Electronic check,E-check)是一种借鉴纸张支票转移支付的优点,利用数字传递将资金从一个账户转移到另一个账户的电子付款形式。电子支票支付是在与商户及银行相连的网络上以密码方式传递的。

电子支票支付事务处理费用较低,银行也能为参与电子商务的商户提供标准化的资金信息,是有效率的支付手段。

(四) 智能卡

智能卡(也称IC卡)是在法国问世的。20世纪70年代中期,法国Roland Moreno公司采取在一张塑料卡片上安装嵌入式存储器芯片的方法,率先成功开发了IC存储卡。

在美国,人们更多地使用ATM卡。智能卡与ATM卡的区别在于两者分别是通过嵌入式芯片和磁条来储存信息的。但由于智能卡存储信息量较大,存储信息范围较广,安全性也较好,逐渐受到人们的关注。

近年来,中国国家金卡工程取得了令人瞩目的成绩,IC卡已在金融、电信、社会保障、税务、公安、交通、建设及公共事业、石油石化、组织机构代码管理等许多领域得到广泛应用。第二代居民身份证(卡)、社会保障IC卡、城市交通IC卡、电话IC卡、三表(水表、电表、气表)IC卡、消费IC卡等应用已经渗透到人们生活的方方面面,并取得了较好的社会效益和经济效益。这对提高各行业及地方政府的现代化管理水平、改变人们的生活方式并提高人们的生活质量,推动国民经济和社会信息化进程发挥了重要作用。

(五) 数字人民币

数字人民币(Digital RMB)是由中国人民银行发行的数字形式的法定货币,由指定运营机构参与运营并向公众兑换,以广义账户体系为基础,支持银行账户松耦合功能,与纸钞、硬币等价,具有价值特征和法偿性,支持可控匿名。

数字人民币的重点有两个:一是数字人民币是数字形式的法定货币;二是和纸钞、硬币等价,数字人民币主要定位于流通中的现钞和硬币。

1. 法定货币

数字人民币由中国人民银行发行,是有国家信用背书、有法偿能力的法定货币。

与比特币等虚拟币相比,数字人民币的效力和安全性是较高的,而比特币是一种虚拟资产,没有任何价值基础,也不享受任何主权信用担保,无法保证价值稳定。这是数字人民币与比特币等加密资产的根本区别。

2. 双层运营体系

数字人民币采取双层运营体系,即中国人民银行不直接对公众发行和兑换数字货币,而是先把数字人民币兑换给指定的运营机构,如商业银行或者其他商业机构,再由这些机构兑换给公众。运营机构需要向人民银行缴纳100%的准备金,这就是1:1的兑换过程。这种双层运营体系和纸钞发行基本一样,因此不会对现有金融体系产生大的影响,也不会对实体经济或金融稳定产生大的影响。

采用双层运营模式,不对商业银行的传统经营模式造成影响的同时,还能充分发挥商业银行和其他机构在技术创新方面的积极性,即保证数字货币投放系统不超发,当货币生成请求符合校验规则时才能发送与其相对应的额度凭证。

3. 以广义账户体系为基础

在现行数字货币体系下,任何能够形成个人身份唯一标识的东西都可以成为账户。例如,车牌号就可以成为数字人民币的一个子钱包,通过这一子钱包可以快速地在高速公路或者停车场缴费。这就是广义账户体系的概念。

银行账户体系是非常严格的,一般需要提交很多文件和个人信息才能开立银行账户。

4. 支持银行账户松耦合

支持银行账户松耦合是不需要银行账户就可以开立数字人民币钱包的。

对那些不能或者不便持有银行账户的人来说,通过数字钱包享受相应的金融服务是非常便捷的。数字钱包的推广有助于实现普惠金融。

5. 其他个性设计

(1)双离线支付。

双离线支付即可像纸钞一样,在飞机、邮轮、地下停车场等网络信号不佳的场所进行支付。

(2)安全性更高。

如果真的发生了盗用等行为,数字人民币可提供挂失功能。

(3)多终端选择。

对不愿意用或者没有能力用智能手机的人来说,可以选择IC卡、功能机或者其他的硬件进行支付。

(4)多信息强度。

根据掌握客户信息的强度不同,可把数字人民币钱包分成几个等级。例如,大额支付或转账,必须通过信息强度高的实名钱包进行支付。

(5)点对点交付。

通过数字货币智能合约的方式,可以实现定点到人的交付。相关部门可以将民生资金发放到人们的数字钱包上,从而能够有效降低虚报冒领、截留挪用等情况发生的可能性。

(6)高可追溯性。

在有关机构严格依照程序出具相应法律文书的情况下,能够进行相应的数据验证和交叉比对,为打击违法犯罪提供信息支持。即使犯罪分子通过化整为零等手段,也难逃监管。

五、支付流程

支付流程包括支付的发起、支付指令的交换与清算、支付的结算等环节。

清算(Clearing),指结算之前对支付指令进行发送、对账、确认的处理,还可能包括指令的轧差。轧差(Netting),指交易伙伴或参与方之间各种余额或债务的对冲,以产生结算的最终余额。

结算(Settlement),指双方或多方对支付交易相关债务的清偿。

严格意义上,清算与结算是不同的过程,清算的目的是结算,但在一些金融系统中,清算与结算并不严格区分,或者清算与结算同时发生。

任务三 第三方支付

任务描述

学生要了解第三方支付;掌握第三方支付的发展和盈利方式;实际体验支付宝支付、微信支付。

随着移动支付的快速发展,第三方支付已经融入人们的生活中了,从吃饭、购物、看电影、菜市场买菜到乘坐公交、地铁,你能想到的消费场景,基本都能用到移动支付。这些便捷的背后都有第三方支付作为支撑。

一、第三方支付的定义

在中国,第三方支付是受到中国人民银行监管的。通常,第三方支付运营机构被定义为,获准办理互联网支付、移动电话支付、固定电话支付、数字电视支付等网络支付业务的非银行机构。

互联网支付、移动电话支付合称为网络支付;银行卡收单分为地域性和全国性,预付卡发行与受理以地方性为主。

（一）网络支付

网络支付是指依托公共网络或专用网络，收款人、付款人直接转移货币资金的行为，包括互联网支付、移动电话支付、固定电话支付、数字电视支付等（如支付宝、财付通、快钱）。

网络支付盈利来源于交易佣金和备付金的存款利息。一方面，通过在线支付，网络支付的服务商主要收取交易佣金，佣金率与收单业务相当。另一方面，利润源于备付金利息收入（现在这个收入没有了）。

（二）银行卡收单

银行卡收单是指通过销售点（POS）终端等为银行卡特约商户代收货币资金的行为，为商户提供收单清算服务。

收单企业有合作的收单银行，对于收单银行自己持卡人的交易，收单银行自己处理，其他银行的交易，由合作收单银行转接到银联，银联转接到其他发卡行处理。

（三）预付卡

预付卡指由发行机构发行，可在商业服务领域使用的债权凭证，具体表现形式为购物券或消费卡。预付卡可被划分为单用途预付卡和多用途预付卡。单用途预付卡只能在本企业或同一品牌连锁商店使用（如华润苏果卡、徽润超市卡）；多用途预付卡是由第三方发卡机构发行，跨法人使用的预付卡（如北京资和信商通卡）。预付卡的盈利来源有三个：一是支付手续费；二是可以实现资金沉淀，赚取投资收益；三是隐秘收入，即过期预付卡里的剩余资金。

广义上讲，第三方支付是非金融机构作为收款人、付款人的支付中介提供的网络支付、预付卡、银行卡收单，以及中国人民银行确定的其他支付服务；狭义上讲，第三方支付是具备一定实力和信誉的非银行机构，借助通信、计算机和信息安全技术，采用与各大银行签约的方式，在用户与银行支付结算系统间建立联系的电子支付模式。

第三方支付是由第三方居于买家和卖家之间进行收款、付款业务的交易方式。在中国，从事第三方支付业务必须申请第三方支付牌照（支付业务许可证）。

第三方支付之所以被称为"第三方"，是因为这些平台无资金的所有权，只起到中转作用。它原本是用来解决不同银行卡之间的网上银行对接，以及异常交易带来的信用缺失问题，通过提供线上和线下支付渠道，完成从消费者到商户，以及金融机构间的货币支付、资金清算、查询统计等过程。

第三方支付具有以下优势。

一是第三方支付平台提供一系列的应用接口程序，将多种银行卡支付方式整合到一个界面上，负责交易结算中与银行的对接，使网上购物更加快捷、便利。第三方支付整合了各大银行后端不同的支付接口,对外提供统一的接入平台,方便商户接入。

二是银行商业系统具有安全等级要求,支付体验相对较差,利用第三方支付平台进行支付操作更加简单且易被用户接受。在第三方支付的激烈竞争中,为了争夺更多的用户,第三方机构在商户接入、用户体验、产品易用性等方面都做了大量优化,方便用户、商户支付。

三是第三方支付平台本身依附大型门户网站,且以与其合作的银行信用作为信用依托。因此,第三方支付平台能够较好地解决网上交易中的信用问题,有利于推动电子商务的快速发展。

四是从成本来说,第三方支付平台降低了企业直连银行的成本,满足了企业发展在线业务的需求。同时,第三方支付平台降低了转账所需时间。另外,第三方支付平台往往避免与服务企业竞争,只作为中间的服务层。第三方支付平台的多样性,能够为被服务的市场定制个性化的结算服务。

二、第三方支付的发展

(一)国外第三方支付行业的发展概况

1996年,全球第一家第三方支付公司在美国诞生,随后逐渐涌现出Amazon Payments、PayPal等一批第三方支付公司。其中,PayPal较为突出,其发展历程基本代表了北美第三方支付市场的发展。

20世纪90年代末,随着计算机网络技术、电子商务等行业的快速发展,完善的信用卡保障机制、金融支付系统以及发达的物流体系极大地促进了B2B、B2C、C2C等网上交易的发展。

21世纪以来,美国电子商务的蓬勃发展进一步推动了第三方支付的发展。如,知名的eBay、Amazon、谷歌等电子商务交易商促进了PayPal、Amazon Payments等第三方支付机构的繁荣发展。

总体而言,国外第三方支付市场的发展历程可归纳为两个阶段:一是依托个人电子商务市场(C2C)起源、壮大和成熟;二是向外部专业化、垂直化电子商务网站(B2C)深入拓展。

(二)国内第三方支付行业的发展概况

1. 网银发展促进行业生长(2005年以前)

1991年,中国人民银行建成全国电子联行系统。至此,中国的支付体系才初步形成。支付服务出现的契机是工具的普及、需求的增长与银行落后的系统建设能力之间存在矛盾。2002年之前,各大商业银行处于网银业务的发展完善期,向商家提供的支付接口没有统一的标准,给商家和消费者造成诸多不便。

2002年,中国银联的成立解决了多银行接口承接问题。通过银行共同分担成本的方式,银联向商家提供银行卡在线支付统一接口,使异地跨行网上支付成为可能,而金融网络与互联网的接口承接,则由从电子商务发展而来的第三方支付机构承担。

第三方支付机构提供的支付服务为支付网关模式,即具有较强银行接口专业技术的第三方支付公司作为中介方,分别连接银行和商家,从而帮助消费者和商家在网络交易支付过程中跳转到各家银行的网银界面进行支付操作。在支付网关模式下,第三方支付机构业务自身附加值和增值空间均较小,收入主要来自银行端手续费的分润。

基于此制约,第三方机构一方面不断发展壮大,以期获得规模效应;另一方面不断寻求业务创新,以期获得新的利润增长点和竞争优势。至此,银行卡支付与互联网支付的商业合作模式初步形成。

2. 互联网浪潮推动第三方支付爆炸式增长(2005—2011年)

2005年被称为以互联网支付为代表的第三方支付概念提出的一年。这一年,第三方支付公司在专业化程度、市场规模和运营管理等方面均取得了较为显著的进步。

这一阶段,第三方支付机构在提供基础支付服务的同时,开始向用户提供各种类型的增值服务,如缴费、转账、还款、授信等,第三方支付的概念逐渐被大众认可。2008—2010年,中国第三方支付异军突起,交易规模连续三年持续增长。其中,互联网支付的发展尤其迅猛。

2010年,以中国人民银行制定的《非金融机构支付服务管理办法》《非金融机构支付服务管理办法实施细则》的颁布为标志,第三方支付行业的外延有了进一步延伸,即扩展为在收款人、付款人之间作为中介机构提供网络支付、预付卡发行与受理、银行卡收单,以及中国人民银行确定的其他支付服务的非金融机构,包括银联商务在内的20多家企业获得了中国人民银行颁发的首批支付牌照。

第三方支付牌照的发放标志着第三方支付行业合法地位的确立。第三方支付行业边界被正式定义,行业采用牌照监管方式使第三方支付逐渐进入有序发展阶段。

3. 移动互联网浪潮酝酿重大变革(2012年至今)

2012年是移动支付突破的元年,基于智能手机的SNS(社会性网络服务)、LBS(基于位置的服务)等应用都取得了较大突破,以智能终端和移动网络为依托的第三代支付风起云涌。同时,第三方支付与保险、信贷、证券等金融服务业的新一轮互相渗透和融合正步入快车道,中国第三方支付将进入一个新技术、新金融、新体系、新格局不断涌现的重大变革阶段,并逐步走向成熟和完善。

三、第三方支付的盈利模式

(一) 第三方支付参与者的盈利模式

处于产业链不同环节的参与者赚取不同的利润,第三方支付企业目前主要的盈利方式有:为电商平台提供解决问题的方案获取佣金;获得电商交易商户的交易佣金;沉淀资金的利息收入等。

银行的核心业务是负债业务和资产业务,支付清算和电子银行业务只是银行业务的一小部分,该类业务占银行业务收入的占比非常小。

银联:银行卡收单跨行交易手续费分润;ATM跨行取款收费;非金融机构支付清算;银行卡发行品牌服务(类似冠名)等。

商业银行:银行卡交易发卡行手续费分润;银行卡交易收单行手续费分润;电子银行转账等手续费;快捷支付手续费分润支付等。

第三方支付企业:获取电商交易中商户的交易佣金;为电商平台提供解决问题的方案获取佣金;沉淀资金的利息收入等。

银联、商业银行、第三方支付的盈利模式和收益形式如表6-1所示。

表6-1 银联、商业银行、第三方支付的盈利模式和收益形式

	盈利模式	收益形式
银联	银行卡收单跨行交易手续费分润;ATM跨行取款收费;非金融机构支付清算;银行卡发行品牌服务(类似冠名)等	银行卡收单分成(1/10)、网络服务费、品牌费等
商业银行	银行卡交易发卡行手续费分润;银行卡交易收单行手续费分润;电子银行转账等手续费;快捷支付手续费分润支付等	发卡行(7/10)、收单行(2/10)等
第三方支付	获取电商交易中商户的交易佣金;为电商平台提供解决问题的方案获取佣金;沉淀资金的利息收入等	接入费、交易手续费(2/10)、技术服务费、沉淀资金利息收入等

(二) 第三方支付企业的盈利模式

支付清算是第三方支付的主要业务,是帮助用户实现资金转移支付的工具。银行电子银行等业务的发展是为了更好地服务由资产业务和负债业务产生的存量客户;电子支付作为第三方支付的根基,其要做到以支付产品去吸引用户,留住用户。所以,第三方支付企业在产品开发、流程优化等方面的迫切性远高于商业银行。

资产负债类业务的发展在银行电子支付业务发展之前,银行并非一定要通过支付数据的开发拓展新的业务模式,其对数据资源的重视和利用程度不如第三方支付。第三方支付企业的盈利模式如图6-2所示。

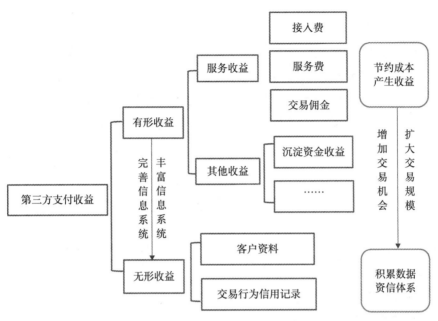

图 6-2　第三方支付企业的盈利模式

知识活页

四、第三方支付平台实例

（一）PayPal

PayPal 是世界上第一批支付公司之一，现在也是世界上使用范围较广的第三方支付公司。截至目前，PayPal 支持 200 多个国家和地区，全球活跃用户超过 4 亿，通用货币涵盖加元、欧元、英镑、美元、日元、澳元等 26 种。

1998 年，在美国的斯坦福，一位叫马克斯·列夫琴(Max Rafael Levchi)的程序员被一场题为《市场全球化和政治自由之间的联系》的演讲感动。演讲结束后，马克斯·列夫琴主动找到演讲者彼得·蒂尔(Peter Thiel)交流互动。彼得·蒂尔与马克斯·列夫琴研讨了当前支付领域的种种痛点，谈到想要尝试用一种新的技术（数字钱包）来代替现金，实现个人对个人的支付。

一家名叫康菲尼迪(Confinity)的支付公司就这样在两位年轻人此次简短的交流和几次思想碰撞后诞生了。公司的初衷是提供一个方便客户和商家进行网上交易的工具。

2000 年，为解决在网上快捷转账业务上的竞争，X.com 公司与 Confinity 公司合并，这家新公司于 2001 年 2 月更名为贝宝(PayPal)。

2002 年 10 月，全球较大拍卖网站 eBay 以 15 亿美元收购 PayPal，PayPal 便成为 eBay 的主要付款途径之一。2005 年，PayPal 在中国大陆地区开通了第一家网站，名为贝宝。值得注意的是，PayPal 和贝宝实际上是两个相互独立的账户，因为贝宝使用人民币作为唯一的支付货币。

（二）支付宝

1999年成立的北京首信和上海环迅是中国较早的第三方支付企业，由于电子商务在中国的发展较为缓慢，其影响力一直不大。

2004年，支付宝开始从淘宝分拆出来。在淘宝购物平台的推动下，支付宝业务取得了突飞猛进的发展，第三方支付的交易规模也呈飞速增长趋势。支付宝仅用4年便以超过2亿用户使用的绝对优势战胜了美国的PayPal，成为全球较大的第三方支付平台。

目前，支付宝是中国较大的第三方支付公司。支付宝最初设立的目的是解决淘宝网络交易安全问题。支付宝使用了第三方担保交易模式。

淘宝网创办之初，团队士气高涨，大家拼劲儿十足，很多用户在论坛上发帖，咨询业务的用户也越来越多，但是却没有交易。因为淘宝初期的交易方式有两种：一是同城见面交易；二是远程汇款交易。中国人的传统商业思维是"一手交钱，一手交货"，而在网络交易中，不存在这种方式。所以，这一时期淘宝的成长陷入了困境。

碰巧的是，淘宝的一位创始人在浏览淘宝论坛时发现，淘宝社区中的买家和卖家也在讨论支付信任这个让淘宝网团队头疼的问题，于是这位创始人主动发帖和这些用户讨论。一来二去，这位创始人的思路越来越清晰，他想，既然用户关心的是钱，那么只要保证资金安全，用户就敢用淘宝网进行交易了，如果能在淘宝网上推出一种基于担保交易的支付工具，那么问题就解决了。

2003—2005年，中国的金融行业还以国有企业为主，电子支付牌照发放也没有放开，自己建立一个支付系统既面临法律风险，也面临技术难题。当时，国内的大多数银行觉得一笔交易才5块钱、10块钱，赚的钱都不够银行的成本。

银行认为，电子支付利润较低不值得去做，民营企业没有支付牌照还面临着法律风险。随着2010年《非金融机构支付服务管理办法》等文件的出台为第三方支付解除了风险。

项目小结

旅游电子商务的兴起，为电子支付的发展奠定了基础。现今，电子支付已经成为电子商务系统的重要组成部分，维持着电子商务活动的正常开展。与传统支付方式相比，电子支付具有的方便、快捷、高效的特点大大方便了电子商务活动的开展，并成为连接电子商务企业、消费者和银行的纽带，促进了交易的顺利完成。随着网络技术的不断发展，电子支付的方式也将更加多元化。电子支付通过信息网络，使用安全的信息传输手段，采用数字化方式进行货币交易或资金流转。在电子商务中，支付过程是整个商务活动中非常重要的一个环节。

在线签题

了解第三方支付与移动支付，并体验NFC支付。

项目七
旅游电子商务安全

思维导图

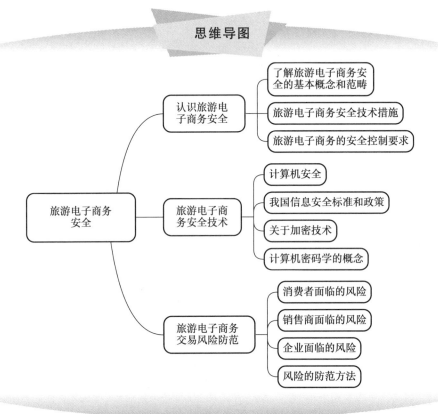

项目描述

本项目有三个任务:任务一是认识旅游电子商务安全,阐述了旅游电子商务的安全问题;任务二是旅游电子商务安全技术,阐述了旅游电子商务的网络安全措施;任务三是旅游电子商务交易风险防范,阐述了旅游电子商务面临的风险及防范方法。

知识目标

让学生了解影响旅游电子商务安全的主要问题,了解旅游电子商务的安全技术;理解旅游电子商务安全控制要求,理解对称加密和非对称加密。

技能目标

学生要学会识别SSL协议,学会常见的旅游电子商务安全防范措施,能识别钓鱼网站。

素养目标

学生要能够结合旅游电子商务面临的安全问题,理解习近平总书记"没有网络安全就没有国家安全"的观点;理解《中华人民共和国网络安全法》相关内容;了解电子商务对安全的基本需求和攻防技术,进行法律意识教育和风险防范意识教育。

项目引入

随着互联网的普及,人们的学习、工作和生活越来越依赖电子商务,"网络经济""指尖经济""宅经济"等一批新名词和新方式已逐渐走进大众的日常生活。越来越多的消费者开始青睐网络购物这种快捷、方便、高效、实惠的交易手段,并在网络上购买、推销商品,以及进行货款结算等,但网络的安全问题是不容忽视的。截至2023年6月,62.4%的网民表示过去半年在上网过程中未遇到过网络安全问题。从网民遇到各类网络安全问题的情况来看,遭遇个人信息泄露的网民比例最高,为23.2%;遭遇网络诈骗的网民比例为20.0%;遭遇设备中病毒或木马的网民比例为7.0%;遭遇账号或密码被盗的网民比例为5.2%。

通过对遭遇网络诈骗网民的进一步调查发现,虚拟中奖信息诈骗、网络兼职诈骗、冒充好友诈骗和钓鱼网站诈骗的比例均有所下降。其中,虚拟中奖信息诈骗仍是网民较常遭遇的网络诈骗类型,占比为38.0%,较2022年

12月下降6.0个百分点;遭遇网络兼职诈骗的比例为26.2%,较2022年12月下降1.7个百分点;遭遇冒充好友诈骗的比例为21.1%,较2022年12月下降4.4个百分点。

(资料来源:第52次《中国互联网络发展状况统计报告》。)

点评:电子商务活动在网络中进行,由于网络环境具有复杂性,在网络上进行电子商务活动存在一定的安全隐患。用户很可能有资金或信誉损失。相对应的,电子商务需要一些安全保障技术。同时,消费者也要提高对电子商务安全的认识,提高网络活动的警惕性,以保证自身财产的安全。

慎思笃行

量子通信

2016年8月,世界上第一颗量子科学实验卫星"墨子号"成功发射,这是我国在世界上首次实现卫星和地面的量子通信,构建了天地一体的量子保密通信与科学实验体系。"墨子号"卫星开启了全球化量子通信、空间量子物理学和量子引力实验的大门,使我国抢占了量子科技创新的制高点。随着"墨子号"卫星正式交付中国科技大学、中国科学院等单位使用,掀起了人们对量子通信技术研究的热潮。

20世纪90年代以来,一些发达国家竞相研发量子通信技术,投入大量人力、物力、财力,逐步从理论走向实践,并加速实现产业化发展。目前,量子通信技术在国际上走在前列的国家有中国、美国、日本等。其中,中国在产业应用方面走在前列,并率先建立了多个城际量子通信干线网。

量子通信是指利用量子比特作为信息载体来传输信息的通信技术,它是利用量子力学基本原理和量子纠缠现象达到传递信息、传输数据的一种先进通信技术。量子保密通信技术提供了迄今为止唯一高度安全的通信保密方式。量子通信在应用方面主要是通过光纤实现短距离的通信,通过量子中继器实现较远距离的通信,通过卫星中转实现可覆盖全球的远距离通信。

量子通信安全性源于量子力学的基本原理。量子力学中的海森堡不确定性原理、未知量子态不可克隆定理和非正交量子态不可区分定理,从理论上确保了量子通信过程中的任何窃听行为都必将被检测到。

作为新一代通信技术,量子通信基于量子信息传输的高效和绝对安全性,被认为可能是下一代IT技术的支撑性研究,也成为近年来国际科研竞争中的焦点领域之一。量子通信不仅可以用于军事、国防等领域的保密通信,还可以用于涉及秘密数据传输的各类组织和机构,包括政府、金融、电信、保险、财政等领域和部门。未来,量子通信应用的前景将非常广阔。

知行合一

(资料来源:国家保密局网站。)

任务一 认识旅游电子商务安全

📎 任务描述

学生要了解旅游电子商务的范畴;了解旅游电子商务安全控制要求;能够识别钓鱼网站。

一、了解旅游电子商务安全的基本概念和范畴

旅游电子商务是一个社会与技术结合的综合系统。安全性是一个多层次、多方位的系统概念,不仅与计算机系统结构有关,还与旅游电子商务应用的环境、人员素质和社会因素有关,包括旅游电子商务系统的硬件安全、软件安全、运行安全,以及旅游电子商务安全立法等。

(一)旅游电子商务存在的安全性问题

1. 网络协议安全性问题

由于TCP/IP本身具有开放性,企业和用户在电子交易过程中的数据是以数据包的形式传送的,恶意攻击者很容易对某个旅游电子商务网站展开数据包拦截,甚至对数据包进行修改和假冒。

2. 用户信息安全性问题

目前,主要的旅游电子商务形式是B/S(Browser/Server,B/S)结构的旅游电子商务网站。用户使用浏览器登录网络进行交易,由于用户在登录时使用的可能是公共计算机,那么如果这些计算机中有恶意木马程序或病毒,用户登录的信息,如用户名、口令等可能有丢失的风险。

3.旅游电子商务网站的安全性问题

有些企业建立的旅游电子商务网站本身在设计时就会有一些安全隐患,服务器操作系统本身也会有漏洞,不法攻击者如果进入旅游电子商务网站,大量用户信息及交易信息将被窃取。

(二)旅游电子商务安全问题的具体表现

1.信息窃取、篡改与破坏

电子交易信息在网络上传输的过程中,可能会被他人非法删除、插入或重放,从而使信息失去了真实性和完整性。包括网络硬件和软件问题导致的信息丢失,也包括一些恶意程序的破坏导致旅游电子商务信息被破坏等。

2.身份假冒

如果不进行身份识别,第三方就有可能假冒交易中某一方的身份,破坏交易,败坏被假冒一方的声誉或盗窃被假冒一方的交易成果等。

3.诚信安全

旅游电子商务的在线支付形式有电子支票、电子钱包、电子现金、信用卡支付等。但是,采用这几种支付方式,都要求消费者先付款,然后商家再发货。因此,诚信安全问题也是影响旅游电子商务快速发展的一个重要问题。

4.交易抵赖

旅游电子商务的交易应该同传统的交易一样具有不可抵赖性。有些用户可能对自己发出的信息进行恶意否认,以推卸自己应该承担的责任。交易抵赖包括多个方面,如果发信者事后否认曾经发送过某条信息或内容,收信者事后否认曾经收到过某条消息或内容,购买者不承认,商家卖出的商品因价格差而不承认原有的交易等。

5.病毒感染

各种新型病毒及其变种迅速增加,不少新病毒直接利用网络作为自己的传播途径。我国计算机病毒主要是蠕虫等病毒在网上的猖獗传播。蠕虫主要利用系统的漏洞进行自动传播复制,由于传播过程中产生巨大的扫描或其他攻击流量,从而使网络流量急剧上升,造成网络访问速度变慢甚至瘫痪。

6.黑客

黑客是一些以获得对其他人的计算机或者网络的访问权为乐的计算机爱好者。而其他一些被称为破坏者(cracker)的黑客则怀有恶意,会摧毁整个计算机系统,窃取或者损害保密数据、网页,甚至最终导致业务的中断。一些业余黑客只会在网上寻找黑客工具,在不了解这些工具的工作方式和后果的情况下使用这些工具。

7.特洛伊木马程序

特洛伊木马是一种恶意软件,通常被用于窃取用户的个人信息、密码和银行账户等敏感信息。特洛伊木马程序的名称源自公元前十二世纪希腊和特洛伊之间的一场战争,一个看似无害的木马,实际上里面藏着一群士兵,他们最终攻占了特洛伊。与此类似,特洛伊木马程序看起来是一个正常的程序,但实际上它包含了恶意代码,可以在用户不知情的情况下控制其计算机并窃取信息。特洛伊木马程序可被分为多种类型,包括远程访问特洛伊木马、银行木马、邮件特洛伊木马、间谍特洛伊木马、广告特洛伊木马等。

8.恶意破坏程序

网站提供一些软件应用(如ActiveX和Java Applet等),由于这些应用非常方便下载和运行,从而产生了一种造成损害的新工具。恶意破坏程序指会导致不同程度的破坏的软件应用或者Java小程序。一个恶意破坏程序可能只会损坏一个文件,也可能损坏计算机的大部分系统。

9.网络攻击

网络攻击是利用网络信息系统存在的漏洞和安全缺陷对系统和资源进行攻击的行为。通常,网络攻击被分为三类,即探测式攻击、访问攻击和拒绝服务(Denial of Service,DoS)攻击。探测式攻击实际上是信息采集活动,黑客们通过这种攻击搜集网络数据,用于以后进一步攻击网络。通常,软件工具(如探测器和扫描器)被用于了解网络资源情况,寻找目标网络、主机和应用中的潜在漏洞。例如,一种专门用于破解密码的软件,这种软件是为网络管理员设计的,管理员可用来帮助那些忘记密码的员工,或者发现那些没有告诉任何人自己的账户密码就离开公司的员工。但这种软件如果被人恶意使用,将会成为一种非常危险的武器。访问攻击用于发现身份认证服务、文件传输协议(FTP)功能等网络领域的漏洞,以访问电子邮件账号、数据库和其他保密信息。DoS攻击可以防止用户对部分或者全部计算机系统的访问。DoS通常实现的方法是向某个连接到企业网络或者互联网的设备发送大量的、杂乱的或者无法控制的数据,使正常的访问无法到达该主机。更恶毒的是分布式拒绝服务攻击(Distributed Denial of Service,DDoS)。在DDoS攻击中,攻击者将会危及多台设备或者主机的安全。

知识活页

二、旅游电子商务安全技术措施

旅游电子商务的安全性策略可分为两大部分:第一部分是计算机网络安全;第二部分是商务交易安全。旅游电子商务中的安全技术主要有以下几种。

1.数据加密技术

对数据进行加密是旅游电子商务系统较基本的信息安全防范措施。数据加密的原理是利用加密算法将信息明文转换成按一定加密规则生成的密文后进行传输,从而保证数据的保密性。使用数据加密技术可以解决信息本身的保密性问题。数据加密技术可分为对称密钥加密和非对称密钥加密。

对称密钥加密(Symmetric Key Encryption),即发送和接收数据的双方必须使用相同的密钥(Secret Key)对明文进行加密和解密运算。对称密钥加密的优点是加密、解密速度快,适合对大量数据进行加密,能够保证数据的机密性和完整性;缺点是当用户数量较多时,分配和管理密钥就显得相当困难。目前,常用的对称加密算法有美国国家标准局的DES算法、瑞士联邦理工学院的IDEA算法等。

非对称密钥加密(Public Key Encryption),也称公开密钥加密,主要指每个人都有一对唯一的、对应的密钥:公开密钥(称公钥)和私人密钥(称私钥)。公钥对外公开,私钥由个人保存,用其中一把密钥来加密,就只能用另一把密钥来解密。非对称密钥加密算法的优点是易于分配和管理;缺点是算法复杂,加密速度慢。一般用公钥进行加密,用私钥进行签名,也可用私钥来解密,公钥来验证签名。算法的加密强度主要取决于选定的密钥长度。目前,常用的非对称加密算法有麻省理工学院的RSA算法、美国国家标准和技术研究院的SHA算法等。

由于上述两种加密技术各有优缺点,目前比较普遍的做法是将两种技术进行集成。

2. 数字签名技术

数字签名是通过特定密码运算生成一系列符号及组成电子密码进行签名,来替代传统手工签名或印章的一种签名形式。电子签名还可进行技术验证,其验证的准确度是一般传统手工签名和图章无法比拟的。数字签名技术可以保证信息传送的完整性和不可抵赖性。

3. 认证机构和数字证书

CA认证机构,是采用公钥基础设施(Public Key Infrastructure,PKI)架构技术,利用数字证书、非对称和对称加密算法、摘要算法、数字签名、数字信封等加密技术,建立起安全程度极高的加密、解密和身份认证系统。认证机构和数字证书的特点有:可确保电子交易的有效、安全,使信息除发送方和接收方外,不被其他方知悉(保密性);保证信息在传输过程中不被篡改(完整性和一致性);发送方确信接收方不是假冒的;发送方不能否认自己的发送行为(不可抵赖性)。旅游电子商务安全性的解决,极大地推动了旅游电子商务的发展。在电子交易中,无论是数字时间戳服务,还是数字证书的发放,都不是靠交易双方自己完成的,而需要有一个具有权威性和公正性的第三方机构来完成。CA认证机构作为权威的、可信赖的、公正的第三方机构,提供网络身份认证服务,专门负责发放并管理所有参与网上交易的实体所需的数字证书。

4. 安全认证协议

目前,旅游电子商务中经常使用的安全认证协议有安全套接层(Secure Sockets Layer,SSL)协议和安全电子交易(Secure Electronic Transaction,SET)协议两种。

(1)安全套接层协议。

安全套接层(SSL)协议是使用公钥和私钥技术组合的安全网络通信协议。SSL协议是网景公司(NetScape)推出的基于Web应用的安全协议。SSL协议指定了一种在应用程序协议(如HTTP、Telenet、SMTP和FTP等)和TCP/IP协议之间提供数据安全性分层的机制,它为TCP/IP连接提供数据加密、服务器认证、消息完整性,以及可选的客户机认证服务。SSL协议主要被用于提高应用程序之间数据的安全性,对传送的数据进行加密和隐藏,确保数据在传送中不被篡改,即确保数据的完整性。

1994年,NetScape公司设计了SSL协议的1.0版,但未发布。

1995年,NetScape公司发布SSL 2.0版,很快发现有严重漏洞。

1996年,SSL 3.0版问世,得到了大规模应用。

1999年,互联网标准化组织ISOC接替NetScape公司,发布了SSL的升级版TLS 1.0版。

2006年和2008年,TLS进行了两次升级,分别为TLS 1.1版和TLS 1.2版。

2018年发布了TLS 1.3版。

主流浏览器都支持TLS协议。

TLS 1.0通常被标示为SSL 3.1;TLS 1.1被标示为SSL 3.2;TLS 1.2被标示为SSL 3.3。

SSL/TLS协议的基本思路是采用公钥加密法。也就是说,客户端先向服务器端索要公钥,然后用公钥加密信息,服务器收到密文后,用自己的私钥解密。

SSL以对称密码技术和公开密码技术相结合,可以实现如下三个通信目标。

一是秘密性。SSL客户机和服务器之间传送的数据都经过了加密处理,网络中的非法窃听者获取的信息将是无意义的密文信息。

二是完整性。SSL利用密码算法和散列函数(Hash),通过对传输信息特征值的提取来保证信息的完整性,确保要传输的信息全部到达了目的地,可以避免服务器和客户机之间的信息被破坏。

三是认证性。利用证书技术和可信的第三方认证机构,可以让客户机和服务器相互识别对方的身份。为了验证证书持有者是其合法用户(而不是冒名用户),SSL要求证书持有者在"握手"时相互交换数字证书,通过验证来保证对方身份的合法性。

(2)安全电子交易协议。

安全电子交易(SET)协议主要用于B2C模式中,以保障支付信息的安全性。安全电子交易协议由维萨(Visa)公司和万事达(MasterCard)公司联合研制,为Internet上的支付交易提供安全和反欺诈保证。由于安全电子交易协议得到了IBM、HP、Microsoft等很多大公司的支持,已成为事实上的工业标准,目前已获得IETF(互联网工程任务组)标准的认可。SET协议针对的是开放网络上安全、有效的银行卡交易。

SET在保留对客户信用卡认证的前提下,又增加了对商家身份的认证,这对需要支付货币的交易来讲是至关重要的。SET协议将建立一种能在Internet上安全使用银行卡购物的标准,是一种为基于信用卡进行电子交易提供安全措施的规则。SET协议保证了电子交易的机密性、数据的完整性、身份的合法性和防抵赖性,且SET协议采用双重签名方式来保证各参与方信息的相互隔离,使商家只能看到持卡人的订购数据,银行只能取得持卡人的信用卡信息。所以,SET协议是一种能广泛应用于Internet上的安全电子付款协议,它能够将信用卡的使用场所从商店扩展到消费者家里或消费者的个人计算机中。

SET协议的使用流程图示如图7-1所示。

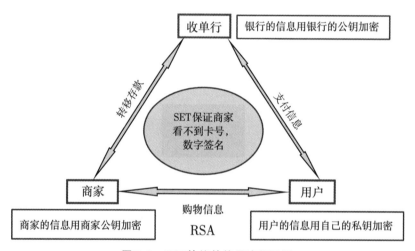

图7-1　SET协议的使用流程图示

5.其他安全技术

在旅游电子商务安全中,常用的方法还有防火墙技术、虚拟专用网络(Virtual Private Network,VPN)技术等。单纯依靠某个单项旅游电子商务安全技术是不够的,必须与其他安全措施综合使用才能为用户提供更为可靠的旅游电子商务的安全基石。

三、旅游电子商务的安全控制要求

(一)信息传输的保密性

信息传输的保密性是网络信息不被泄露给非授权的用户、实体或过程,即信息只被授权用户使用。保密性是建立在可靠性和可用性基础之上的,保障网络信息安全的重要手段。因此,信息需要加密以及在必要的节点上设置防火墙。信用卡号在网络上传输时,如果非持卡人从网上拦截并知道了该卡号,就可以用这个卡号在网上购物了。

（二）交易文件的完整性

信息的完整性指信息在输入和传输过程中，不能被非法授权修改和破坏，以保证数据的一致性。信息完整性需要防止数据丢失、重复，以及保证传送秩序的一致。保证各种数据的完整性是旅游电子商务应用的基础。数据的完整性被破坏可能导致交易双方信息的差异，将影响交易的顺利完成，甚至产生纠纷。在存储时，交易双方要防止非法篡改和破坏网站上的信息。在传输过程中，接收端接收的信息与发送端发送的信息完全一致，说明在传输过程中信息没有遭到破坏。尽管信息在传输过程中被加了密，能保证第三方看不到真正的信息，但并不能保证信息不被修改。例如，发送端发送的是"23456"，接收端收到的却是"1256"，这样，信息的完整性就遭到了破坏。

（三）信息的不可否认性

信息的不可否认性又称抗抵赖性，即由于某种机制的存在，人们不能否认自己发送信息的行为和信息的内容。信息的不可否认性是指在传输数据时必须携带含有自身特质、别人无法复制的信息，防止交易后发生交易双方中的某一方对其行为的否认。例如，传统的方法是靠手写签名和加盖印章来实现信息的不可否认性，不可否认性包括对自己行为的不可否认性及对行为发生时间的不可否认性。通过身份认证和数字签名，交易双方可以避免对交易行为的否认，通过数字时间戳可以避免对行为发生时间的否认。

（四）交易者身份的真实性

交易者身份的真实性是在虚拟市场中确定交易者的实际身份。网上交易的双方可能素昧平生，相隔千里。要使交易获得成功先要确认对方的身份，商家要考虑客户不能是骗子，而客户也担心网上的商店是黑店。因此，能方便且可靠地确认对方的身份是交易的前提。同时，对于为顾客或用户开展服务的银行、信用卡公司和店铺，为了安全、保密、可靠地开展服务，都要进行身份认证。

任务二 旅游电子商务安全技术

任务描述

学生要了解计算机安全的定义；熟悉网络安全措施；体验设置口令。

一、计算机安全

随着计算机网络的广泛应用,旅游电子商务的信息传输量急剧增加,旅游企业在加快网络业务运作的同时,旅游电子商务数据也会遭到不同程度的破坏。黑客可以"窃听"网络上的信息,窃取用户的口令、数据库等信息;还可以篡改数据库内容,伪造用户的身份、签名;更严重的是,黑客可以删除数据库的内容、损毁网络节点、传播计算机病毒。

国际标准化组织(ISO)曾建议将计算机安全定义为计算机系统要保护其硬件、数据不被偶然或故意地泄漏、更改和破坏。为了帮助计算机用户解决计算机网络安全问题,各国相继制定了计算机系统的安全等级。

二、我国信息安全标准和政策

根据我国《计算机信息系统 安全保护等级划分准则》的规定,信息系统安全分为五个等级:用户自主保护级、系统审计保护级、安全标记保护级、结构化保护级和访问验证保护级。

要想实现网络安全,应对网络系统进行全方位保护,制定比较合理的网络安全体系。

(一)物理安全

物理安全分为两个方面:一是人为对网络的损害;二是网络对用户的危害。

人为对网络的损害较常见的是由于施工人员对地下电缆的不了解而造成的破坏,这种情况可通过设立标识牌等方式,加以防范;未采用结构化布线的网络经常会出现使用者对电缆的破坏,这就需要尽量采用结构化布线来安装网络;在规划设计时,还应考虑人为或自然灾害对网络的影响。网络对使用者的危害主要是电缆的电击、高频信号的辐射等,这需要做好网络的绝缘、接地和屏蔽工作。

(二)访问控制安全

访问控制安全是访问控制识别并验证用户,将用户限制在已授权的活动和资源范围之内。网络的访问控制安全可以从以下几个方面考虑。

1. 口令

网络安全系统的最外层防线是网络用户的登录。在注册过程中,系统会检查用户的登录名和口令的合法性,只有合法的用户才可以进入系统。

2. 网络资源属主、属性和访问权限

网络资源主要包括共享文件、共享打印机、网络设备等网络用户都可以使用的资源。资源属主体现了不同用户对资源的从属关系,如建立者、修改者和同组成员等。

资源属性表示了资源本身的存取特性,如可被谁读、可被谁写或可被谁执行等。访问权限主要体现在用户对网络资源的可用程度上。通过指定网络资源的属主、属性和访问权限可以有效地在应用级控制网络系统的安全性。

3. 网络安全监视

网络监视(也称网管)的主要作用是对整个网络的运行进行动态监视并及时处理各种事件。通过网络监视可以简单明了地找出并解决网络上的安全问题,如定位网络故障点、抓住IP盗用者、控制网络访问范围等。

4. 审计和跟踪

网络的审计和跟踪包括对网络资源的使用、网络故障、系统记账等方面的记录和分析。

(三) 数据传输安全

数据传输安全要求保护网络上被传输的信息,以防止其被动地和主动地侵犯。保障数据传输安全可以采取如下措施。

1. 加密与数字签名

任何良好的安全系统必须包括加密,这已成为既定的事实。数字签名是数据的接收者用来证实数据的发送者确实无误的一种方法。

2. 防火墙

防火墙(Firewall)是Internet上广泛应用的一种安全措施,是可以设置在不同网络或网络安全域之间的一系列部件的组合。通过监测、限制、更改跨越防火墙的数据流,尽可能地监测网络内外信息、结构和运行状况,以此来实现网络的安全保护。

3. Username/Password 认证

Username/Password 认证方式是较常用的一种认证方式,用于操作系统登录、远程登录等。但此种认证方式过程不加密,即Password容易被监听和解密。

4. 使用摘要算法的认证

RADIUS(远程拨号认证协议)、OSPF(开放路由协议)、SNMP(网络管理标准协议)等均使用共享的Security Key(密钥),加上摘要算法(MD5)进行认证,但摘要算法是一个不可逆的过程。因此,在认证过程中,摘要信息不能计算出共享的Security Key,所以敏感信息不能在网络上传输。

5. 基于PKI的认证

基于PKI的认证方法目前应用在邮件、应用服务器访问、客户认证、防火墙认证等领域。该种认证方法安全程度很高,但是涉及比较繁重的证书任务。

6. 虚拟专用网络(VPN)技术

VPN技术能在不可信任的公共网络上构建一条专用的安全通道,经过VPN传输的数据在公共网络上具有保密性。其原理是将须经过公共网络传递的报文加密处理后,再由公共网络发送到目的地。

(四) 备份和恢复

良好的备份和恢复机制,可在攻击造成损失时,尽快地恢复数据。

三、关于加密技术

加密技术是保护信息安全的主要手段之一,它是结合了数学、计算机科学、电子与通信等诸多学科的交叉学科。加密技术不仅具有信息加密功能,而且具有数字签名、身份验证、系统安全等功能。使用加密技术不仅可以保证信息的机密性,而且可以保证信息的完整性和正确性,防止信息被篡改、伪造或假冒。

用户在计算机网络的信道上相互通信,主要危险是被非法窃听。例如,采用搭线窃听,对线路上传输的信息进行截获;采用电磁窃听,对用无线电传输的信息进行截获等。因此,对网络传输的报文进行数据加密,是一种有效的反窃听手段。通常,加密技术采用一定算法对原文进行加密,然后将密码电文进行传输,即使被截获一时也难以破译。

加密是较常用的安全保密手段,其基本思想是伪装信息、隐藏信息的真实内容,使未授权者不能理解信息的真实含义,以达到保密的作用。

公元前405年,伯罗奔尼撒战争进入尾声。斯巴达统帅抓住一名雅典信使并在他身上搜到了一条布满杂乱无章字母的腰带,看起来并没有重要的信息。无意中,统帅将腰带缠到剑鞘上,突然发现杂乱的字母有序地对接到一起,浮现了重要的军事情报。这是人类历史上较早的加密器械之一——斯巴达的"Skytale"。"Skytale"可译为"天书"。加密的操作过程是把一个带状物,如纸带、羊皮带或皮革类的东西,呈螺旋形紧紧地缠绕在一根木棍上,之后沿着棍子的纵轴书写文字,在这条带状物解开后,上面的文字将会变得杂乱无章,收信人只需要一根同样直径的棍子重复这个过程,就可以看到准确的信息。它和高卢战争中的文字密钥——恺撒密码一样,都是古代西方密码的代表。

中国也是世界上较早使用密码的国家之一。据《六韬》记载,3000年前,姜子牙发明了"阴符"。方法是将鱼竿折成数节,每节的长短不一,各代表一件军机,令信使牢牢记住。如,长一寸为"大胜克敌",长四寸为"败军亡将",长六寸为"警众坚守",长九寸为"破军擒将"。后来,阴符被广泛应用到我国古代的军事活动和情报活动中。中国最早的军事密码本——北宋的《武经总要》中也记录了中国古代已知的较早的军事情报通信密码。该书作者收集了军队中常用的40种战斗情况,编成40条短语,分别编码。例如:1表示"请弓";2表示"请箭";3表示"请刀";4表示"请甲";5表示"请枪旗";6表示"请锅幕";7表示"请马";8表示"请衣赐";9表示"请粮料";10表示"请草料"。这套密码的使用方法是,将领带兵接受战斗命令出发前,军事指挥部门与其约定一首40字的五言律诗作为解码密钥,该诗文字不得重复,并发给一本有上述40个短语的密码本,诗中的每一字都对应一条短语,短语顺序在战前临时随机排列,该密码本由通信双方极少数高级将领保管,在战斗中,前后方按该密码本进行通信。

密码是一门古老的技术,自从人类社会有了战争就出现了密码。密码学早在公元前400多年就已经产生。1967年,David Kahn的《破译者》一书中曾言,人类使用密码的历史几乎与使用文字的时间一样长。1949年,香农发表了题为《保密系统的通信理论》的文章,引起了密码学的一场革命。在文章中,香农把密码分析与设计建立在严格的理论推导基础上,使密码学真正成为一门学科。

一般来说,信息主要有两种基本保护方法:一种方法是,利用信息加密技术对明文实施各种变化,使它不被局外人理解;另一种方法是,信息隐藏技术,即利用载体信息具有随机性的冗余部分,将重要信息嵌入在载体信息中,此种方法中,非法者不知道这个普通信息中是否隐藏了其他信息,而且即使知道也难以提取或去除隐藏信息。保护信息的载体可以是文字、图像、音频、视频等。为增加攻击难度,信息发送者也可以把加密与信息隐藏技术结合起来。

广义上看,信息隐藏有多种含义:一是信息不可感知;二是信息的存在性隐蔽;三是信息的接收方和发送方隐蔽;四是传输的信道隐蔽等。信息隐藏就是将保密信息隐藏在另一非保密载体中,以不引起检查者的注意。广义上的信息隐藏技术包括隐写术、数字水印、数字指纹、隐蔽信道、阈下信道、低截获概率通信和匿名通信等。狭义上看,信息隐藏是将某一秘密信息隐藏在另一公开的信息中,然后通过公开信息的传输来传递秘密信息。

根据不同应用场合的需求,信息隐藏技术分为隐写技术和数字水印技术两个分支。

数字水印技术是利用数字作品中普遍存在的冗余数据与随机性,向数字作品中加入不易察觉但可以判定区分秘密信息的"水印",从而起到保护数字作品版权或完整性的作用。数字隐写术是将秘密信息隐藏在正常的载体中进行传输,这样不会引起攻击者的怀疑,以达到安全、隐秘通信的目的。

数字隐写与传统密码通信的最大区别在于隐蔽后的载体在外观上与普通载体基本相似,没有明显的迹象表明重要信息的存在。因此,外人无法知道秘密通信的存在。对数字隐写的基本要求是要有极高的隐蔽性和足够的信息隐藏容量。其中,以隐蔽性为主要技术。

"密码学"一词源于古希腊,包括密码编码学和密码分析学。计算机密码学是研究计算机信息加密、解密及其变换的新兴科学。

四、计算机密码学的概念

(一) 加密和解密的过程

任何一个加密系统至少包括四部分:未加密的报文(也称明文)、加密后的报文(也称密文)、加解密的设备或算法、加解密的密钥。

(二) 密码协议

协议是一系列包括双方或多方约定的步骤,设计它的目的是要完成双方或多方通信的任务。协议特点主要有以下方面。

(1) 协议中的每个人都必须了解协议,并且预先知道要完成的步骤。

(2) 协议中的每个人都必须同意并且遵守它。

(3) 协议必须是清楚的,每一步必须有明确的定义,并且不会引起误解。

(4) 协议必须是完整的,对每种可能的情况必须规定具体的动作。

密码协议的研究范围包括网络安全协议的设计和分析、密钥管理协议的设计与分析、密钥托管协议的设计与分析,以及相关领域的研究,如身份识别或信息认证、信息的完整性、零知识证明、密钥协商、秘密共享、捆绑机制、密钥恢复等。

(三) 密码体制

以密钥为标准,可将密码系统分为对称加密和非对称加密两种。

1. 对称加密

对称加密又称通用密钥密码体制。通用密钥密码体制的加密密钥和解密密钥是通用的,即发送方和接收方使用同样密钥的密码体制,也被称为"传统密码体制"。

古老的恺撒密码是在古罗马时代使用的密码。无论是何种语言文字,都可以通过编码与二进制数字串对应,所以经过加密的文字仍然可变成二进制数字串,不影响数据通信。

以英语为例来说明使用恺撒密码方式的通用密钥密码体系。

恺撒密码的原理是对明文的各个字母,根据它在26个英文字母表中的位置,按某个固定间隔n变换字母,即得到对应的密文。这个固定间隔的数字n就是加密密钥,同时也是解密密钥。如CRYPTOGRAPHY是明文,使用密钥$n=4$,加密过程如下所示。

明文:CRYPTOGRAPHY

|||密钥:$n=4$

|||

密文:FUBSWRJUDSKB

说明如下。

明文的第一个字母C在字母表中的位置设为1,以4为间隔,往后第4个字母是F,把C置换为F;同样,明文中的第二个字母R的位置设为1,往后第4个字母是U,把R置换为U;依此类推,直到把明文中的字母置换完毕,即可得到密文。密文是意思不明的文字,即使第三者得到也毫无意义。通信的对方得到密文后,用同样的密文$n=4$,对密文的每个字母,按往前间隔4得到的字母进行置换的原则,即可解密得到明文。

恺撒密码方式的密钥只有26种,只要知道了算法,最多将密钥变换26次做试验,即可破解密码。因此,恺撒密码的安全性依赖于算法的保密性。

在通用密码体制中,目前得到广泛应用的典型算法是DES算法。DES是由"转置"方式和"换字"方式合成的通用密钥算法,先将明文(或密文)按64位分组,再逐组将64位的明文(或密文)用56位(另有8位奇偶校验位,共64位)的密钥经过各种复杂的计算和变换,生成64位的密文(或明文),该算法属于分组密码算法。

DES算法可由一块集成电路实现加密和解密。该算法是在数据通信中,用计算机对通信数据加密保护时使用的算法。DES算法在1977年作为数字化信息的加密标准,由美国商业部国家标准局制定,称为"数据加密标准",并以"联邦信息处理标准公告"的名称,于1977年1月15日正式公布。使用该标准,可以简单地生成DES密码。

对于具有n个用户的网络,需要$n(n-1)/2$个密钥,在用户群不是很大的情况下,对称加密系统是有效的。但是对大型网络来说,当用户群很大,分布很广时,密钥的分配和保存就成了问题。另外,由于对称加密系统仅能用于对数据进行加密、解密处理,提供数据的机密性,不能用于数字签名。因而,人们迫切需要寻找新的密码体制。

DES算法的优点:加密和解密的速度快、效率高;算法的安全性高。

DES算法的缺点:密钥分发过程复杂代价大;密钥管理困难,即实现n个用户两两保密通信,每个用户需要安全获取并保管$(n-1)$个密钥;通信系统开放性差;存在数字签名困难,即通信双方拥有相同的秘密信息,接收方可以伪造数字签名,发送方可以抵赖。

对称加密图示如图7-2所示。

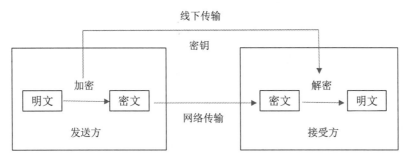

图7-2 对称加密图示

2. 非对称加密

非对称加密又称公开密钥密码体制。1976年,美国斯坦福大学的两名学者迪菲和赫尔曼提出了公开密钥密码体制的概念。

该技术是针对对称加密的缺陷提出来的。在公钥加密系统中,加密和解密是相对独立的,加密和解密会使用两把不同的密钥,加密密钥(公开密钥)向公众公开,谁都可以使用,解密密钥(秘密密钥)只有解密人自己知道,非法使用者根据公开的加密密钥无法推算出解密密钥,故可称其为公钥密码体制。如果一个人选择并公布了公钥,另外任何人都可以用这一公钥来加密传送给那个人的信息。私钥是秘密保存的,只有私钥的所有者才能利用私钥对密文进行解密。公钥密码体制中较著名的算法是RSA系统。此外,还有背包密码、Diffie-Hellman、椭圆曲线、EIgamal算法等。

公开密钥密码体制,加密密钥不等于解密密钥。加密密钥可对外公开,任何用户都可用公开密钥加密信息发送给该用户,而该用户唯一保存的私人密钥是保密的,也只有它才能将密文复原、解密。虽然解密密钥理论上可由加密密钥推算出来,但这种算法设计在实际上是不可能的,或者虽然能够推算出,但要花费很长的时间。所以,将加密密钥公开也不会危害密钥的安全。数学上的单向陷门函数的特点是一个方向求值很容易,但其逆向计算却很困难。许多形式为 $Y=f(x)$ 的函数,对于给定的自变量 x 值,很容易计算出函数 Y 的值;而由给定的 Y 值,在很多情况下依照函数关系 $f(x)$ 计算 x 值却十分困难。如,两个大素数 p 和 q 相乘得到乘积 n 比较容易计算,但从它们的乘积 n 分解为两个大素数 p 和 q 则十分困难。如果 n 足够大,当前的算法不可能在有效时间内实现。

公钥密钥的管理比较简单,并且可以方便地实现数字签名和验证。但算法复杂,加密数据的传输速度较慢。公钥加密系统不存在对称加密系统中密钥的分配和保存问题,对于具有 n 个用户的网络,仅需要 $2n$ 个密钥。公钥加密系统除了用于数据加密,还可用于数字签名。公钥加密系统具有以下功能。

(1) 机密性(Confidentiality),保证非授权人员不能非法获取信息,这需要通过数据加密来实现。

(2) 确认性(Authentication),保证对方属于实体,通过数字签名来实现。

(3) 数据完整性(Data Integrity),保证信息内容不被篡改,入侵者不能用假消息代替合法消息,这需要通过数字签名来实现。

(4) 不可抵赖性(Non-repudiation),发送者不能事后否认他发送过的消息,消息的接收者可以向中立的第三方机构证实发送者确实发出了消息,这需要通过数字签名来实现。

可见,公钥加密系统满足信息安全的所有主要目标。

公钥加密系统的优点:密钥分配简单;密钥量小,容易管理;系统开放性好;可以实现数字签名。

公钥加密系统的缺点：加密、解密运算复杂；处理速度较慢；同等安全强度下，非对称密码体制密钥位数较多；由于加密密钥公开，存在"可能报文攻击"威胁，这个可以通过引入随机化因子，以使相同明文加密的密文不同；无法确认公钥的来源合法性及数据的完整性。

对称加密与非对称加密的比较如表7-1所示。

表7-1　对称加密与非对称加密的比较

	对称加密	非对称加密
密钥个数	1个	2个
算法速度	较快	较慢
算法对称性	对称，解密密钥可以从加密密钥中推算出来	不对称，解密密钥不能从加密密钥中推算出来
主要应用领域	数据的加密和解密	数据加密解密、数字签名、确认、鉴定、密钥管理和数据封装等

（四）数字签名

1. 数字摘要

数字摘要这一加密方法亦称为安全Hash编码法（Secure Hash Algorithm，SHA）或MD5（Message Digest Algorithm 5，MD5），由RonRivest设计而成。

该编码法采用单向Hash函数将须加密的明文"摘要"成一串128 bit的密文，这一串密文亦称为数字指纹（Finger Print），它有固定的长度，且不同的明文被"摘要"成密文，其结果总是不同的，而同样的明文其"摘要"必定一致。这样，摘要便可成为验证明文是否是"真身"的"指纹"了。

2. 数字签名

数字签名是信息的发送者产生的别人无法伪造的数字串，这段数字串同时也是对信息的发送者发送信息真实性的一个有效证明。它是一种类似写在纸上的普通的物理签名，但是在使用公钥加密技术的前提下实现的，用于鉴别数字信息的方法。通常情况下，一套数字签名定义了两种互补的运算：一个用于签名；另一个用于验证。数字签名是非对称密钥加密技术与数字摘要技术的应用。

数字签名的基本过程如下。

（1）被发送文件用SHA编码加密产生128 bit的数字摘要。

（2）发送方用自己的私用密钥对摘要再加密，这就形成了数字签名。

（3）将原文和加密的摘要同时传给对方。

（4）对方用发送方的公共密钥为数字签名解密，同时对收到的文件用SHA编码加密产生摘要。

（5）将解密后的摘要与收到的文件在接收方重新加密产生的摘要进行对比。如两者一致，说明传送过程中信息没有被破坏或篡改；否则，反之。

数字签名流程图如图7-3所示。

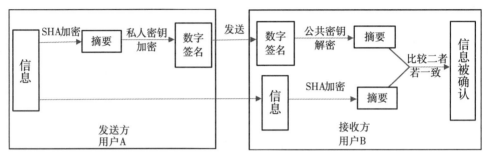

图7-3　数字签名流程图

数字签名是加密的过程，数字签名验证是解密的过程。

每个人都有一对"钥匙"（数字身份），其中一个只有用户本人知道（私钥），另一个是公开的（公钥）。用户在签名的时候用私钥，验证签名的时候用公钥。又因为，落款具有欺骗性，因此公钥必须由接受者信任的人（身份认证机构）来注册。注册后，身份认证机构会为其发放数字证书（证书持有人的公钥、颁发者以及颁发者对该证书的签名）。用户在文件上签名后，身份认证机构会把此数字证书连同文件及签名一起发给接收者，接收者向身份认证机构求证该文件是否真的是用用户的密钥签发的文件。

3.CA简介

（1）关于CA。

证书颁发机构（Certification Authority，CA）在公钥基础设施（Public Key Infrastructure，PKI）中被称为"认证机构"。CA将公钥与其对应的实体（人或机器）进行绑定（Binding），即给公司或个人颁发证书。认证中心一般由政府出资建立。每个实体都有CA发来的证书（Certificate），里面有公钥及其拥有者的标识信息。此证书被CA进行了数字签名。任何用户都可从可信的地方获得认证中心的公钥，用此公钥用来验证某个公钥是否为某个实体所有。有的大公司也提供认证服务。

CA为旅游电子商务环境中各个实体颁发电子证书，即对实体的身份信息和相应公钥数据进行数字签名，用以捆绑该实体的公钥和身份，以证明各实体在网络上身份的真实性，并负责在交易中检验和管理证书。CA是认证旅游电子商务和网上银行交易中具有权威性、可信赖性及公正性的第三方机构，是旅游电子商务的重要基础设施，是旅游电子商务的安全保证。

（2）数字证书。

数字证书也叫电子证书，简称证书。在很多场合，数字证书、电子证书和证书都是X.509公钥证书的同义词,它符合ITU-T X.509V3标准。证书是随PKI发展起来的安全机制,实现了身份的鉴别与识别(认证),保障了身份的完整性、保密性及不可否认性。数字证书是旅游电子商务中各实体的网上身份证明,它证明实体声明的身份与其公钥的匹配关系,使实体身份与证书上的公钥相绑定。从公钥管理的机制来讲,数字证书是公钥体制密钥管理的媒介,即在公钥体制中,公钥的分发、传送是靠证书机制来实现的。数字证书是一种权威性的电子文档,是由具有权威性、可信任性及公正性的第三方机构(CA)颁发的。

根据图7-3,用户A使用数字签名给用户B发送了一个数据包,数据包中包含了用户A的公钥、文件和加密的摘要。那么,问题来了,用户B如何确定收到的公钥是用户A发送的,而不是他人冒充用户A发送的呢?

举个例子,把用户A的公钥和私钥假设为身份证。如果是用户A自己造的身份证别人会信吗? 反之,用户A拿着真正的身份证去住宾馆,老板一开始也不相信身份证是用户A的,但是老板相信给用户A发身份证的公安局,老板通过比对公安网上对应身份证号码的信息就可以判断这个身份证是不是用户A的,由此可以确认用户A的身份。

同理,用户B一开始并不确认收到的公钥是来自用户A的,用户A也可抵赖用户B收到的公钥不是自己发送的。这时就需要有一个双方都信任的第三方证书颁发机构来协调。

(3)证书颁发和使用过程。

用户A向证书颁发机构提交个人信息,申请证书。通过CA审核后,CA生成用户A的证书,证书中包括了用户A的公钥和私钥,还有CA的数字签名。CA本身拥有一对密钥,这是对CA颁发的证书进行数字签名和保密的基础,绝不能泄露。

用户A收到的证书中包括了带有CA数字签名的,专属用户A的公钥和私钥,CA的数字签名确保了别人不能伪造用户A的公钥和私钥。

同时,用户B也必须信任给用户A颁发证书的CA,即用户B拥有CA颁发的"CA公钥"。

通信时,用户A向用户B发送的数据包中的"加密的摘要"上有用户A的数字签名,"A公钥"上有CA的数字签名。用户B收到数据包后,先要验证收到的"A公钥"是否来源合法,即认证机构颁发的带有CA签名的公钥吗? 用户B并不信任用户A,但是用户B信任CA。所以,用户B先使用证书颁发机构颁发的"CA公钥"验证收到的"A公钥"是否由同一认证机构颁发,是否在颁发后更改过。

验证通过后,用户B便相信收到的"A公钥"确实来自真实的用户A。随后,再使用"A公钥"对"加密的摘要"进行解密,进行上文提到的对比操作,以判断文件是否被更改过。

(4)查看计算机信任的认证机构。

信任一个第三方认证机构就意味着拥有该机构颁发的包含该机构公钥的证书。查看计算机信任的认证机构步骤如下。

第一步,在IE浏览器"工具栏",选择"Internet"选项。

第二步,在弹出框中,点击"内容",再点击"证书"。

第三步,在弹出框中,可以看到"受信任的根证书颁发机构""中级证书颁发机构"。这里是默认列表,就是已经通过Web Trust的国际认证,由微软内置到浏览器的根证书颁发机构。

第四步,当用户访问部署了SSL证书的网站时,浏览器就会自动下载该网站的SSL证书,并对证书的安全性进行检查。如果该证书不受信任或已过期,浏览器就会显示警告信息。

SSL证书有哪几种类型呢?

第一种:EV SSL证书——增强型SSL证书。

表现形式为绿色地址栏显示"公司名称+安全锁+https",适用于金融证券、银行、第三方支付、网上商城等。EV SSL证书重点强调网站安全和品牌可信形象的网站,涉及交易支付、客户隐私信息和账号密码的传输,建议选择显示绿色地址栏的EV SSL证书。

第二种:OV SSL证书——企业型SSL证书。

表现形式为地址栏显示"安全锁+https"且SSL证书有企业信息详情,无法仿造;适用于企业官网、商务网站、证券、金融机构等。证书颁发机构可以审查网站企业身份和域名所有权,以证明申请单位是一个合法存在的实体,用户可以在证书里看到申请SSL证书的公司名称。一般OV证书在1至5个工作日签发。

第三种:DV SSL证书——域名型SSL证书。

表现形式为地址栏显示"安全锁+https"适用于中小型企业官网、中小型商务网站、电子邮局服务器、个人网站等。一般情况下,10分钟左右就可完成域名验证和快速颁发证书,无须递交纸质材料,仅验证域名管理权即可,也无须人工验证申请单位的真实身份,即可快速签发。

第四种:自签SSL证书——个人或机构自行签发的证书。

自签SSL证书属于自建PKI系统颁发的SSL证书,而不是部署支持浏览器的SSL证书。一般情况下,不建议使用自签SSL证书,因为其不仅容易被钓鱼网站仿冒,也没有可访问的吊销列表,更不被浏览器信任。

如果在预算充足且对网站加密要求相对较高,更想借此提供公司品牌可信形象的公司可选择最高级别的EV SSL证书;如果要求企业身份认证,且用户可查看企业名字的数字证书,则选择OV SSL证书;如果是资金不足的中小型企业或个人网站,只要求满足加密功能的证书,建议使用DV SSL证书;一般情况下,不建议任何企业或个人网站采用自签SSL证书。

4.数字时间戳

在各种政务和商务文件中,时间都是十分重要的信息。在书面合同中,文件签署的日期和签名一样是十分重要的防止文件被伪造和篡改的关键内容。

在电子文件中,同样须对文件的日期和时间信息采取安全措施,而数字时间戳服务(Digital Time-stamp Service,DTS)就能提供电子文件发表时间的安全保护。

数字时间戳服务(DTS)是网上安全服务项目,由专门的机构提供。时间戳是一个经加密后形成的凭证文档,它包括以下三个部分。

(1)须加时间戳文件的摘要。

(2)DTS收到文件的日期和时间。

(3)DTS的数字签名。

时间戳的使用过程:首先,用户将需要加时间戳的文件用Hash编码加密形成文件摘要;其次,用户将该文件摘要发送到DTS,DTS在文件摘要中加入收到文件摘要的时间信息;再次,对加入时间信息的新摘要文件进行加密(数字签名);最后,送回给用户。

由Bellcore创造的DTS采用如下过程:第一步,加密时将摘要信息归并到二叉树的数据结构;第二步,将二叉树的根值发表在报纸上,这样能够为文件发表时间提供佐证。

注意,书面签署文件的时间是由签署人自己写上的,而数字时间戳则不然,它是由认证单位DTS收到文件的时间为依据而加上的。因此,时间戳也可作为科学家的科学发明文献的时间认证。

(五)数字证书与数字认证的综合运用

数字摘要、数字签名、时间戳、数字证书、认证中心、信息加密都是保障电子交易安全进行的6种手段,各种手段常结合在一起使用,从而构成安全电子交易的体系。图7-4为信息加密、数字签名、认证中心结合使用的实例。

信息检核数字签名的综合处理流程说明如下。

1.处理的前提条件

(1)由用户A向用户B发送消息。

(2)认证中心的公共密钥,用户A和用户B均已掌握。

2.用户A获取用户B的公共密钥

(1)用户A从认证中心接收到用户B的数字证书,其中包括用户B的公共密钥和认证中心的数字签名。

(2)用户A使用Hash函数为数字证书做摘要,数字证书中使用的数字签名同样使用的是Hash函数。

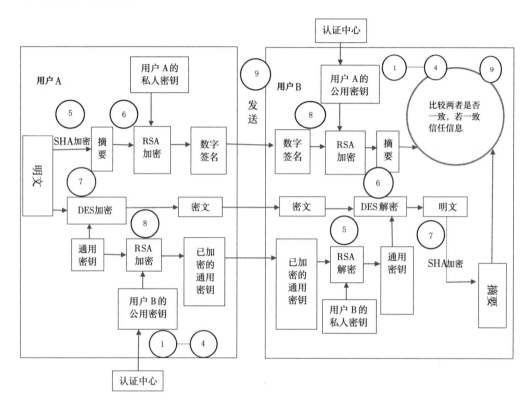

图7-4 信息加密、数字签名、认证中心结合使用的实例

(3)用户A用认证中心的公共密钥,对数字证书解密得到摘要,将这个摘要与计算出的摘要是否一致进行比较。

(4)如果比对结果是一致的,则可确认数字证书上的用户B的公共密钥是合法的。

3.做出数字签名

(1)用户A使用被指定的Hash函数,用SHA加密方法做出信息明文的摘要。

(2)用户A使用自己的私人密钥对摘要进行加密,以得到用户A的数字签名。

4.信息的加密

用户A使用某个任意的通用密钥以DES方式对信息的明文进行加密,得到密文。

5.通用密钥的加密

(1)用户A将使用的通用密钥,用用户B的公共密钥以RSA方式加密。

(2)用户A把数字签名、密文,以及加密的通用密钥发给用户B。

6. 获取用户A的公共密钥

（1）用户B从认证中心接收到用户A的数字证书，其中包括用户A的公共密钥和认证中心的数字签名。

（2）用户B使用Hash函数对数字证书做出摘要，数字证书中使用的数字签名同样使用的是Hash函数。

（3）用户B用认证中心的公共密钥，对数字证书解密得到摘要，将这个摘要与计算出的摘要是否具有一致性进行比对。

（4）用户B如果认为上述的比较结果是一致的，则可确认数字证书上的用户A的公共密钥是合法的。

7. 通用密钥的解密

用户B用自己的私人密钥以RSA方式对加密的通用密钥进行解密。

8. 用户B信息的解密

用户B用解密的通用密钥，以DES方式对信息的密文进行解密，得到明文。

9. 确认数字签名

（1）用户B用指定的Hash函数做信息明文的摘要。

（2）用户B用用户A的公共密钥对数字证书解密，得到摘要。

（3）比较计算出的摘要是不是同样的字符串。如果两者一致，则用户A发送过来的信息是正确的。若不一致，有两种可能：一是用户A的私人密钥不正确（与公共密钥不配对）；二是信息被篡改过。

经过公共密钥加密的通用密钥被称为"电子信封"。

任务三　旅游电子商务交易风险防范

任务描述

学生要了解风险的来源；掌握风险的防范；认识旅游电子商务风险。

旅游电子商务已逐渐成为中国的主流商务模式。旅游电子商务不仅改变了企业的交货方式和经营方式，也在改变着消费者的思维方式和生活方式。旅游电子商务在给企业和消费者带来高效率、低支付、高收益等巨大便捷的同时，也存在着不可避免的各种风险。

一、消费者面临的风险

1. 虚假的或恶意的网站

恶意网站一般都是为窃取使用者的身份信息与口令、窃取信用卡信息、偷窥使用者的硬盘或从使用者硬盘中下载档案而设立的。窃取使用者的身份信息与口令的手段是设立一个恶意网站,要求使用者"注册"并给出一个口令。口令是使用者自愿给出的,当该口令被使用者同时应用于许多不同事务时,如自动取款机(ATM)、与工作有关的口令,以及家庭安全警报口令等,才可能对使用者造成危害。

2. 从销售代理及因特网服务供应商(ISP)处窃取使用者资料

使用者在因特网上购买商品与服务,包括通过ISP接入因特网,一般都采用信用卡付款方式。信用卡信息为销售代理或ISP储存。对于使用者来说,黑客偶尔会成功地闯入销售代理或ISP系统,攫取使用者的信用卡资料。

3. 隐私问题

在网络上,个人信息,包括个人资料、消费习惯、阅读习惯、交往信息、通信信息等,都很容易被商家和网络经营者收集和利用,这样不仅会侵犯使用者的隐私权,还可能导致其他侵权或骚扰行为。

二、销售商面临的风险

旅游电子商务风险通常被认为是使用者面临的风险,其实销售商同样面临着风险。

在旅游电子商务中,销售商面临的风险主要有三方面,即假客户、被封锁服务、资料被窃和域名的注册。

1. 假客户

假客户是一些人假扮合法客户来订购产品或服务。如,用假信用卡号来骗取免费服务和免费产品,或者要求送货却没有人支付等。

2. 被封锁服务

被封锁服务是指,销售商的计算机和网络资源被黑客攻击和封锁。在一些黑客网站上,这类攻击程序很容易被找到,但很难被追踪。

3. 资料被窃

资料被窃是销售商们面临的一种很常见的风险。对于那些以数字化形式存储的,并连线到公共通信线路上的资料档案,黑客可以随时、随地作案,而且很难被追踪。

4．域名的注册

在旅游电子商务发展的初期,人们并没有充分认识到域名的重要性,许多企业、公司疏于对网络世界的关注,对自己的公司名称、商标、商号、个人姓名等未进行及时的域名注册,结果导致与自己相关的名称被他人以相同或者近似的名称先注册了,给公司造成了不必要的损失。

三、企业面临的风险

许多企业已经开始构建内部网Intranet,随着网络技术的发展,企业可以将自己的Intranet同其他企业的Intranet或开放的Internet相连,构成强大的网络通信世界。这样,企业内部各部门之间、企业同合作伙伴之间,以及企业同客户之间都可以进行实时的通信交流。但这样的网络互联也存在很大的风险,归纳起来主要包括企业内部网的风险、企业间进行商务活动时的风险。

1．企业内部网的风险

据统计,对网络系统的攻击有85%是来自企业内部的黑客。这些黑客,可能是企业从前的员工,也可能是在职员工。

企业内部网的风险主要有两种,即金融诈骗、盗取档案或资料。金融诈骗是更改企业计算机内财务方面的记录,以骗取企业的钱财或为减免税等。这种风险的作案手段有很多,有采用黑客式的,也有贿赂有关操作人员的。盗取档案或资料是一种很常见的黑客方式。由于Intranet将各个雇员的计算机同企业各种重要的资料库、服务器等连接起来,雇员进行越权访问和复制机密资料、档案的机会就会大大增加。

2．企业间进行商务活动时的风险

企业在与其他企业进行商务合作或竞争时,其他企业可能利用非法手段窃取该企业的档案或资料。其中的风险主要有:传输中的资料被盗;企业计算机上的资料及档案被盗;未授权浏览等。

知识活页

四、风险的防范方法

旅游电子商务面临不同的风险,有不同的防范方法。

（一）消费者的风险防范

消费者的风险防范,归纳起来,主要有以下三方面内容。

（1）设定的密码最好避免使用生日等容易被破译的密码,而且要经常更改口令以减少被盗用的风险。

（2）在各种与因特网相关的事务中,一定要坚持使用不同的口令。在不同的网站使用不同的密码。而且,在选择ISP时,应该注意选择信誉好、可靠性高的公司。

(3) 不要轻易将密码告诉他人。尤其不要轻信系统管理员提出需要你的账号、密码来维护系统的说法。

(4) 黑客攻击系统,从而攫取消费者的信用卡资料造成的信息泄密,消费者确实没有什么办法可以避免,除非消费者在网上不使用任何信用卡。

(5) 杀毒软件防御。安装正版杀毒软件,通过动态仿真反病毒专家系统自动监视各种程序运行,实时监控和扫描磁盘,杀死电脑病毒和木马,清除被蠕虫污染的文件。

(二)销售商的风险防范

销售商面临的风险主要是资料被窃,这一点同企业的资料被窃类似。针对这一问题,销售商应提高自身防范风险的能力。

至于域名注册方面的风险防范,销售商应加强域名注册,尽早确立公司自身在网络世界的合法地位,这是避免域名纠纷的较佳选择。

(三)企业的风险防范

企业的风险主要来自内部和外部两个方面。企业应针对这两方面提出相应的防范措施。

1. 企业内部风险的防范

由于企业内部风险主要是企业员工对企业系统进行攻击产生的,所以可采取以下手段。

(1)对企业的各种资料设定秘密等级。

公司的高层、中层,以及下层的工作人员能够看到的关于公司的资料应该是不同的。企业应规定各个员工包括不同业务主管接触秘密的许可权,每个员工不得接触自己无权接触的档案资料。

(2)专人管理商业秘密。

公司要派专人管理公司的商业秘密,定岗定责。同时,上级主管部门应该定期进行监督和检查。

(3)公司应要求员工经常更换自己的密码,不给窃密者创造机会。

(4)采取加密措施。

对于员工使用网络传输涉及商业秘密的档案、资料时,可以使用加密计算机程序,取得解密"钥匙"。信息的被送达人拥有该钥匙,进行解密,从而取得信息。这种措施对传送档案、资料途中的窃取、窃听,以及因员工造成的过失等,都可以具有积极的防范意义。但也要注意员工滥用、钥匙丢失等情况的发生。钥匙需要定期更换,否则黑客可能通过积累加密档案来实施破译活动。

(5)对员工实行制度化选拔与考核。

对员工的个人情况,特别是对那些信息系统上的员工,要进行制度化的选拔与检查。经过一段时间的考察,将责任心强、讲原则、守纪律、业务能力强的员工派到相应的岗位上。

2. 企业之间风险的防范

针对企业之间进行旅游电子商务交易时面临的风险,应从技术上加以防范。

(1)利用防火墙技术保证旅游电子商务系统的安全。

防火墙的目的是提供安全保护,并控制和鉴别出入站点的各种访问。它建立起的网络通信控制过滤机制能够有效保证交易安全。为了将私有网络从公共网络中分离出来并加以保护,可以采用如下几种形式的防火墙,即网络层防火墙、应用层防火墙、动态防火墙。需要说明的是,利用防火墙可有效但不能杜绝黑客的攻击。

(2)利用安全协议保证旅游电子商务的安全。

由于Internet的开放性,在网络中传输资料具有公开性。为了保证网络传输过程中资料的安全,就必须使用安全的通信协议以保证交易各方的安全。如,可用S/MIME协议(安全/多功能互联网邮件扩展)、S-HTTP协议(应用层加密协议)、SSL协议等。

(3)利用身份认证技术保证旅游电子商务系统的安全。

由于旅游电子商务是在网络中完成的,交易各方不见面,为了保证每个参与者(银行、企业等)都能无误地被识别,必须使用身份认证技术。

(4)利用VPN技术保证旅游电子商务的安全。

VPN即虚拟专用网络(Virtual Private Network,VPN),其能够利用Internet或其他公共互联网基础设施,提供与专用网络一样的功能和安全措施,即在公用网络上进行加密的VPN通信,犹如将用户的数据在一个临时的、安全的隧道中传输。

教学互动

项目小结

传统商务面对面进行商务活动,很容易保证交易过程的安全性并建立起双方相互信任的关系。而电子商务是基于网络的不见面的商务活动,整个过程容易受网络环境、人员素质和数据传输等因素的影响而面临各种各样的安全问题。电子商务安全涉及一些安全保障技术。这些技术能提高网络活动的安全,保证商家和消费者的自身财产不受损失。

在线答题

能力训练

通过在网络上学习Office文件的加密方法,为Word加密。

项目八 旅游电子商务发展

思维导图

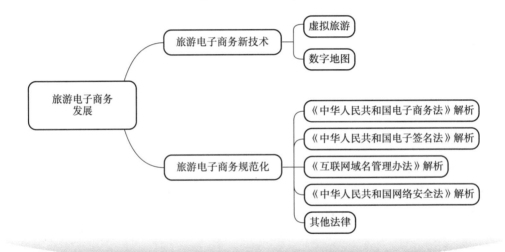

项目描述

本项目有两个任务:任务一是旅游电子商务新技术,探讨了旅游电子商务的新技术方向;任务二是旅游电子商务规范化,阐述了旅游电子商务的立法现状。

知识目标

让学生了解旅游电子商务新技术发展趋势,特别了解智慧旅游和智慧景区;掌握与旅游电子商务相关的法律法规。

技能目标

学生要学会使用智慧旅游平台,学会用电子商务相关法律法规维护游客权益。

素养目标

学生要对产权意识、法律意识、公民意识、国家意识具有一定辨别、分析能力,能够自觉抵制不正当竞争,养成遵纪守法的好习惯。

项目引入

20世纪80年代开始,伴随着计算机技术、互联网、移动互联网和智能通信技术的广泛应用,在线旅游(OTA)发展趋势已经不可逆转。2019年,我国在线旅游市场全年交易规模突破万亿元,渗透率接近20%。以携程、去哪儿、马蜂窝为代表的在线旅行企业已经成为我国旅游产业体系中不可或缺的力量和产业创新的引领者。妙计旅行、6人游、不二旅行等定制游创新企业蓬勃发展,海昌、长隆、欢乐谷等主题公园对标迪士尼加速了数字化升级,石基、高德、科大讯飞、航旅纵横,以及华为、腾讯、中国电信等科技企业逐渐进入旅游领域。现代旅游业进入数字科技驱动的新时代。

(资料来源:中国旅游研究院。)

点评:数字科技助推旅游业发展,旅游数字化趋势不可避免,新业态和新规范也会陆续出现。

慎思笃行

北斗导航

北斗卫星导航系统（以下简称北斗系统）是中国着眼于国家安全和经济社会发展需要，自主建设并运行的全球卫星导航系统，是为全球用户提供全天候、全天时、高精度定位、导航和授时服务的国家重要时空基础设施。

自北斗系统提供服务以来，已在交通运输、农林渔业、水文监测、气象测报、通信授时、电力调度、救灾减灾、公共安全等领域得到广泛应用，服务国家重要基础设施建设，产生了显著的经济效益和社会效益。基于北斗系统的导航服务已被电子商务、移动智能终端制造、位置服务等厂商采用，广泛进入中国大众消费、共享经济和民生领域，应用的新模式、新业态、新经济不断涌现，改变着人们的生产生活方式。中国将持续推进北斗应用与产业化发展，服务国家现代化建设和百姓日常生活，为全球科技、经济和社会发展做出贡献。

精密单点定位服务。创新集成设计精密单点定位服务，通过3颗地球静止轨道卫星，免费向中国及周边地区用户提供定位精度水平优于30厘米、高程优于60厘米、收敛时间优于30分钟的高精度定位增强服务。

定位导航授时服务。通过30颗卫星，免费向全球用户提供服务，全球范围水平定位精度优于9米、垂直定位精度优于10米，测速精度优于0.2米/秒、授时精度优于20纳秒。

北斗系统服务性能优异、功能强大，可提供多种服务。其中，向全球用户提供定位导航授时、国际搜救、全球短报文通信等三种全球服务；向亚太地区提供区域短报文通信、星基增强、精密单点定位、地基增强等四种区域服务。

知行合一

（资料来源：北斗卫星导航系统官网。）

任务一　旅游电子商务新技术

任务描述

学生要了解旅游电子商务的新技术方向；实际体验旅游电子商务新技术。

一、虚拟旅游

随着"宅人"队伍的逐渐庞大,越来越多的网站开始推出虚拟旅游服务,以满足"宅人"足不出户就能旅游的愿望。

虚拟旅游,是指建立在现实旅游景观基础上,利用虚拟现实技术,通过模拟或超现实景,构建一个虚拟的三维立体旅游环境,网友足不出户,就能在三维立体的虚拟环境中游遍远在万里之外的风光美景,形象逼真、细致生动。虚拟旅游是虚拟旅游平台(Virtual Reality Platform Travel,VRP-Travel)技术的应用范围之一。应用计算机技术实现场景的三维模拟,借助一定的技术手段使操作者能够感受旅游目的地的美景。

故宫博物院推出了一个名为"超越时空的紫禁城"虚拟旅游项目。该项目利用3D技术,为那些不能实地到故宫游玩的网友在网上打造了一个虚拟场景。在这个虚拟场景里,网友不仅能任意挑选某种身份游览故宫,如公主身份、侍从身份等,还会有"网络导游"为网友带路、讲解。另外,如果网友对其中某个景点感兴趣,还可以通过鼠标点击的方式让网络中的"我"在景点前拍照留念。

国外著名的虚拟瑞典旅游网(www.virtualsweden.se)是一个成功的在线虚拟旅游网站。

二、数字地图

数字地图是纸质地图的数字形式,是在一定坐标系统内具有确定坐标和属性的地面要素和现象的离散数据,是在计算机可识别、可存储介质上概括的、有序的集合。

(一)二维地图

对没有方向感的游客来说,在外出旅游时,数字地图给游客提供了极大的帮助。

(二)三维地图

三维地图是以三维电子地图数据库为基础,按照一定比例对现实世界或其中一部分的一个或多个方面的三维、抽象描述。网络三维电子地图通过直观的地理实景模拟表现方式,为用户提供地图查询、出行导航等地图检索功能。同时,三维地图还集成了生活资讯、电子政务、电子商务、虚拟社区、出行导航等一系列服务。三维地图在给人们带来方便的同时,也会在一定程度上给国家安全、人们隐私等带来威胁。

三、智慧旅游

智慧旅游也称智能旅游。智慧旅游就是利用云计算、物联网等新技术,通过互联网,借助便携的终端上网设备,主动搜集旅游资源、旅游经济、旅游活动等方面的信息并及时发布,让人们能够及时了解这些信息,及时安排和调整旅游活动与旅游计划,从而达到对各类旅游信息的智能感知效果。智慧旅游的建设与发展最终将体现在旅游管理、旅游服务和旅游营销三个层面。

从使用者的角度出发,智慧旅游主要包括导航、导游、导览和导购(简称"四导")四个基本功能。

(一)导航

将位置服务(Location Based Services,LBS)加入旅游信息中,让游客能够随时知道自己的位置。确定位置的方法有很多,如GPS导航、基站定位、Wi-Fi定位、RFID定位、地标定位等,未来还将有图像识别定位等。其中,GPS导航和RFID定位能获得准确的位置信息。但RFID定位需要布设很多识别器,也需要在移动终端(如手机)上安装RFID芯片。目前,RFID定位离实际应用还很遥远。GPS导航应用则简单得多。一般智能手机上都有GPS导航模块,如果用外接的蓝牙、USB接口的GPS导航模块,就可以让笔记本电脑和平板电脑具备导航功能,个别电脑甚至内置有GPS导航模块。GPS导航模块接入电脑,可以将互联网和GPS导航完美地结合起来,进行移动互联网导航。

传统的导航仪无法做到及时更新,更无法查找大量的最新信息,而互联网信息量大,但无法导航。

智慧旅游将导航和互联网整合在一个界面上,地图来源于互联网,而不是存储在终端,无须在终端上经常对地图进行更新。当GPS确定位置后,最新信息将通过互联网更新,如交通拥堵状况、交通管制、交通事故、限行、停车场及车位状况等,并可查找其他相关信息。通过内置或外接的GPS设备或模块,用已经连上互联网的平板电脑,在运动中的汽车上进行导航,位置信息、地图信息和网络信息等都能很好地显示在一个界面上。随着位置的变化,各种信息也及时更新,并主动显示在网页上和地图上。这体现了导航直接、主动、及时和方便的特征。

(二)导游

在确定位置的同时,网页上和地图上会主动显示周边的旅游信息,包括景点、酒店、餐馆、娱乐、车站、活动(地点)以及朋友或旅游团友等的位置。例如:景点的级别、主要描述等;酒店的星级、价格范围、剩余房间数等;活动(演唱会、体育运动、电影)的地点、时间、价格范围等;餐馆的口味、人均消费水平、优惠等。

智慧旅游还支持在非导航状态下查找任意位置的周边信息,拖动地图即可在地图上看到这些信息。周边的范围大小可以随地图窗口的大小自动调节,也可以根据自己的兴趣爱好规划旅游路线。

（三）导览

在智能终端上点击感兴趣的对象（如景点、酒店、餐馆、娱乐、车站、活动等），游客可以获得关于兴趣点的位置、文字、图片、视频、使用者的评价等信息，为游客深入了解兴趣点的详细情况提供了方便。

导览相当于导游。我国许多旅游景点规定不许导游高声讲解，而采用数字导览设备能够有效解决这一问题。值得注意的是，游客需要租赁导览设备，如游客游览故宫时就需要租用这种设备。智慧旅游像是一个自助导游，有比导游更多的信息，如文字、图片、视频和3D虚拟现实等，只要游客戴上耳机就能让手机或平板电脑替代数字导览设备，这样游客就无须再租用导览设备了。

导览功能还将建设一个虚拟旅行模块，只要提交起点和终点的位置，即可获得最佳的可选路线（游客也可以自己选择路线）并能够推荐景点和酒店，提供沿途的主要景点、酒店、餐馆、娱乐、车站、活动等资料。如果游客认可某条线路，便可以将资料打印出来，或储存在系统里随时调用。

（四）导购

经过全面而深入地了解和分析，游客已经知道自己需要什么了，这样游客便可以直接在线预订客房、票务等其所需要的产品或服务。游客只须在网页上点击自己感兴趣的产品和服务旁边的"预订"按钮，即可进入预订模块，快速地预订不同档次和数量的产品或服务。

知识活页

任务二　旅游电子商务规范化

📎 任务描述

学生要了解旅游电子商务立法现状；实际查阅电子商务相关法律法规。

科学技术可以服务、造福人类，但前提是技术提供者及使用者在创造和使用时必须遵守现代社会公认的价值观念、社会责任和行为规范。旅游电子商务技术，会引发信息伦理问题，如个人隐私、网络安全、信息知识产权等。适时普及国家的相关法律知识，如《中华人民共和国网络安全法》与《中华人民共和国消费者权益保护法》等。网络技术的发展，虽然提高了人们的工作效率，但也易产生隐私泄露、信息占有不均等问题。作为大数据技术的应用者,旅游电子商务企业要遵守数据挖掘、存储、发布及利用等环节的伦理准则,避免给客户带来麻烦,触碰法律红线。

一、《中华人民共和国电子商务法》解析

电子商务是指通过电子行为进行的商事活动。这种观点以《贸易法委员会联合国电子商务示范法》(1996年)为代表。广义的电子商务是指通过电子行为进行民商事活动。商事活动的范围被民商事活动覆盖。通俗地说,商事活动是以营利为目的且具有营业性的民事行为,而民商事行为的外延显然大于商事行为,民商事行为不仅包括商事行为,还包括非商事主体之间的民事活动。事实也是如此,电子商务中的"商务"并非名副其实的,电子商务不仅包括商事行为,也包括非商事行为,如自然人之间的电子商务活动等。

电子商务法是指调整平等主体之间通过电子行为设立、变更和消灭财产关系和人身关系的法律规范的总称。电子商务法是企业和个人以数据电文为交易手段,通过信息网络产生的,因交易形式引起的各种商事交易关系,以及与这种商事交易关系密切相关的社会关系、政府管理关系的法律规范的总称。

《中华人民共和国电子商务法》保护权益主要有以下方面。

1. 搭售须有显著提示

针对恼人的搭售,《中华人民共和国电子商务法》规定:电子商务经营者搭售商品或者服务,应当以显著方式提请消费者注意,不得将搭售商品或者服务作为默认同意的选项。

2. 保证押金顺利退还

针对押金退还难的问题,《中华人民共和国电子商务法》规定:电子商务经营者按照约定向消费者收取押金的,应当明示押金退还的方式、程序,不得对押金退还设置不合理条件。消费者申请退还押金,符合押金退还条件的,电子商务经营者应当及时退还。

3. 向"大数据杀熟"说"不"

《中华人民共和国电子商务法》规定:电子商务经营者根据消费者的兴趣爱好、消费习惯等特征向其提供商品或者服务的搜索结果,应当同时向该消费者提供不针对其个人特征的选项,尊重和平等保护消费者合法权益。

4. 个人信息保护加强

《中华人民共和国电子商务法》规定:电子商务经营者收集、使用其用户的个人信息,应当遵守法律、行政法规有关个人信息保护的规定。

《中华人民共和国电子商务法》已由中华人民共和国第十三届全国人民代表大会常务委员会第五次会议于2018年8月31日通过,自2019年1月1日起施行。

《中华人民共和国电子商务法》由全国人大财经委牵头组织,立法效力层次非常高,为我国电子商务的发展奠定了一个良好的法律框架。《中华人民共和国电子商务法》立法涉及面广,涉及电子商务经营主体、经营行为、合同、快递物流、电子支付等。

二、《中华人民共和国电子签名法》解析

《中华人民共和国电子签名法》的颁布是为了规范电子签名行为,确立电子签名的法律效力,维护有关各方的合法权益。

《中华人民共和国电子签名法》由中华人民共和国第十届全国人民代表大会常务委员会第十一次会议于2004年8月28日通过,自2005年4月1日起施行。当前版本为2019年4月23日第十三届全国人民代表大会常务委员会第十次会议修正版本。

《中华人民共和国电子签名法》被认为是中国首部真正关于电子商务的立法。因为自《贸易法委员会联合国电子商务示范法》(1996年)问世以来,世界各国电子商务立法如火如荼,有的国家颁布了电子商务法或交易法,有的国家颁布了电子签名或数字签名法,也有的国家兼采两种立法方式。

《中华人民共和国电子签名法》被称为"中国首部真正意义上的信息化法律",自《中华人民共和国电子签名法》颁布后,电子签名与传统手写签名和盖章具有同等的法律效力。《中华人民共和国电子签名法》是我国推进电子商务发展,扫除电子商务发展障碍的重要法律。

三、《互联网域名管理办法》解析

域名是因特网用户在互联网上的名称、地址和所有信息资料的索引,具有标识性功能,是域名注册人在因特网上的标志。域名是发展电子商务的基本途径,能带来可观的经济效益。

2017年8月16日,工业和信息化部第32次部务会议审议通过了《互联网域名管理办法》,自2017年11月1日起施行。原信息产业部2004年11月5日公布的《中国互联网络域名管理办法》(原信息产业部令第30号)同时废止。

《互联网域名管理办法》有着重要的意义。

第一,进一步规范域名管理、促进域名经济。

第二,取消.CN注册申请的多重限制、简化注册手续,有利于国内域名在中国的全面推行与普及,开放注册的.CN域名前景广阔。

第三,在富有活力的开放政策下,企业必须勒紧"品牌保护"这根弦,更加关注和保护企业网上知识产权的投入,避免企业名称落入他手。

四、《中华人民共和国网络安全法》解析

为了保障网络安全,维护网络空间主权和国家安全、社会公共利益,保护公民、法人和其他组织的合法权益,促进经济社会信息化健康发展。2016年11月7日,第十二届全国人民代表大会常务委员会第二十四次会议通过了《中华人民共和国网络安全法》。

五、其他法律

其他法律包括《中华人民共和国刑法》《中华人民共和国数据安全法》《中华人民共和国个人信息保护法》《中华人民共和国消费者权益保护法》等。

电子商务工作人员能够接触到大量的消费者个人信息、企业的各种商业数据,以及涉及消费者权益保护的事项,可能出现泄露、违法使用、侵权等行为,这些都涉及《中华人民共和国刑法》和《中华人民共和国消费者权益保护法》等法律法规。

📝 项目小结

当今,社会技术变化日新月异,技术驱动带来的旅游电子商务不断迭代。为了更好地适应旅游电子商务的发展,同学们需要了解一些新技术以及这些技术的发展态势。

旅游电子商务的快速发展带来了许多新的法律问题,这就使得以往的法律法规不能完全适应现在的网络环境,市场呼吁新的、适合当今电子商务发展的法律法规的出台。

📝 能力训练

请同学们自制一段3分钟左右的旅游短视频分享至社交电商平台,如抖音、快手等。

参考文献 References

[1] 宋文官.电子商务概论[M].3版.北京:高等教育出版社,2013.

[2] 赵丰年.网页制作教程[M].3版.北京:人民邮电出版社,2006.

[3] 郑杰.SEO搜索引擎优化[M].北京:人民邮电出版社,2017.

[4] 陆慧,孙建竹,王秋明.旅游电子商务[M].北京:清华大学出版社,2015.

[5] 葛晓滨.旅游电子商务教程[M].3版.北京:中国人民大学出版社,2018.

[6] 黄文博,燕杨.C/S结构与B/S结构的分析与比较[J].长春师范学院学报,2006(4):56-58.

[7] 赵进.从B2C到C2C时代旅游营销的转型趋势分析[J].中国商贸,2014(29):118-119.

[8] 端木海.分析旅游业电子商务商业模式——以携程、去哪儿、途牛为例[J].旅游纵览(下半月),2014(12):78-80.

[9] 许曦.旅游移动运营平台的运营模式和未来发展建议——以携程、驴妈妈、途牛为例[J].中外企业家,2019(34):178-179.

[10] 张希.商务模式理论研究综述[J].发展研究,2009(1):67-70.

[11] 兰杨,廖选,丁莉.新型在线旅游交易模式C2B[J].电子商务,2013(9):31,39.

[12] 百度百科.IANA[EB/OL].[2024-5-31].https://baike.baidu.com/item/IANA/2800158.

[13] 陈磊,魏本权.旅游电子商务课程思政教育路径研究[J].数字教育,2021(3):44-49.

[14] 当代金融.从现金支付到票据支付[EB/OL].[2024-4-26].http://www.cdhptxw.com/mryt/944.html.

[15] 学习强国.每日科技名词|数字货币[EB/OL].[2024-4-26].https://www.xuexi.cn/lgpage/detail/index.html?id=7285093362179956907&item_id=7285093362179956907.

[16] 陈德人.电子商务概论及案例分析[M].北京:人民邮电出版社,2022.

[17] 陈德人,方美玉,白东蕊.电子商务案例分析[M].北京:人民邮电出版社,2022.

[18] 兰彩虹.电商企业盈利模式研究[D].大连:大连海事大学,2013.

[19] 何冰.携程网盈利模式研究[D].长沙:湖南大学,2017.

[20] 毛安.携程公司盈利模式及其财务评价研究[D].长春:吉林大学,2020.

[21] 郭嘉颖.基于UGC的在线旅游攻略平台商业化的探究——对比穷游网、马蜂窝[J].南方论刊,2022(2):25-27.

[22] 修志鹏.马蜂窝旅游网发展战略研究[D].长春:吉林大学,2023.

[23] 中国经营报.同程旅行柴莹辉:互联网存量时代从流量为王到用户为王、口碑为王[EB/OL].[2024-4-26].https://new.qq.com/rain/a/20211113A0B78300.

[24] 汪林.同程艺龙Q1逆势保持盈利 明确定位蓄势待发[J].计算机与网络,2020(11):8-9.

[25] 雪球.疫情下同程艺龙Q1逆势保持盈利 背后的原因究竟是?[EB/OL].[2024-4-26].https://xueqiu.com/4700839113/149979186.

[26] Mitchell D, Coles C. The ultimate competitive advantage of continuing business model innovation[J]. Journal of Business Strategy,2003(5): 15-21.

《电子商务案例分析》《计算机网络技术基础》《网页设计与开发》《网络营销》《搜索引擎优化》《新媒体》。

这些书籍内容涉及旅游电子商务模式,以及旅游电子商务内容生产、旅游网络安全、网络通信、网页语言等,能够提高同学们对旅游电子商务认识的广度和深度。

教学支持说明

为了改善教学效果,提高教材的使用效率,满足高校授课教师的教学需求,本套教材备有与纸质教材配套的教学课件(PPT电子教案)和拓展资源(案例库、习题库、视频等)。

为保证本教学课件及相关教学资料仅为教材使用者所得,我们将向使用本套教材的高校授课教师免费赠送教学课件或者相关教学资料,烦请授课教师通过电话、邮件或加入旅游专家俱乐部QQ群等方式与我们联系,获取"教学课件资源申请表"文档并认真准确填写后反馈给我们,我们的联系方式如下:

地址:湖北省武汉市东湖新技术开发区华工科技园华工园六路

邮编:430223

电话:027-81321911

传真:027-81321917

E-mail:lyzjjlb@163.com

旅游专家俱乐部QQ群号:306110199

号旅游专家俱乐部QQ群二维码:

群名称:旅游专家俱乐部
群 号:306110199

教学课件资源申请表

填表时间：_____年___月___日

1. 以下内容请教师按实际情况写，★为必填项。
2. 根据个人情况如实填写，相关内容可以酌情调整提交。

★姓名		★性别	□男 □女	出生年月		★职务	
						★职称	□教授 □副教授 □讲师 □助教

★学校		★院/系	
★教研室		★专业	
★办公电话		家庭电话		★移动电话	
★E-mail（请填写清晰）			★QQ号/微信号	
★联系地址			★邮编	

★现在主授课程情况	学生人数	教材所属出版社	教材满意度
课程一			□满意 □一般 □不满意
课程二			□满意 □一般 □不满意
课程三			□满意 □一般 □不满意
其 他			□满意 □一般 □不满意

教 材 出 版 信 息					
方向一		□准备写	□写作中	□已成稿	□已出版待修订 □有讲义
方向二		□准备写	□写作中	□已成稿	□已出版待修订 □有讲义
方向三		□准备写	□写作中	□已成稿	□已出版待修订 □有讲义

请教师认真填写表格下列内容，提供索取课件配套教材的相关信息，我社根据每位教师填表信息的完整性、授课情况与索取课件的相关性，以及教材使用的情况赠送教材的配套课件及相关教学资源。

ISBN(书号)	书名	作者	索取课件简要说明	学生人数（如选作教材）
			□教学 □参考	
			□教学 □参考	

★您对与课件配套的纸质教材的意见和建议，希望提供哪些配套教学资源：